Stephan Gatzka

Java in eingebetteten Systemen

Stephan Gatzka

Java in eingebetteten Systemen

Einführung, Konzepte, Methoden

Südwestdeutscher Verlag für Hochschulschriften

Imprint
Any brand names and product names mentioned in this book are subject to trademark, brand or patent protection and are trademarks or registered trademarks of their respective holders. The use of brand names, product names, common names, trade names, product descriptions etc. even without a particular marking in this work is in no way to be construed to mean that such names may be regarded as unrestricted in respect of trademark and brand protection legislation and could thus be used by anyone.

Publisher:
Südwestdeutscher Verlag für Hochschulschriften
is a trademark of
Dodo Books Indian Ocean Ltd., member of the OmniScriptum S.R.L Publishing group
str. A.Russo 15, of. 61, Chisinau-2068, Republic of Moldova Europe
Printed at: see last page
ISBN: 978-3-8381-2627-2

Zugl. / Approved by: Dresden, TU, Diss., 2009

Copyright © Stephan Gatzka
Copyright © 2011 Dodo Books Indian Ocean Ltd., member of the OmniScriptum S.R.L Publishing group

Inhaltsverzeichnis

Abkürzungen   xiii

1. Einführung   1
    1.1. Eingebettete Systeme 2
        1.1.1. Marktsituation 3
        1.1.2. Charakteristika eingebetteter Systeme 5
            1.1.2.1. Prozessoren für eingebettete Systeme 7
            1.1.2.2. Betriebssysteme für eingebettete Systeme 7
            1.1.2.3. Echtzeitanforderungen 8
            1.1.2.4. Software-Entwicklung für eingebettete Systeme 9
            1.1.2.5. Vernetzte eingebettete Systeme 10
        1.1.3. Programmiersprachen für eingebettete Systeme 10
    1.2. Java 12
        1.2.1. Eigenschaften von Java 13
            1.2.1.1. Sicherheit 14
            1.2.1.2. Lesbarkeit 15
            1.2.1.3. Flexibilität 16
            1.2.1.4. Einfachheit 16
            1.2.1.5. Portabilität 16
            1.2.1.6. Effizienz 17
            1.2.1.7. Sonstige Eigenschaften 17
    1.3. Middleware 17
        1.3.1. CORBA 21
        1.3.2. Java-RMI 23
        1.3.3. DCOM 26
        1.3.4. XML-basierte Middleware 27
            1.3.4.1. XML-RPC 27
            1.3.4.2. SOAP 28
        1.3.5. Vergleich 29

2. Die Java Virtual Machine   31
    2.1. Konfigurationen und Profile 31

Inhaltsverzeichnis

	2.1.1. Connected Limited Device Configuration	32
	2.1.1.1. Änderung des Java-Sprachumfangs	32
	2.1.1.2. Änderungen an der JVM	33
	2.1.1.3. Änderung an der API-Spezifikation	34
	2.1.1.4. Mobile Information Device Profile	35
	2.1.1.5. Information Module Profile	36
	2.1.2. Connected Device Configuration	36
	2.1.2.1. Foundation Profile	37
	2.1.2.2. Personal Basis Profile	37
	2.1.2.3. Personal Profile	37
	2.1.2.4. RMI Optional Package	38
	2.1.3. Diskussion von Konfiguration und Profilen	38
2.2.	Methoden der Bytecode-Abarbeitung	39
	2.2.1. Software	39
	2.2.1.1. Interpretation	39
	2.2.1.2. Kompilation	40
	2.2.2. Hardware	44
	2.2.2.1. Direkte Bytecode-Ausführung	44
	2.2.2.2. Hardware-JIT	47
	2.2.2.3. Befehlssatzerweiterungen	48
	2.2.2.4. AMIDAR	49
	2.2.3. Diskussion	49
2.3.	Thread-Modelle	50
	2.3.1. Green Threads	50
	2.3.2. Native Threads	51
	2.3.3. Vergleich	51
2.4.	Echtzeitproblematik	52
	2.4.1. Speicherverwaltung	52
	2.4.1.1. Garbage Collection	53
	2.4.1.2. Allokation	60
	2.4.2. Threads und Synchronisation	62
	2.4.2.1. Java Monitore	62
	2.4.2.2. Unkontrollierte Inversion von Prioritäten	65
	2.4.3. Realtime Specification for Java	67
	2.4.3.1. Thread-Verwaltung und Scheduling	68
	2.4.3.2. Synchronisation	68
	2.4.3.3. Speicherverwaltung	68
	2.4.3.4. Zeitsteuerung	69
	2.4.3.5. Asynchrone Ereignisse	69

Inhaltsverzeichnis

2.4.4. Das Ravenscar-Java-Profil	70
2.5. Debugging	71

3. Anwendungsszenarien   **75**

3.1. Administration eingebetteter Systeme	75
3.1.1. Web-Administration mit Java	76
3.1.2. Administration mittels objektorientierter Schnittstellen	77
3.2. Mobile Agentensysteme	78
3.2.1. Anwendungsbeispiele von mobilen Agenten in eingebetteten Systemen	80
3.2.1.1. Datalogging	80
3.2.1.2. Fernsteuerung von Geräten und Anlagen	81
3.2.1.3. Firmware-Updates	81
3.2.2. Java als Agentensprache	82
3.3. Verteilte eingebettete Systeme	83
3.3.1. Eingebettete Systeme in der Automatisierungstechnik	83
3.3.2. Verteilte eingebettete Systeme in der Kommunikationstechnik	85
3.4. Zusammenfassung	86

4. Eine konfigurierbare Java-Umgebung für eingebettete Systeme   **87**

4.1. Konfigurierbarkeit durch Metaprogrammierung	87
4.1.1. Unterstützte Eigenschaften	89
4.1.2. Unterstützte Betriebssysteme und Prozessoren	89
4.1.3. Unterstützung für segmentierte Speicher	91
4.2. Bytecode-Abarbeitung	92
4.2.1. Java-Bytecode-Interpreter	92
4.2.2. Kompilation des Bytecodes	95
4.2.2.1. Register-Interpreter	96
4.2.2.2. Just-In-Time-Compiler	101
4.3. Objektmodell	105
4.4. Methodenaufrufe	107
4.4.1. Constant-Pool-Resolution	108
4.4.2. Anbindung nativer Methoden	110
4.5. Thread-Modell und I/O-Verarbeitung	111
4.6. Speicherverwaltung	114
4.6.1. Speicher-Allokator	115
4.6.2. Garbage-Collector	117
4.6.2.1. Die Mark-Phase	118
4.6.2.2. Die Sweep-Phase	121

        4.6.2.3. Start eines Garbage-Collection-Zyklus' 121
        4.6.2.4. Exakte Garbage Collection 122
  4.7. Klassenlader 123
  4.8. Alternatives Sicherheitskonzept 124
  4.9. Kertasarie Package Builder 124
  4.10. API-Tailoring und Vorladen von Klassen 125
        4.10.1. API-Tailoring 126
        4.10.2. Vorladen von Klassen 127
  4.11. Debugging 128
  4.12. Kertasarie-GUI 128
  4.13. Zukünftige Weiterentwicklungen 130
  4.14. Trivia 131

5. Objektorientierte Kommunikation in eingebetteten Systemen   **133**
  5.1. Einführung 133
        5.1.1. Weitere RMI-Varianten 133
            5.1.1.1. KaRMI 133
            5.1.1.2. NexusRMI 134
            5.1.1.3. NinjaRMI 134
  5.2. Architektur der Referenzimplementierung 135
  5.3. Architektur von TinyRMI 136
  5.4. Transportschichten 138
        5.4.1. Das Single-Connect-Protokoll 138
        5.4.2. Das Multiplex-Connect-Protokoll 139
        5.4.3. Das UDP-Protokoll 139
  5.5. Zusammenfassung 140

6. Dynamische Webseiten-Erzeugung in eingebetteten Systemen   **143**
  6.1. Einführung 143
  6.2. Kurzbeschreibung 143
  6.3. Formularbehandlung in KSP-Seiten 145

7. Resultate   **149**
  7.1. Der UCSD-Benchmark 149
  7.2. Geschwindigkeit der Bytecode-Interpretation 150
  7.3. Vergleich verschiedener Interpretervarianten 152
  7.4. Interpretation auf einer virtuellen Register-Maschine 154
  7.5. JIT-Kompilation 156
  7.6. I/O-Verhalten 158

7.7. TinyRMI 161

8. Zusammenfassung   **165**

Literaturverzeichnis   **167**

A. Statistische Untersuchung von Java-Methoden   **185**

B. Benchmark-Quellen für die JIT-Messungen   **189**

Inhaltsverzeichnis

Abbildungsverzeichnis

1.1.	Halbleiterverbrauch nach Marktsegmenten	4
1.2.	Weltweiter Verkauf von Software für eingebettete Systeme im Jahr 2003 .	4
1.3.	Zunahme der Komplexität eingebetteter Systeme	5
1.4.	Produktivitätsdruck auf Entwickler eingebetteter Systeme	6
1.5.	Die Java-Plattform	14
1.6.	Funktionsprinzip einer objektorientierten Middleware	19
1.7.	Allgemeiner Aufbau eines CORBA-Systems	21
1.8.	Allgemeiner Aufbau eines RMI-Systems	23
1.9.	Allgemeiner Aufbau eines DCOM-Systems	26
2.1.	Java 2 Konfigurationen und Profile	31
2.2.	CDC-Profile	37
2.3.	Möglichkeiten der Bytecode-Abarbeitung	39
2.4.	Zyklische Strukturen beim Reference Counting	54
2.5.	Objektgraph nach der Markierungsphase	55
2.6.	Funktionsweise des Copying-Algorithmus'	56
2.7.	Objektzugriff über Handles	58
2.8.	Tricolor-Markierung von Objekten	58
2.9.	Allgemeiner Aufbau eines Monitors	63
2.10.	Klassische Monitorimplementierung	63
2.11.	Thin-Lock-Implementierung eines Java-Monitors	64
2.12.	Priority Inversion	65
2.13.	Priority Inheritance	66
2.14.	Java Platform Debug Architecture	72
3.1.	Web-Administration mit Java	76
3.2.	Administration per Web- und RMI-Interface	79
3.3.	Klassifikation von Software-Agenten	80
3.4.	Die Automatisierungspyramide	83
3.5.	Verteiltes eingebettetes System mit getrennter Datenbasis	85
3.6.	Verteiltes eingebettetes System mit vereinheitlichter Datenbasis	86

Abbildungsverzeichnis

4.1. Abbildung von Stack und lokalen Variablen auf Register 95
4.2. Häufigkeitsverteilung von benötigten Registern in Methoden 96
4.3. Operandenadressierung auf Stack und Registern 97
4.4. Übersetzung auf eine virtuelle Register-Maschine 97
4.5. Register-JIT mit 16-Bit-Befehlswort 98
4.6. Register-JIT mit 8-Bit-Befehlswort 99
4.7. Prinzipielle Arbeitsweise des JIT-Compilers 102
4.8. Objektmodell der Kertasarie VM 106
4.9. Parameterübergabe beim Methodenaufruf 108
4.10. Constant-Pool-Resolution beim Methodenaufruf 109
4.11. Synchrones I/O 112
4.12. Asynchrones I/O mit Signalen 113
4.13. Asynchrones I/O mit Threads 114
4.14. Asynchrones I/O mit einem exklusiven I/O-Thread 115
4.15. Messung der Fragmentierung 116
4.16. Objektallokation mit Freispeicherlisten 116
4.17. Untersuchung lokaler Variablen durch den GC 119
4.18. Grafischer Debugger der Kertasarie VM 129
4.19. GUI-Elemente unter PalmOS und GTK 130

5.1. Struktur der Sun-RMI-Implementierung 135
5.2. Struktur von TinyRMI 137

7.1. Schaltfrequenz bei Verwendung der Kertasarie VM unter Linux 159
7.2. Schaltfrequenz bei Verwendung der Kertasarie VM ohne Betriebssystem . 159
7.3. Reaktionszeit bei Verwendung der Kertasarie VM unter Linux 160
7.4. Reaktionszeit bei Verwendung der Kertasarie VM ohne Betriebssystem . . 160

Tabellenverzeichnis

2.1.	Vergleich der Arten der Bytecode-Ausführung	44
4.1.	Unterstützte Betriebssysteme und Prozessoren der Kertasarie VM	90
4.2.	Anzahl von Opcodes in Abhängigkeit von der Register-Anzahl	98
7.1.	Vergleich verschiedener JVMs für eingebettete Systeme	151
7.2.	Switch/Case im Vergleich mit Computed Goto	152
7.3.	Bytecode-Interpreter unter Berücksichtigung von Cache-Effekten	153
7.4.	Benchmarking der virtuellen Register-Maschine auf PowerPC	154
7.5.	Benchmarking der virtuellen Register-Maschine auf Intel Xeon	156
7.6.	Vergleich verschiedener JIT-Compiler für PowerPC	157
7.7.	I/O-Verhalten der Kertasarie VM	158
7.8.	Anzahl und Größe der Klassen von TinyRMI	161
7.9.	Anzahl und Größe der Klassen des Sun-RMI	161
7.10.	Anzahl und Gesamtgröße aller für RMI benötigten Klassen	162
7.11.	Kommunikationszeiten der RMI-Varianten	163
7.12.	Low-Level-Tests für TCP und UDP	164
A.1.	Statistische Untersuchung von Java-Methoden	187

Tabellenverzeichnis

Quelltextverzeichnis

1.1.	Ein einfaches XML-RPC-Beispiel	28
2.1.	Java-Bytecode-Interpretationsschleife	40
4.1.	Verwendung des SECTION-Makros	92
4.2.	Interpretationsschleife der Kertasarie VM	93
4.3.	Makrodefinitionen für die Interpretation	94
4.4.	Laden der Operanden in einer virtuellen Register-Maschine	100
4.5.	Erzeugung des Zwischencodes aus Java-Bytecode	103
4.6.	Funktionsprototyp für native Methoden	110
4.7.	Aufbau des StackMap-Attributs	122
6.1.	Ein einfaches KSP-Beispiel	144
6.2.	KSP-Beispiel mit Formularen	145
6.3.	JSP-Beispiel mit Formularen	147
B.1.	Benchmark-Quellen für die JIT-Messungen	192

Quelltextverzeichnis

Abkürzungen

AMIDAR	Adaptive Microinstruction Driven Architecture
ANSI	American National Standards Institute
AOT	Ahead Of Time
API	Application Programming Interface
ARM	Advanced RISC Machines
AWT	Abstract Window Toolkit
CAN	Contoller Area Network
CDC	Connected Device Configuration
CHILL	CCITT High Level Language
CISC	Complex Instruction Set Computing
CLDC	Connected Limited Device Configuration
COM	Component Object Model
CORBA	Common Object Request Broker Architecture
CRAMFS	Compressed ROM File System
DBX	Direct Bytecode eXecution
DCE	Distributed Computing Environment
DCOM	Distributed Component Object Model
DGC	Distributed Garbage Collection
DII	Dynamic Invocation Interface
DIN	Deutsches Institut für Normung

Abkürzungen

EDF	Earliest Deadline First
EEMBC	Embedded Microprocessor Benchmark Consortium
EJB	Enterprise JavaBeans
EVC	Embedded Visual C++
GC	Garbage Collector
GCC	GNU C Compiler
GCF	Generic Connection Framework
GNU	GNU's Not Unix
GPIO	General Purpose Input Output
GPL	GNU General Public License
GTK	GIMP Toolkit
GUI	Graphical User Interface
HTML	Hypertext Markup Language
HTTP	Hypertext Transfer Protocol
ICC	Intel C Compiler
ICE	In-Circuit-Emulator
IDL	Interface Definition Language
IIC	Inter-Integrated Circuit
IIOP	Internet Inter-ORB Protocol
IMP	Information Module Profile
I/O	Input/Output
IP	Intellectual Property
IPCP	Immediate Priority Ceiling Protocol
ISA	Instruction Set Architecture
J2EE	Java 2 Enterprise Edition

Abkürzungen

J2ME	Java 2 Micro Edition
J2SE	Java 2 Standard Edition
JAR	Java Archive
JDI	Java Debug Interface
JDK	Java Development Kit
JDWP	Java Debug Wire Protocol
JDWPI	Java Debug Wire Protocol Interface
JFFS2	Journalling Flash File System, Version 2
JIT	Just In Time
JNI	Java Native Interface
JOP	Java Optimized Processor
JPDA	Java Platform Debug Architecture
JRE	Java Runtime Environment
JSP	Java Server Pages
JSTL	Java Server Pages Standard Tag Library
JTAG	Joint Test Action Group
JVM	Java Virtual Machine
JVM TI	Java Virtual Machine Tool Interface
KSP	Kertasarie Server Pages
LST	Least-Slack-Time-First
MIDP	Mobile Information Device Profile
MMU	Memory Management Unit
MOS	Mature Object Space
MPEG	Moving Picture Experts Group
NFS	Network File System

Abkürzungen

OMG	Object Management Group
OPCP	Original Priority Ceiling Protocol
ORB	Object Request Broker
OSEK	Offene Systeme und deren Schnittstellen für die Elektronik im Kraftfahrzeug
PCP	Priority Ceiling Protocol
PDA	Personal Digital Assistant
PEARL	Process and Experiment Automation Realtime Language
PIP	Priority Inheritance Protocol
POSIX	Portable Operating System Interface
RAM	Random Access Memory
RCT	Runtime Compilation Target
RISC	Reduced Instruction Set Computing
RMI	Remote Method Invocation
RMS	Rate-Monotonic-Scheduling
ROM	Read Only Memory
RPC	Remote Procedure Call
RTSJ	Realtime Specification for Java
SCM	Service Control Manager
SERCOS	Serial Realtime Communication System
SNMP	Simple Network Management Protocol
SoC	System on Chip
SPI	Serial Peripheral Interface
SRAM	Static Random Access Memory
SSL	Secure Socket Layer

SWT	Standard Widget Toolkit
TCP	Transmission Control Protocol
TTA	Time-Triggered Architecture
UART	Universal Asynchronous Receiver Transmitter
UCSD	University of California, San Diego
UDP	User Datagram Protocol
URL	Uniform Resource Locator
VM	Virtual Machine
WCET	Worst-Case Execution Time
WWW	World Wide Web
XML	Extensible Markup Language

Abkürzungen

1. Einführung

Java in eingebetteten Systemen? Was noch vor wenigen Jahren wie die fixe Idee einiger Technologie-Evangelisten klang, ist heute in einigen Bereichen längst Realität geworden. Die Ursachen für diesen Wandel sind vielfältig, zum einen spielen schnellere Prozessoren eine wichtige Rolle, aber ganz sicher ist auch die Verfügbarkeit speziell angepasster Java-Umgebungen eine wesentliche Ursache.

Diese Arbeit möchte versuchen, einige Vorurteile beim Einsatz von Java in ressourcenbeschränkten Systemen auszuräumen. Sie stellt die spezifischen Vorteile vor, adressiert aber natürlich auch die Probleme, wobei für letztere in vielen Fällen wenigstens Lösungsansätze erläutert werden.

In diesem Kapitel wird es vorrangig um den aktuellen Stand der Technik der Software-Entwicklung eingebetteter Systeme gehen. Dazu werden typische Merkmale solcher Systeme benannt und deren Einfluss auf die Programmierung näher beleuchtet.

Doch zunächst soll der sehr allgemeine Begriff »eingebettetes System« etwas näher betrachtet werden und für diese Arbeit auch eine gewisse Einschränkung erfahren. Aktuelle Programmiersprachen für eingebettete Systeme werden ebenfalls genannt und die Vorteile einer objektorientierten Entwicklung herausgestellt. Kapitel 1.1.2.5 beschäftigt sich etwas ausführlicher mit vernetzten eingebetteten Systemen. Sobald eine netzwerkbasierte Kommunikation stattfindet, wird oftmals auch der Ruf nach einer möglichst abstrakten und standardisierten Form der Kommunikation laut. Hier kommen Middleware-Architekturen ins Spiel, die in Kapitel 1.3 vorgestellt werden. Das Kapitel endet mit einer Beschreibung der Möglichkeiten von Java aus dem Blickwinkel der zuvor herausgearbeiteten Randbedingungen.

Das zweite Kapitel setzt sich zuerst intensiv mit den vorhandenen Standards im Umfeld von Java in eingebetteten Systemen auseinander. Die relevanten Konfigurationen und Profile werden mit ihren spezifischen Vor- und Nachteilen erklärt und anschließend wichtige Problemstellungen bei der Entwicklung einer Java-Laufzeitumgebung für eingebettete Systeme adressiert. Hierzu gehören die Methoden der Bytecode-Abarbeitung, die verschiedenen Thread-Modelle und als ganz wichtiger Teil die Echtzeitproblematik, die beim Einsatz von Java immer noch sehr kritisch gesehen wird. Insbesondere die Speicherverwaltung und Synchronisationsaspekte werden hier diskutiert. Zudem wird ein spezielles Java-Profil für Echtzeitsysteme vorgestellt. Das Kapitel schließt mit einer Beschreibung der im Java-Umfeld gängigen Debugging-Technologien.

1. Einführung

In Kapitel 3 wird sich dann herausstellen, dass die recht starre Aufteilung der Java-Editionen wichtigen Anwendungsszenarien eingebetteter Systeme nicht gut entspricht. Die Anwendungen, die vorgestellt werden, sind die Web-basierte Administration eingebetteter Systeme, Agentensysteme sowie verteilte eingebettete Systeme. Alle vorgestellten Szenarien stellen teilweise sehr unterschiedliche Anforderungen an die Leistungsfähigkeit der Java-Laufzeitumgebung im System.

Im darauffolgenden Kapitel wird dann ausführlich eine neu entwickelte Java-Laufzeitumgebung vorgestellt, die vor allem durch gute Konfigurierbarkeit die Anforderungen der vorgestellten Anwendungen erfüllt. Wichtige Teilaspekte sind hier die Arten der unterstützten Bytecode-Ausführung, das gewählte Modell zur Implementierung von Java-Threads, die Speicherverwaltung mit Garbage Collector, sowie die Vorstellung diverser Werkzeuge, die dem Anwender das Zusammenstellen einer für eine bestimmten Applikation erforderlichen Java-Umgebung erleichtern.

Im fünften Kapitel wird mit TinyRMI eine neu entwickelte RMI-Variante für eingebettete Systeme vorgestellt. Diese zeichnet sich insbesondere dadurch aus, dass sie sehr einfach an verschiedenste Kommunikationsnetze angepasst werden kann. Es werden sowohl die Architekturen der Original-RMI-Implementierung von Sun und von TinyRMI erläutert und zwei verschiedene Transportschichten für TinyRMI vorgestellt.

Das sechste Kapitel widmet sich dem Problem der dynamischen Erzeugung von Web-Seiten in eingebetteten Systemen. Mit den Kertasarie Server Pages wird eine Beschreibungsform vorgestellt, die sich stark an die weit verbreiteten Java Server Pages anlehnt, aber durch eine automatisierte Verarbeitung von HTML-Formularelementen dem Anwendungsentwickler bei wichtigen Aufgaben entlastet.

Alle Resultate, wie Größenvergleiche oder Geschwindigkeitsmessungen für neu entwickelte Komponenten, werden im Kapitel 7 ausführlich beschrieben. Diese separate Darstellung soll vor allem den Lesern helfen, die dieses Dokument nicht linear durchlesen wollen, sondern nur an gewissen Teilaspekten interessiert sind.

Mit einer Zusammenfassung der wichtigsten Ergebnisse und Erkenntnisse endet der »prosaische« Teil der Arbeit. Das sich anschließende, ausführliche Literaturverzeichnis lädt zum weiteren Studium der Problematik ein.

1.1. Eingebettete Systeme

Eingebettete Systeme begegnen uns vielfach in unserer Umwelt. Aufgrund der oftmals sehr unterschiedlichen Aufgaben ist eine einheitliche Definition für »das eingebettete System« kaum anzugeben. Als hinreichend allgemein und damit natürlich recht unspezifisch kann folgende Variante angesehen werden[93, S. 1]:

> Unter einem »eingebetteten System« verstehen wir ein in ein umgebendes

technisches System eingebettetes und mit diesem in Wechselwirkung stehendes Computersystem.

Eine gewisse Kategorisierung lässt sich dennoch angeben. So können eingebettete Systeme in *reaktive, transformatorische* und *interaktive* Systeme eingeteilt werden. Reaktive Systeme interagieren quasi ständig mit ihrer Umwelt. Getrieben wird diese Interaktion jedoch typischerweise durch die Umwelt und nicht durch das eingebettete System. Die klassische Aufgabe ist die *Reaktion* auf bestimmte Ereignisse durch Veränderung von Steuerungssignalen. Klassische Aufgabengebiete von reaktiven Systemen finden sich in der Mess-, Steuer- und Regelungstechnik.

Transformatorische Systeme arbeiten gänzlich anders. Ihre Aufgabe ist vorwiegend die oft kontinuierliche Umwandlung von Eingangsdaten in Ausgangsdaten. Das Dekodieren eines MPEG-Datenstroms ist ein typisches Beispiel für eine transformatorische Aktion.

Interaktive Systeme interagieren wie reaktive Systeme mit ihrer Umwelt. Der Unterschied ist jedoch, dass bei interaktiven Systemen das System die Interaktion bestimmt, bei reaktiven Systemen ist es die Umwelt. Interaktive Systeme sind also eher proaktiv. Ein PDA ist ein gutes Beispiel für ein eingebettetes, interaktives System.

Natürlich sind viele eingebettete Systeme nicht direkt einer Kategorie zuzuordnen, sondern sind gemischte Systeme, deren Komponenten den Kategorien zuzuordnen sind. Als Beispiel sei hier ein Mobiltelefon genannt, welches sowohl aus interaktiven als auch aus transformatorischen Komponenten besteht.

1.1.1. Marktsituation

Eine Schätzung, welche die Bedeutung eingebetteter Systeme unterstreicht, besagt, dass 98 % aller produzierten Mikroprozessoren in diesen Systemen eingesetzt werden[93].

Grundsätzlich ist festzustellen, dass eingebettete Systeme inzwischen das alltägliche Leben stark durchdrungen haben. Besonders ausgeprägt ist das Wachstum im Segment der Konsumgüterelektronik, was auch durch Abbildung 1.1 auf der nächsten Seite verdeutlicht wird. Der Consumer-Bereich ist sehr von eingebetteten Systemen geprägt, klassische IT-Technik ist hier selten zu finden.

Die Grafik in Abbildung 1.2 auf der nächsten Seite zeigt den Anteil an verkaufter Software sowie Dienstleistungen im Umfeld eingebetteter Systeme weltweit. Auch hier ist gut zu erkennen, das der Bereich der Konsumgüterelektronik einen starken Anteil hat, der zudem auch jährlich am stärksten (15,1 %) wächst (Quelle: VDC).

Der deutsche Software-Markt hat einige Merkmale, die ihn beispielsweise vom amerikanischen Markt deutlich unterscheiden[100]. Dabei hilft eine Einteilung des Software-Marktes in Primär- und Sekundärbranchen. Unternehmen der Software-Primärbranchen stellen Software als *Produkt* her, für Unternehmen der Sekundärbranchen ist Software nur (allerdings wesentlicher) *Produktbestandteil*. Abgesehen von SAP und der IDS Scheer AG

1. Einführung

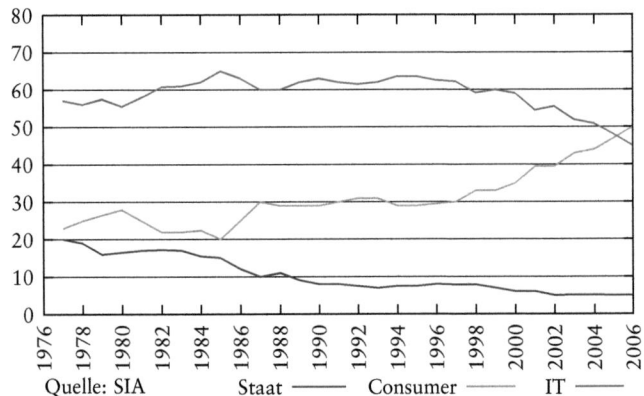

Abbildung 1.1.: Halbleiterverbrauch nach Marktsegmenten

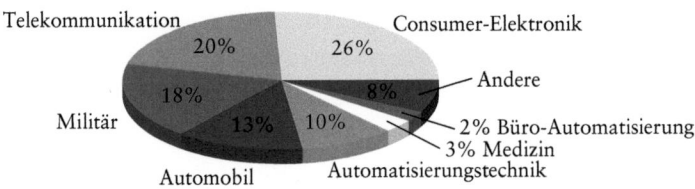

Quelle: VDC

Abbildung 1.2.: Weltweiter Verkauf von Software für eingebettete Systeme im Jahr 2003

gibt es in Deutschland kaum weltweit operierende Unternehmen der Software-Primärbranche. Stark vertreten sind jedoch Unternehmen der Sekundärbranchen. Als Beispiele sind hier die Automobilindustrie, der Maschinenbau, Telekommunikation und die Elektroindustrie genannt, alles Bereiche mit einer starken Durchdringung eingebetteter Systeme.

Des Weiteren ist festzuhalten, dass auch eingebettete Systeme immer komplexer werden. Abbildung 1.3 auf der nächsten Seite verdeutlicht diese Tatsache am Beispiel der Entwicklung der Kfz-Elektronik[43]. Gleichzeitig wird von eingebetteten Systemen aber erwartet, dass sie quasi fehlerfrei arbeiten. Zudem sind Rückrufaktionen hier meist sehr aufwändig oder gar nicht möglich. Die Funktionalität eingebetteter Systeme nimmt also ständig zu, die Anzahl der Entwickler solcher Systeme hält damit allerdings in keiner Weise Schritt,

1.1. Eingebettete Systeme

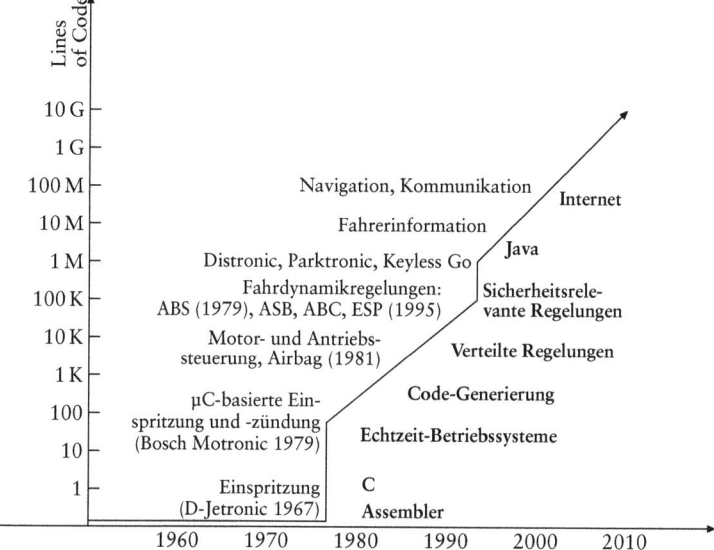

Abbildung 1.3.: Zunahme der Komplexität eingebetteter Systeme

was Abbildung 1.4 auf der nächsten Seite zeigt.

Alle diese Fakten verdeutlichen, dass auch im Bereich eingebetteter Systeme moderne Werkzeuge und Standards der Software-Entwicklung angewendet werden müssen, um dem Produktivitätsdruck standhalten zu können. Java kann hier einen wichtigen Beitrag leisten.

1.1.2. Charakteristika eingebetteter Systeme

Eingebettete Systeme haben einige spezielle Eigenschaften, die sie deutlich von PCs, Workstations etc. unterscheiden. Eingebettete Systeme werden oft in sehr großen Stückzahlen gefertigt, 100 000 und mehr sind keine Seltenheit. Diese hohen Stückzahlen setzen Entwickler unter einen starken Finanzbudget-Druck, das einzelne System so günstig wie möglich zu erstellen. Diese Forderung trifft insbesondere zwei Schlüsselkomponenten des eingebetteten Systems, den Prozessor sowie den Speicher. Beide werden, abhängig von weiteren Randbedingungen wie beispielsweise Stromaufnahme, Abwärme oder zeitlichen Kriterien, so ausgelegt, dass die zu erfüllende Aufgabe möglichst kostengünstig bewerkstelligt wird. Für Erweiterung ist in vielen Fällen kein oder nur wenig Raum vorgesehen.

1. Einführung

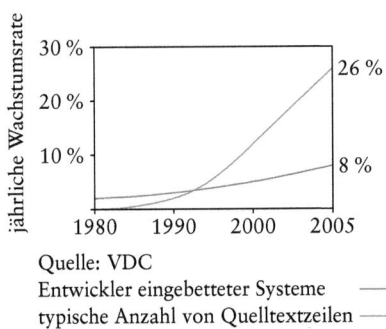

Quelle: VDC
Entwickler eingebetteter Systeme —
typische Anzahl von Quelltextzeilen —

Abbildung 1.4.: Produktivitätsdruck auf Entwickler eingebetteter Systeme

Inzwischen werden auch Aufgaben durch Mikroprozessor-gesteuerte Geräte übernommen, die früher durch klassische digitale Logik oder analoge Elemente gesteuert wurden. Gründe hierfür sind die größere Flexibilität beim Entwurf, die einfachere Erweiterbarkeit von Funktionalitäten mittels Software oder auch nur Marketing-Gesichtspunkte.
Eingebettete Systeme sind fast immer Individuallösungen; Standardsoftware, von eventuell genutzten Betriebssystemen einmal abgesehen, wird kaum eingesetzt. Diese Tatsache zeigt aber auch, dass für das Implementieren einer gewissen Funktionalität oft ein sehr hoher Aufwand getrieben werden muss. Um wenigstens ein gewisses Maß an Interoperabilität zwischen eingebetteten Systemen zu erreichen, geht der Trend auf diesem Gebiet inzwischen sehr in Richtung branchenspezifischer Standards. Als Beispiele seien hier BACnet in der Gebäudeautomatisierung oder AUTOSAR in der Automobil-Elektronik erwähnt.
Ebenso charakteristisch für eingebettete Systeme ist das Vorhandensein von spezialisierten I/O-Lösungen. Diese umfassen unter anderem die Vielzahl von Sensoren und Aktoren aus der Regelungstechnik, allerdings oft auch spezielle, meist serielle Kommunikationsschnittstellen.
Der Hardware-Aufbau eingebetteter Systeme wird durch Ball[14] und Catsoulis[25] ausführlich beschrieben und soll an dieser Stelle auch nicht weiter thematisiert werden.
Um die Heterogenität eingebetteter Systeme etwas ausführlicher darzustellen, werden exemplarisch einige Aspekte aus diesem Umfeld etwas näher vorgestellt: Prozessoren, Betriebssysteme sowie die Software-Entwicklung für eingebettete Systeme. Kapitel 1.1.3 geht zudem etwas näher auf typische Programmiersprachen aus diesem Umfeld ein.

1.1.2.1. Prozessoren für eingebettete Systeme

Im Umfeld eingebetteter Systeme ist die Vielzahl an eingesetzten Prozessoren geradezu typisch. Je nach benötigter Rechenleistung kommen 8, 16 oder 32-Bit-Prozessoren zum Einsatz, ja selbst 4-Bit-Prozessoren sind für einfache Aufgaben noch durchaus gängig[1].
Mehr als die Hälfte[2] der verwendeten Prozessoren haben momentan eine Verarbeitungsbreite von 8 Bit. Typische Vertreter sind 68HC11 von Freescale, die MCS-51-Familie von Intel, die AVR-Serie von Atmel und Teile der H8-Familie von Renesas. Mikrocontroller mit 8-Bit-Datenbusbreite werden typischerweise als System on Chip (SoC) gefertigt, bei denen Programm- und Laufzeitspeicher sowie sämtliche benötigte Peripherie auf einem Chip vereint wird.
Der Anteil von 32-Bit-Prozessoren ist der im Bereich Mikrocontroller am stärksten wachsende. Das Marktforschungsinstitut iSuppli sagt für das Jahr 2007 voraus, dass der Anteil der 32-Bit-Prozessoren erstmals größer sein wird als der Anteil der 8-Bit-Controller. Viele dieser Prozessoren stammen aus dem RISC-Bereich und sind Abkömmlinge ehemaliger Hochleistungsprozessoren. Wesentliche Vertreter sind die ARM-Prozessorfamilie, SPARC- sowie MIPS-Prozessoren. Teilweise werden in diesem Bereich auch x86-kompatible Prozessoren eingesetzt wie die Élan5xx-Serie von AMD. Es existieren aber durchaus auch komplette Neuentwicklungen am Markt, zu ihnen gehört die SuperH-Reihe von Renesas oder der TriCore-Prozessor von Infineon.
32-Bit-Mikrocontroller sind auch dadurch gekennzeichnet, dass sie in vielen Fällen komplexe Peripherie-Einheiten enthalten. Dazu gehören beispielsweise serielle Kommunikationskanäle wie Ethernet oder CAN oder auch Display-Controller. Laufzeit- und Programmspeicher sind typischerweise extern anzuschließen.
16-Bit-Prozessoren decken das Marktsegment zwischen den 8-Bit- und den 32-Bit-Prozessoren ab. Manche Vertreter verfolgen auch in diesem Segment die SoC-Philosophie (MSP430 von Texas Instruments), andere hingegen tendieren eher in Richtung der 32-Bit-Controller, bei denen komplexe Peripherie auf dem Chip enthalten ist, Speicher jedoch nicht (C167 von Infineon).

1.1.2.2. Betriebssysteme für eingebettete Systeme

An dieser Stelle ist erst einmal festzustellen, dass viele, inbesondere kleinere eingebettete Systeme komplett ohne jedes Betriebssystem auskommen. Mit zunehmender Komplexität sowohl der genutzten Hardware als auch der Applikation wird der Einsatz eines Betriebssystems jedoch interessanter.
Bei den Betriebssystemen für eingebettete Systeme ist in letzter Zeit der Trend hin zu

---

1 Als Beispiel sei hier die MARC4-Serie von Atmel genannt.
2 Quelle: Gartner Dataquest Inc.

1. Einführung

Open-Source-Systemen deutlich sichtbar. Das liegt zum einen an der Kostenersparnis für Lizenzgebühren, auf der anderen Seite allerdings auch am Vorhandensein von frei verfügbaren, leistungsfähigen Tool-Ketten. Durch die starke Konfigurierbarkeit ist Linux inzwischen häufig in eingebetteten Systemen zu finden, der kleinere Ableger µClinux ist auch auf Prozessoren ohne Memory Management Unit (MMU) lauffähig. Durch diverse Erweiterungen wie RTAI oder RTLinux ist es möglich, echtzeitfähige Applikationen unter Linux zu erstellen. Ein weiteres freies, echtzeitfähiges Betriebssystem für eingebettete Systeme ist eCos.

Auch auf dem Gebiet der Betriebssysteme ist der Trend zur Standardisierung unverkennbar. So enthalten inzwischen sehr viele kommerzielle Systeme ein POSIX-kompatibles Application Programming Interface (API), wodurch sich die Portierung Unix-artiger Anwendungen deutlich vereinfacht. Betriebssysteme, die in der Automobilindustrie eingesetzt werden, folgen häufig dem OSEK-OS-Standard.

1.1.2.3. Echtzeitanforderungen

Gerade im Zusammenhang mit der Betriebssystemdiskussion ist die Frage der Echtzeitfähigkeit von Interesse. Verschiedene Anwendungen, gerade aus der Steuer- und Regelungstechnik erfordern nicht nur die korrekte Behandlung von Ereignissen, sondern dass die Behandlung auch zu einem bestimmten Zeitpunkt abgeschlossen sein muss. Manchmal wird in der Literatur zwischen weichen und harten Echtzeitanforderungen unterschieden[123]:

harte Echtzeit Von harten Echtzeitanforderungen spricht man, wenn es in jedem Fall notwendig ist, dass Antworten durch das eingebettete System innerhalb der vorgegebenen Zeitschranke erfolgen. Ein Nichteinhalten kann zu einem kompletten Systemversagen führen. Die Lagekontrolle eines Flugzeugs unterliegt beispielsweise harten Echtzeitanforderungen.

weiche Echtzeit Von weichen Echtzeitanforderung spricht man, wenn das Nichteinhalten von spezifizierten Zeitschranken nicht zu einem Systemversagen, sondern nur zu einer Degradation der Systemleistung führt. Ein klassisches Beispiel für eine weiche Echtzeitanforderung ist die Dekodierung eines Video-Datenstroms.

Problematisch wird die Situation immer dann, wenn mehrere Aufgaben innerhalb eines eingebetteten Systems Echtzeitanforderungen unterliegen und untereinander um möglicherweise exklusive Betriebsmittel konkurrieren. Das Betriebssystem hat die Aufgabe, die einzelnen Prozesse oder Tasks so auszuführen, dass die Echtzeitforderungen eingehalten werden. In Echtzeitbetriebssystemen erfolgt die Vergabe von Rechenzeiten typischerweise durch Vergabe von Prioritäten an die einzelnen Tasks.

Die einfachste Variante des Schedulings ist, dass immer der Prozess mit der höchsten Priorität läuft; bei gleich priorisierten Prozessen kann ein Zeitscheibenverfahren angewendet werden. Alternative Scheduling-Verfahren bilden andere Charakteristika von Prozessen auf Prioritäten ab. So erhält beim Earliest Deadline First (EDF)-Verfahren der Prozess die höchste Priorität, dessen Zeitschranke als nächstes abläuft. Alternative Vorgehensweisen sind das Rate-Monotonic-Scheduling (RMS) oder Least-Slack-Time-First (LST). Eine hervorragende Darstellung der verschiedensten Scheduling-Verfahren für Echtzeitbetriebssysteme ist bei Liu[75] zu finden.

Einen anderen Ansatz verfolgen Time-Triggered Architectures (TTAs). Hier werden Ereignisse per Interrupts in Warteschlangen eingestellt, die dann periodisch abgerufen werden. Dieses Verfahren bedingt allerdings, dass in jedem Fall die einzelnen Aufgaben des eingebetteten Systems offline vor dem Systemstart geplant werden. Eine gute Einführung in TTAs ist bei Kopetz[64] zu finden.

1.1.2.4. Software-Entwicklung für eingebettete Systeme

Da Software in eingebetteten Systemen immer nur Teil eines Produkts ist, herrschen auf diesem Gebiet viele zusätzliche Randbedingungen, die teilweise in diversen Standards zum Ausdruck kommen. Dies trifft insbesondere auf die Entwicklung sicherheitsrelevanter Software zu[18]. Einen guten Einstieg in das Software-Engineering eingebetteter Systeme findet man bei Scholz[93] und Liggesmeyer/Rombach[73].

Die Software-Entwicklung für eingebettete Systeme erfolgt prinzipiell ähnlich wie bei normalen Anwendungen mit Hilfe von Compiler, Linker und Debugger, allerdings werden in diesem Bereich oft andere Programmiersprachen eingesetzt (siehe dazu auch Kapitel 1.1.3).

Das Debugging von Programmen ist in eingebetteten Systemen jedoch oft fundamental anders gelöst als bei der Standard-Software-Entwicklung und soll darum etwas näher beleuchtet werden. Standards für das Debugging im Java-Umfeld werden im Kapitel 2.5 beschrieben.

Das Debugging in eingebetteten Systemen gestaltet sich oftmals erheblich schwieriger als bei konventionellen Desktop-Systemen. Das liegt zum großen Teil an der Tatsache, dass das eingebettete System gar nicht über passende Schnittstellen für das interaktive Bedienen eines Debuggers verfügt. Ebenso ist es meist nicht möglich, die komplette (grafische) Debugger-Applikation in einem sowohl bei der Rechenleistung als auch der Speicherausstattung beschränkten System laufen zu lassen.

Aus diesem Grund erfolgt das Debuggen eingebetteter Systeme meist über spezielle Debug-Schnittstellen (Remote-Debugging). Als physikalische Schnittstellen kommt typischerweise RS-232, JTAG oder etwas seltener Ethernet zum Einsatz. Auf dem zu untersuchenden System (Target) läuft dann in vielen Fällen ein kleiner Debug-Prozess[3], unter dessen Kontrolle die zu untersuchende Applikation ausgeführt wird und welche die Debug-

---
3 Für den häufig verwendeten gdb-Debugger ist dies der sogenannte gdbserver.

1. Einführung

Nachrichten mit dem entfernten Debugger (Debug-Host) austauscht. Alternativ ist es zudem oft möglich, einen sogenannten Debug-Stub zu einer Applikation zu linken, der dann die Kommunikation übernimmt.

Beide eben beschriebenen Varianten haben den Nachteil, dass sich das Laufzeitverhalten der zu untersuchenden Applikation verändert. Um dies zu verhindern, kann das Debugging auch mit Hilfe eines In-Circuit-Emulators (ICE) erfolgen. Dabei wird der komplette Prozessor im System durch eine externe Hardware-Einheit emuliert. Da diese Geräte jedoch insbesondere für moderne, schnelle Prozessoren sehr teuer sind, wird immer mehr dazu übergegangen, den ICE in den Zielprozessor zu integrieren. Meist wird diese sogenannte embedded ICE mit Hilfe der vorhandenen JTAG-Schnittstelle bedient.

1.1.2.5. Vernetzte eingebettete Systeme

Ein weiterer Trend, der bei eingebetteten Systemen immer mehr zu beobachten ist, ist die zunehmende Netzwerkfähigkeit dieser Geräte. Häufig ist es über diese Netzwerkschnittstelle möglich, Einstellungen oder Wartungsarbeiten im System vorzunehmen oder Statusmeldungen abzufragen oder an weiterverarbeitende Geräte zu versenden. In einigen Fällen werden bestimmte Aufgaben durch das kooperative Handeln mehrerer Systeme gelöst; hierfür ist eine Kommunikation unabdingbar.

Das dritte Kapitel beschreibt einige Anwendungsszenarien, die durch die Netzwerkfähigkeit eingebetteter Systeme überhaupt erst möglich geworden sind.

1.1.3. Programmiersprachen für eingebettete Systeme

In eingebetteten Systemen werden je nach Anwendungsdomäne sehr unterschiedliche Programmiersprachen eingesetzt. Allerdings ist oft eine gewisse Korrelation mit den verwendeten Prozessoren feststellbar. So werden kleine Mikrocontroller aufgrund des sehr knappen Speichers häufig immer noch in Assembler programmiert, alternativ kommen speziell angepasste C-Varianten zum Einsatz. Je komplexer die Anwendung wird, umso leistungsfähiger werden auch die Prozessoren. Damit ist fast immer die Verwendung einer höheren Programmiersprache verbunden, in den meisten Fällen ist es C, da diese Sprache vergleichsweise Hardware-nah und effizient in der Ausführung ist. Deutlich seltener wird der objektorientierte Abkömmling, C++, verwendet.

Forth ist mehr als eine Programmiersprache; es ist zugleich Betriebssystem und Entwicklungsumgebung. Der Interpreter dieser Stack-orientierten Sprache kann sehr ressourcenschonend implementiert werden, was zu einer gewissen Verbreitung im Umfeld eingebetteter Systeme geführt hat.

Wie bereits erwähnt, wurden für verschiedene Anwendungsdomänen eigene Programmiersprachen entwickelt. Ein Beispiel dafür ist CHILL, eine problemorientierte Sprache für den Einsatz in der Vermittlungstechnik. CHILL wird jedoch seit 1999 nicht mehr gepflegt.

PEARL ist eine Sprache, die speziell für den Einsatz in der Prozessrechentechnik entwickelt wurde. Durch ihre DIN-Normung hat sie in Deutschland eine gewisse Verbreitung gefunden. Die Sprache enthält einige Konstrukte, die das Erstellen von Multitasking-Anwendungen erleichtert. Auch das zeitgesteuerte Aktivieren und Fortsetzen von Tasks ist einfach möglich.

Im Segment der sicherheitskritischen Anwendungen hat Ada eine starke Bedeutung erlangt. Ursprünglich wurde die Entwicklung vom US-Verteidigungsministerium getrieben, um die Vielzahl der in Projekten eingesetzten Sprachen einzuschränken. Ada zielte schon immer auf den Einsatz in eingebetteten (Echtzeit-)Systemen ab. Kennzeichnend ist die strenge Typisierung der Sprache, zudem können zur Laufzeit diverse Tests durchgeführt werden, die verschiedene Fehler wie Speicherüberläufe, Indizierungsfehler etc. prüfen. Es existieren außerdem Systeme, welche die Verifikation von Ada-Programmen erlauben. Mit der Version Ada-95 hat die Objektorientierung auch in Ada Einzug gehalten.

Ein sehr ausführlicher Vergleich zwischen Java, C (zusammen mit Realtime-POSIX), Ada und occam2 ist bei Burns/Wellings[23] zu finden. Dort sind auch eine Reihe von Kriterien angegeben, die an eine Sprache für eingebettete Systeme gestellt werden sollten:

Sicherheit Bei der Sicherheit spielt insbesondere eine Rolle, inwieweit Fehler automatisch vom Compiler oder Laufzeitsystem entdeckt werden können. Aus diesem Grund sollte eine Sprache einfach sein, wenig Schlüsselwörter, eine gute Strukturierung sowie eine starke Typisierung haben.

Lesbarkeit Die Lesbarkeit ist besonders wichtig für die Dokumentation von Programmen, sie verringert auch den Einarbeitungsaufwand und verbessert damit die Wartbarkeit. Allerdings erhöht sich durch eine gute Lesbarkeit oft die Länge eines Quellprogramms.

Flexibilität Eine Sprache sollte flexibel genug sein, um alle nötigen Operationen ohne große Umstände ausdrücken zu können. Objektorientierung mit Polymorphie erhöht die Flexibilität einer Sprache ganz wesentlich.

Einfachheit Für die Einfachheit einer Programmiersprache ist ganz wesentlich die Anzahl der Schlüsselwörter verantwortlich. Je einfacher eine Sprache ist, um so geringer ist der Aufwand für das Erlernen der Sprache und typischerweise auch für das Erstellen von Compilern.

Portabilität Jedes Programm sollte bis zu einem gewissen Maß unabhängig von der zugrunde liegenden Hardware sein. Für eingebettete Systeme ist diese Forderung selten zu erreichen, da sehr oft spezielle Hardware-Komponenten angesteuert werden

1. Einführung

müssen. Trotzdem sollte jede Sprache wenigstens in der Lage sein, plattformunabhängige von plattformabhängigen Programmteilen zu trennen.

Effizienz Jede Sprache sollte so effizient wie möglich abgearbeitet werden, um die zur Verfügung stehende Rechenleistung möglichst gut auszunutzen. Effizienz ist verständlicherweise inbesondere für Echtzeitsysteme von Bedeutung. Hier wird sogar die vorhersagbare Ausführungszeit eines Programms gefordert.

Viele der Kriterien sind durch klassische Sprachen für eingebettete Systeme nicht erfüllt, am ehesten noch durch Ada-95. Java hingegen erfüllt viele der Forderungen sehr gut, dazu jedoch mehr im folgenden Kapitel.

1.2. Java

Java wurde ab etwa 1991 von einer relativ kleinen Gruppe um Bill Joy, James Gosling, Mike Sheradin und Patrick Naughton bei Sun entwickelt[80]. Das wesentliche Ziel des Projekts war, intelligente, vernetzte Geräte der Heimelektronik zentral steuern zu können. Bereits damals waren die Entwickler mit der Vielzahl unterschiedlicher Prozessoren konfrontiert. Zudem lernte die Gruppe sehr schnell, dass Nutzer von Konsumgüterelektronik Fehler in Geräten nicht akzeptieren. C++ wurde für diese Aufgaben als zu kompliziert erachtet, insbesondere durch die Möglichkeit, Operatoren zu überladen, Mehrfachvererbung und das Fehlen einer automatischen Speicherverwaltung. Drei Grundpfeiler von Java, die Plattformunabhängigkeit, die Netzwerkzentrierung sowie das Design von Java als sichere Sprache wurden bereits zu dieser Zeit gesetzt.

Später wanderte der Fokus der Java-Arbeitsgruppe mehr in Richtung Set-Top-Boxen für interaktives Fernsehen, konnte sich damals allerdings auf diesem Gebiet nicht durchsetzen[4]. Der eigentliche Durchbruch von Java gelang mit dem Aufkommen des World Wide Web (WWW). Mit Java-Applets war es möglich, die Nutzer-Interaktion von Programmen deutlich gegenüber HTML zu erweitern, die Plattformunabhängigkeit von Java erlaubte es, das gleiche Programm auf verschiedenster Hardware ablaufen zu lassen. Eine Schlüsseleigenschaft von Java, das Sicherheitskonzept, ermöglichte es, Code aus ungesicherten Quellen auszuführen.

Die Einsatzgebiete von Java entwickelten sich also von klassischen eingebetteten Systemen hin zu großen, mit viel Rechenleistung und Speicher ausgestatteten Systemen. Heute verlagert sich der Fokus wieder in Richtung eingebetteter Systeme, was insbesondere mit der zunehmenden Vernetzung als auch der gestiegenen Rechenleistung dieser Geräteklasse zu begründen ist.

---

[4] Im Rückblick ist das vielleicht sogar zu begrüßen, da interaktives Fernsehen sich bislang nicht durchgesetzt hat.

Java, darunter die Java 2 Enterprise Edition (J2EE), die Java 2 Standard Edition (J2SE) und die Java 2 Micro Edition (J2ME) werden demnächst von Sun unter die GNU General Public License (GPL) gestellt. Diese Tatsache wird ganz sicher eine weitere Verbreitung der Sprache sowie die Integration von Java in viele Geräte fördern. Wichtig ist allerdings, dass das Java-API zwar auch unter die GPL gestellt wurde, allerdings mit der sogenannten Classpath-Exception[40], die besagt, dass Module, die das API zwar nutzen aber nicht von diesem abgeleitet sind, unter eine eigene Lizenz gestellt werden können.
Diese Tatsache zusammen mit dem Fakt, dass die bereits existierenden Lizenzen für Java parallel zur GPL bestehen bleiben, sichert Entwicklern die Möglichkeit zu, eigene Projekte auch ohne Veröffentlichung des Quelltextes zu erstellen.

1.2.1. Eigenschaften von Java

In diesem Kapitel sollen die Eigenschaften von Java, insbesondere mit Bezug auf den Einsatz in eingebetteten Systemen, näher beleuchtet werden. Eine gute Einführung in die Programmiersprache Java ist bei Middendorf et al.[77] zu finden.
Java ist eine moderne, objektorientierte Programmiersprache, die im Vergleich zu vielen anderen Sprachen immer noch als *einfache* Sprache zu bezeichnen ist. Viele Sprachkonstrukte sind an C/C++ angelehnt, was den Umstieg von diesen Sprachen stark erleichtert. Im Gegensatz zu C/C++ wurden bei Java jedoch inhärent gefährliche Sprachelemente eliminiert. Dazu gehören Pointer inklusive Pointer-Arithmetik, Mehrfachvererbung oder das Überladen von Operatoren[5]. Als positiv ist ebenfalls einzuschätzen, dass Java als erste Programmiersprache eine automatische Speicherverwaltung für eine breite Masse an Entwicklern bereitstellt. So komfortabel eine solche Einrichtung für Entwickler auch ist, so schwierig ist jedoch die Implementierung einer solchen in einer Java Virtual Machine (JVM), insbesondere wenn Randbedingungen wie harte Echtzeitanforderungen hinzukommen. Kapitel 2.4.1 beschäftigt sich eingehend mit der automatischen Speicherverwaltung.
Java-Code wird durch einen Compiler immer in Java-Bytecode übersetzt, der dann auf einer virtuellen Maschine ausgeführt wird. Eine hervorragende Beschreibung des Java-Bytecodes und der virtuellen Maschine ist bei Venners[120] zu finden. Abbildung 1.5 auf der nächsten Seite zeigt überblicksartig die Java-Plattform.
Der Classloader lädt übersetzte Java-Klassen aus im Prinzip beliebigen Quellen, meist jedoch aus einem Dateisystem. Alle wichtigen Informationen werden extrahiert und insbesondere der Java-Bytecode an die Execution-Engine zur Abarbeitung übergeben. Da fast jedes Programm in irgendeiner Form mit der Umwelt kommunizieren muss, ist eine Anbindung an das Betriebssystem des Rechners nötig. Dies erfolgt mit Hilfe sogenannter nativer Methoden (siehe dazu auch Kapitel 4.4.2).

---

5 Eine erheblich umfangreichere Liste ist bei Gosling/McGilton[41] zu finden.

1. Einführung

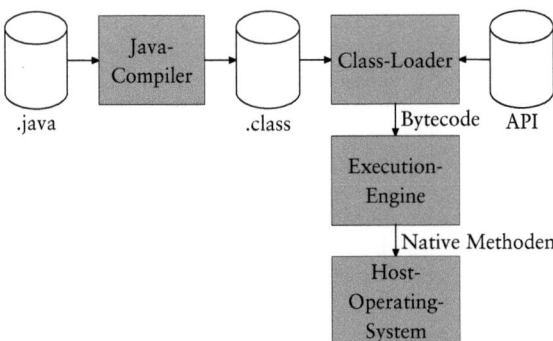

Abbildung 1.5.: Die Java-Plattform

Java-Bytecode wird auf einer Stack-Maschine ausgeführt. Das ist insofern vorteilhaft, als dass der Bytecode sehr kompakt ist und eine virtuelle Maschine relativ einfach auf vielen Prozessoren erstellt werden kann. Problematisch ist jedoch, dass Stack-Maschinen auf modernen RISC-Prozessoren kaum effizient zu implementieren sind. Nachfolgend sollen die im Kapitel 1.1.3 erwähnten Kriterien mit Blick auf Java noch einmal durchgegangen werden.

1.2.1.1. Sicherheit

Allein durch die Tatsache, dass Java-Bytecode auf einer virtuellen Maschine ohne direkten Hardware-Zugriff ausgeführt wird, verhindert eine Vielzahl von Attacken auf ein Java-System. Um die Java-Umgebung noch mehr gegen Angriffe abzudichten, gibt es drei weitere Pfeiler in der Java-Sicherheitsarchitektur:

Bytecode-Verifier Der Bytecode-Verifier untersucht *jede* zu ladende Klasse in verschiedenster Weise auf Korrektheit[74, §4.9]. Während dieses Prozesses wird zum einen die statische Korrektheit untersucht. Dazu gehört unter anderem, dass finale Klassen nicht weiter abgeleitet sind, jede Klasse eine Superklasse hat (mit Ausnahme von java.lang.Object) und der Constantpool korrekt aufgebaut ist. Anschließend wird per Datenflussanalyse die Korrektheit des Bytecodes untersucht. So dürfen Feldzugriffe nur mit passenden Datentypen erfolgen, Methoden müssen mit den richtigen Argumenten aufgerufen werden oder auf lokale Variablen darf nur dann zugegriffen werden, wenn sie vorher korrekt initialisiert wurden. Zur Laufzeit werden ebenso diverse Tests durchgeführt, beispielsweise ob der Zugriff auf ein privates Feld einer Klasse überhaupt erlaubt ist.

1.2. Java

Classloader-Architektur Die Java-Classloader-Architektur sichert zu, dass neu nachgeladene Klassen nur dann in die JVM übernommen werden, wenn dies auch erlaubt ist. So ist es beispielsweise in jedem Fall untersagt, dass eine nachgeladene Klasse eine System-Klasse ersetzt. In jeder Klasse wird zudem gespeichert, über welchen Classloader sie geladen wurde (Classloader-Namensraum), was für bestimmte Aktionen des Security-Managers wichtig ist.

Security-Manager Der Security-Manager überprüft zur Laufzeit den Aufruf potenziell gefährlicher Methoden, wie beispielsweise die für die Netzwerkkommunikation zuständigen. Methoden aus Klassen, die aus unsicheren Quellen geladen wurden, kann der Zugriff auf bestimmte Methoden von System-Klassen verweigert werden.

Ein weiteres Konzept, was die Erstellung sicherer Software unterstützt, ist die ausgefeilte Ausnahmebehandlung in Java. Hiermit können Entwickler dazu gezwungen werden, das Auftreten bestimmter, unvorhergesehener Zustände im Programm-Code zu behandeln.
Die starke Typisierung der Java-Datentypen trägt ebenso dazu bei, Programme mit weniger Fehlern zu entwickeln. Eine automatische Typumwandlung wird vom Java-Compiler in jedem Fall zurückgewiesen; eine Typumwandlung kann daher nur durch das explizite Verwenden eines Casts erfolgen.
Ganz wichtig zur Vermeidung von Speicherzugriffsfehlern ist selbstverständlich auch das Vorhandensein eines Garbage Collectors (GCs). In klassischen Sprachen hängen mehr als die Hälfte aller Fehler mit der Verwaltung des Speichers durch den Anwendungsentwickler zusammen[90].

1.2.1.2. Lesbarkeit

Eine gute Lesbarkeit führt vor allem zu geringeren Wartungskosten, da sich die Einarbeitungszeit in fremden Programm-Code deutlich reduziert. Zudem können sich ebenfalls die Dokumentationskosten verringern. Die Sicherheit von Programmen kann verbessert werden, da unverständliche Sprachkonstrukte keinen Einzug in ein Programm finden. Auf der anderen Seite führt eine gute Lesbarkeit oft zu längeren Quellprogrammen, ein Phänomen, das auch bei Java gut zu beobachten ist. Sun selbst beschreibt die Strukturierung von Java-Quelltexten[106], an die sich Entwickler halten sollten.
Java trägt in vielerlei Hinsicht zu einer guten Lesbarkeit bei. Auch an dieser Stelle ist wieder die starke Typisierung zu nennen, zudem verfügt Java nur über relativ wenig Schlüsselwörter. In letzter Zeit ist zudem eine verstärkte Nutzung von Java in der akademischen Ausbildung zu sehen, sodass in vielen Fällen der Einarbeitungsaufwand sinkt. Das Weglassen bestimmter Konstrukte wie das Überladen von Operatoren oder Mehrfachvererbung trägt ebenso zu einer besseren Lesbarkeit bei.

1. Einführung

1.2.1.3. Flexibilität

Eine Programmiersprache muss natürlich auch flexibel genug sein, damit Entwickler ihre Arbeit ohne große Umstände oder unter Zuhilfenahme zusätzlicher Bibliotheken erledigen können. An dieser Stelle ist sicher zuerst die Objektorientierung zu nennen, die es Programmierern erlaubt, einfach und elegant bestimmte Funktionalitäten zu erweitern. Zudem ist Java eine dynamische Sprache, bei der viele Entscheidungen zur Laufzeit[6] getroffen werden.
Als weiteres Beispiel für die Flexibilität von Java sei an dieser Stelle die Unterstützung von Threads samt dazu gehörenden Synchronisationsmechanismen zu nennen. In vielen anderen Sprachen ist dazu die Unterstützung des Betriebssystems notwendig.

1.2.1.4. Einfachheit

Viele Punkte, die bereits bei der Lesbarkeit angesprochen wurden, betreffen auch die Einfachheit von Programmen. Durch das Vorhandensein nur weniger Schlüsselwörter ist die Lernkurve für Entwickler nicht so steil und es entstehen weniger Fehler; zudem ist das Compiler-Design durch diesen Fakt einfacher. Auch das Vorhandensein eines GCs ist hier wieder zu nennen, da Entwickler sich nicht um die Speicherverwaltung kümmern müssen.

1.2.1.5. Portabilität

Ein Programm sollte zumindest bis zu einem bestimmten Grad unabhängig von der zugrundeliegenden Hardware sein. Java scheint bei diesem Aspekt besonders gut abzuschneiden, da Java-Bytecode in jedem Fall plattformunabhängig ist. Was jedoch im Umfeld von Applets für Internet-Anwendungen gut funktioniert, ist in eingebetteten Systemen in Gänze kaum zu erreichen. Hier sind in fast allen Fällen Anbindungen an spezielle Hardware-Einrichtung wie beispielsweise Schnittstellen vorzunehmen. Diese werden typischerweise mittels nativer Methoden in einer Klasse realisiert. Diese müssen dann entweder durch die JVM selbst realisiert oder mit Hilfe des Java Native Interface (JNI) in einer Sprache wie C/C++ implementiert werden.
Eine Sprache sollte allerdings auch in der Lage sein, plattformabhängige und -unabhängige Teile gut voneinander trennen zu können. Dafür bietet Java neben der Kapselung in Klassen auch die Möglichkeit an, Java-Packages zu definieren.

---

6 Als Beispiel sei hier der virtuelle Methodenaufruf genannt.

1.2.1.6. Effizienz

Die Effizienz bei der Abarbeitung von Programmen ist insgesamt sicher das größte Problem von Java. Die Interpretation von Java-Bytecode ist in jedem Fall inhärent langsam und Stack-Maschinen sind zudem auf modernen RISC-Architekturen nur schlecht effizient implementierbar. Zudem ist die Vorhersagbarkeit der Ausführung einzelner Bytecodes recht schwierig, da Bytecodes zum Teil eine sehr unterschiedliche Komplexität aufweisen. Einige Bytecodes (beispielsweise CHECKCAST) müssen zur Bewältigung ihrer Aufgabe sogar durch die Ableitungshierarchien von Klassen traversieren, was die Vorhersagbarkeit zusätzlich erschwert. So schön wie ein Garbage Collector (GC) für den Entwickler von Software auch ist, führt doch das Vorhandensein des GCs zu einer weiteren Quelle der Unvorhersagbarkeit der Programmabarbeitung.

Durch JIT-Technologien und ausgereifte GC-Strategien ist das Problem der Effizienz heutzutage deutlich abgemildert, die Vorhersagbarkeit der Ausführung ist allerdings trotzdem oft ein Problem. Diese Arbeit will auch dazu beitragen, Nachteile auf diesem Gebiet auszuräumen.

1.2.1.7. Sonstige Eigenschaften

Neben den genannten Punkten ist Java noch auf zwei weiteren Gebieten herausragend: Netzwerkzentrierung und Threads. Neben der Unterstützung von Netzwerk-Sockets bietet Java auch höherwertige Funktionen zur komfortablen Übermittlung von Daten zwischen entfernten JVMs. So ist es beispielsweise möglich, komplette Objektgraphen in einen Bytestrom umzuwandeln (zu serialisieren) und diesen Bytestrom auf einem anderen System zu einer identischen Kopie des originalen Objektgraphen neu aufzubauen. Extrem komfortabel für die Entwicklung verteilter Systeme ist außerdem das Vorhandensein von RMI zum einfachen Anruf von Methoden in entfernten Objekten.

Durch die Integration von Threads in das Standard-Java-API wird die Erstellung nebenläufiger Anwendungen erheblich vereinfacht. Sprachen ohne Thread-Unterstützung müssen für solche Aufgaben Betriebssystemfunktionen verwenden.

1.3. Middleware

Mit der immer stärkeren Verbreitung von vernetzten eingebetteten Systemen kommt zunehmend der Wunsch auf, dass mehrere Systeme gemeinsam Aufgaben erledigen oder zumindest Daten untereinander ausgetauscht werden können (siehe dazu auch Kapitel 3.3). Fast jedes netzwerkfähige Betriebssystem stellt Kommunikationsmöglichkeiten bereit, die auf der Abstraktionsebene von Netzwerk-Sockets liegen. Entwickler sind damit in der Lage, über einen Bytestrom Nachrichten zwischen Systemen auszutauschen. In einer objek-

1. Einführung

torientierten Programmiersprache erfolgt die Kommunikation innerhalb eines Prozesses jedoch zwischen Objekten. Sobald zwei Systeme über Sockets miteinander kommunizieren, ist also ein semantischer Bruch zu verzeichnen. Die Kommunikation über Sockets ist aus Sicht des Entwicklers relativ fehleranfällig, da Objektzustände in Byteströme umgewandelt werden müssen[7] und schon deshalb keine Typsicherung durch Compiler erfolgen kann. Zudem muss ein Protokoll für den Datenaustausch festgelegt und implementiert werden. Alles in allem besteht oft der Wunsch, die Kommunikation zwischen lokalen und entfernten Objekten transparent zu gestalten, was mit Hilfe einer (objektorientierten) Middleware erreicht werden kann.

Eine einheitliche Definition des Begriffs Middleware ist in der Informationstechnik so nicht zu finden. Ganz allgemein versteht man unter Middleware eine Software-Schicht, die oberhalb des Betriebssystems und unterhalb der Applikationen liegt[15]. Zudem wird oftmals gefordert, dass eine Middleware auf heterogenen Hardware-Plattformen läuft, sie mehrere verteilte Rechner transparent zusammenfasst, Standard-Protokolle benutzt sowie ein Standard-API anbietet[8]. Bernstein teilt Middleware-Systeme nach Applikationsdomänen[9] ein, die im weiteren Verlauf betrachteten Middleware-Architekturen stammen sämtlich aus der Kommunikationsdomäne.

Middleware-Architekturen können als Teilaspekt verteilter Systeme betrachtet werden. Verteilte Architekturen werden ausführlich in Tanenbaum/van Steen[117] beschrieben. Dort ist ebenfalls eine Gegenüberstellung von CORBA (Common Object Request Broker Architecture) und DCOM (Distributed Component Object Model) zu finden, auch eine Kurzdarstellung von Java-RMI ist enthalten. Erheblich ausführlicher werden diese Systeme bei Emmerich[35] dargestellt. Auf diese Architekturen wird sich auch dieses Kapitel konzentrieren, mit einigen wenigen Abschweifungen in Richtung SOAP und XML-RPC (Remote Procedure Call).

Einige Gründe für den Einsatz einer Middleware wurden bereits weiter oben in diesem Kapitel erwähnt. Frei nach Emmerich[35] lassen sich noch eine Reihe weiterer Argumente angeben:

1. Oftmals werden zwischen Rechnern komplexe Datentypen wie Records, Arrays oder Strings übertragen, die auf einen Bytestrom abgebildet werden müssten.

2. Auf unterschiedlichen Hardware-Plattformen werden unter Umständen verschiedene Kodierungen für Datentypen verwendet. Dieses Problem verschärft sich meist

---

7 Dieser Vorgang wird typischerweise als Serialisierung bezeichnet.
8 Standard ist in diesem Zusammenhang nicht so eng gemeint, als dass Middleware der Standardisierung einer bestimmten Organisation unterworfen sein muss. Ein Beispiel für eine Middleware ist das Network File System (NFS). Das API von NFS entspricht dem des normalen Datei-I/O, folgt also auch hier einem Standard.
9 Beispiele für diese Domänen sind neben anderen die Kommunikations-, Präsentations- und die Systemmanagementdomänen.

1.3. Middleware

beim Einsatz von mehreren Programmiersprachen.

3. Zusätzlich zu den beiden obigen Punkten ergibt sich das Problem der Typsicherheit. Es muss dafür gesorgt werden, dass die Parameter eines Aufrufes zum angesprochenen Dienst des Servers passen. Dies manuell zuzusichern, ist sehr fehleranfällig.

4. Parameter und Rückgabewerte von Aufrufen müssen oft zu verteilten Systemkomponenten übertragen werden, Entwickler müssten also Adressierungsschemata implementieren.

5. In einigen Fällen ist es nötig, dass durch eine Client-Anfrage bestimmte Server-Dienste und Prozesse erst aktiviert werden müssen.

6. Nachdem vom Client eine Anfrage abgeschickt wurde, muss dieser in vielen Fällen auf eine Antwort warten. Diese Synchronisation manuell zu implementieren, ist ebenfalls recht fehleranfällig.

7. In einigen Fällen sind gewisse zusätzliche Randbedingungen bei Client-Anfragen wichtig. So kann es beispielsweise notwendig sein, dass ein Satz von Client-Anfragen nur komplett oder gar nicht ausgeführt wird.

Je nach vorliegender Problemstellung gibt es demzufolge verschiedene Middleware-Architekturen, die bestimmte Funktionalitäten anbieten. Dazu gehören unter anderem transaktionsorienterte, nachrichtenorientierte und objektorientierte Middleware-Systeme. Transaktionsorientierte sowie nachrichtenoriente Middleware-Architekturen spielen im Umfeld eingebetteter Systeme nur eine untergeordnete Rolle, sodass im folgenden nur noch objektorientierte Middleware-Systeme miteinander verglichen werden. Der Schwerpunkt liegt dabei, wie bereits erwähnt, auf den Systemen CORBA, Java-RMI und DCOM.

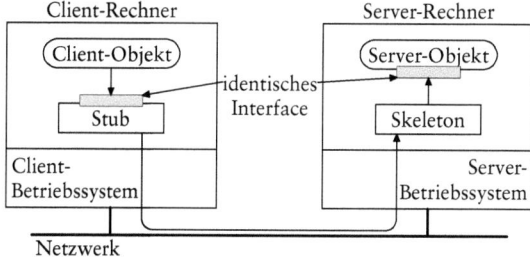

Abbildung 1.6.: Funktionsprinzip einer objektorientierten Middleware

Das Funktionsprinzip einer objektorientierten Middleware ist in Abbildung 1.6 dargestellt. Die Schnittstellen von entfernt zugreifbaren Objekten werden typischerweise mit

1. Einführung

Hilfe einer Interface Definition Language (IDL) beschrieben. Bei der Interface-Beschreibung sind nur Methoden beschreibbar, keine Instanzfelder[10]. Mit Hilfe eines Compilers wird dann aus der Schnittstellenbeschreibung ein *Stub* und ein *Skeleton* generiert. Festzuhalten bleibt dabei, dass der Stub das gleiche Interface implementiert wie das Remote-Objekt. Für die Client-Anwendung stellt es also keinen Unterschied dar, ob sie Methoden eines lokalen oder entfernten Objekts aufruft.

Sobald der Client eine entfernte Methode aufruft, müssen eventuell vorhandene Parameter in einen Bytestrom umgewandelt werden (marshalling). Diese werden dann durch den Stub mit anderen Daten[11] zum Skeleton im Server übertragen. Das Skeleton übernimmt dann den Aufruf der gewünschten Methode im Server-Objekt, wozu ankommende Parameter wieder aufbereitet werden müssen (unmarshalling). Eventuell generierte Rückgabewerte oder Ausnahmen werden vom Skeleton entgegengenommen und an den Stub übertragen, der diese an das aufrufende Client-Objekt übergibt.

Es bleibt also festzustellen, dass der entfernte Methodenaufruf mit Hilfe einer objektorientierten Middleware für den Anwendungsentwickler weitgehend transparent abläuft. Entsprechend der Forderung, dass sich der entfernte Methodenaufruf möglichst genauso verhalten soll wie ein lokaler, sind entfernte Methodenaufrufe typischerweise *synchron*. Das bedeutet, dass Clients so lange blockieren, bis entweder das Ergebnis oder eine Ausnahme zurückgegeben wird. Nicht immer ist dieses Verhalten jedoch gewünscht. So bieten verschiedene Middleware-Systeme auch andere Aufruf-Semantiken an (siehe dazu auch [35, 117]).

Unter der Voraussetzung, dass ein Methodenaufruf keinen Rückgabewert erwartet, ist ein Einweg-Aufruf möglich. Der Client kann sofort weiterarbeiten, sobald die Middleware den Aufruf entgegengenommen hat. Der Client kann bei dieser Variante allerdings nicht ermitteln, ob der Aufruf erfolgreich war.

Eine weitere Möglichkeit, Client und Server etwas voneinander zu entkoppeln, ist der verzögert synchrone Methodenaufruf. Dabei kann der Client auch sofort weiterarbeiten, sobald der Methodenaufruf von der Middleware übernommen wurde. Ankommende Ergebnisse muss der Client jedoch mittels Pollen von der Middleware abfragen.

Ein echtes asynchrones Verhalten ist dann möglich, wenn beim Aufruf einer entfernten Methode eine sogenannte Callback-Methode angegeben wird, die im Client dann aufgerufen wird, sobald das Ergebnis vom Server bereitgestellt wurde.

---

10 Eine »halbe« Ausnahme stellt an dieser Stelle CORBA dar; hier sind Attribute in der IDL beschreibbar (siehe dazu auch Kapitel 1.3.1).

11 Daten, die in jedem Fall auch übertragen werden, sind Objektreferenzen und Methodennamen.

1.3.1. CORBA

CORBA ist die Spezifikation eines verteilten Systems[79], die von der Object Management Group (OMG) erstellt wurde. Die OMG ist ein Konsortium von mehr als 800 Mitgliedern, entsprechend umfänglich und reich an Funktionen ist die Spezifikation. Ein ganz wesentliches Entwurfsziel ist die möglichst breite Unterstützung verschiedenster Systeme und Programmiersprachen. Abbildung 1.7 zeigt den Aufbau eines CORBA-Systems.

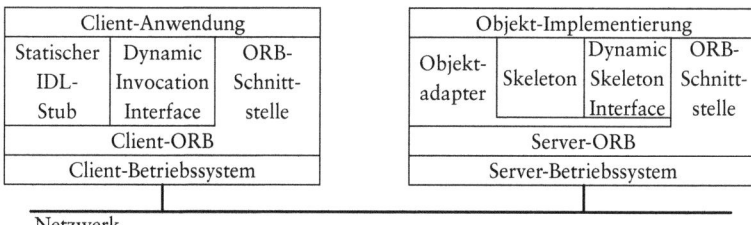

Abbildung 1.7.: Allgemeiner Aufbau eines CORBA-Systems

Zentrale Komponente ist der Object Request Broker (ORB). Dieser ist für die Kommunikation zwischen den verteilten Anwendungen verantwortlich. Inbesondere muss der ORB dafür sorgen, bei einem Methodenaufruf des Clients das gewünschte Server-Objekt zu lokalisieren, Parameter zu übertragen und eventuell vorhandene Ergebnisse zu übermitteln.

Schnittstellen für entfernte Objekte werden bei CORBA immer mit Hilfe einer IDL spezifiziert. Neben der Definition von Operationen oder Methoden können auch komplexere Datentypen wie `sequence`, `array`, `struct`, `union` und `enum`[12] und sogar Objektattribute spezifiziert werden. Letztere sind allerdings rein syntaktischer Zucker, da Zugriffe auf diese Attribute vom IDL-Compiler immer in Zugriffsoperationen umgesetzt werden. Der IDL-Compiler übersetzt eine gegebene Schnittstellendefinition und generiert aus dieser sowohl Stubs als auch Skeletons in der jeweils gewünschten Programmiersprache. Wieviele Sprachen durch den IDL-Compiler unterstützt werden, bleibt vollständig dem jeweiligen ORB-Anbieter überlassen, die CORBA-Spezifikation beschreibt unter anderem die Bindungen an C, C++, Java, COBOL, Smalltalk und Ada.

In Abbildung 1.7 ist noch die ORB-Schnittstelle zu sehen. Über dieses Interface können Client und Server direkt auf den ORB zugreifen und beispielsweise den zentralen Na-

---

12 Ein sequence-Datentyp beschreibt ein von der Größe variables, eindimensionales Array, `array` ist ein von der Größe beschränktes, optional mehrdimensionales Array, ein `struct` besteht aus einer festen Anzahl von Feldern und ein `union` ist ähnlich einem `struct`, kann aber nur ein Element halten. Der enum-Datentyp ist für Aufzählungen vorhanden.

1. Einführung

mensdienst erfragen oder auf das Interface-Repository zugreifen.
Das Interface-Repository spielt eine zentrale Rolle beim dynamischen Methodenaufruf. Neben der statischen, zur Compile-Zeit festgelegten Schnittstelle kann eine Client-Anwendung unter CORBA auch dynamisch zur Laufzeit Methoden auf entfernten Objekten aufrufen, die der Anwendung bei der Übersetzung noch gar nicht bekannt waren. Dazu enthält jedes CORBA-Objekt eine generische Operation. Dieser kann der Name der aufzurufenden Methode sowie die entsprechenden Parameter übergeben werden. Um die Typsicherheit gewährleisten zu können, muss die Client-Anwendung in der Lage sein, mit Hilfe der Objektreferenz und des Methodennamens die Parametertypen zu ermitteln, was mit Hilfe des Interface-Repositories möglich ist. Das Repository wird durch den IDL-Compiler mit Typinformationen gefüllt.

Von den in Kapitel 1.3 erwähnten Kommunikationsarten beherrscht CORBA die komplette Palette. Neben den in jedem Fall nötigen synchronen Aufrufen sind auch verzögert synchrone mit anschließender Ergebnisabfrage, Einwegeaufrufe sowie asynchrone Aufrufe möglich. Bei letzteren wird in der Client-Anwendung beim Eintreffen eines Ergebnisses eine Callback-Routine aufgerufen. Alle diese Kommunikationsarten werden durch spezielle IDL-Konstrukte in der Schnittstellendefinition eines entfernten Objekts angegeben.

Falls es bei der Abarbeitung von entfernten Methodenaufrufen zu Fehlern kommt, so werden diese in CORBA auf objektorientierte Weise mit Hilfe von Ausnahmen behandelt. Applikationsentwickler können selbstverständlich auch eigene Ausnahmen spezifizieren.

Ein besonderes Merkmal von CORBA ist die große Menge an zusätzlich spezifizierten Diensten. Ohne Anspruch auf Vollständigkeit zu erheben, seien hier einige wichtige Dienste genannt.

Ereignisdienst Nicht immer ist der entfernte Methodenaufruf die günstigste Art der Kommunikation zwischen zwei Programmen. Insbesondere wenn asynchrone Ereignisse auftreten können und signalisiert werden müssen, ist der CORBA-Ereignisdienst vorteilhaft. Mit Hilfe dieses Dienstes können Ereigniskanäle spezifiziert werden, die von mehreren Verbrauchern »abonniert« und von mehreren Erzeugern gefüllt werden können.

Transaktionsdienst Dieser Dienst erlaubt es, mehrere entfernte Operationen zu einer atomaren Transaktion zusammenzufassen. Falls während einer Transaktion Fehler auftreten, ist es möglich, bereits erfolgte Änderungen wieder rückgängig zu machen.

Sicherheitsdienst Der Sicherheitsdienst von CORBA bietet unter anderem Authentifizierung, das Logging sicherheitsrelevanter Zugriffe und die Zugriffskontrolle auf Objekte an. Die eigentliche Kanalverschlüsselung zur Gewährleistung der Abhörsicherheit kann mittels Secure Socket Layer (SSL) erfolgen.

Persistent-State-Dienst Mit Hilfe dieses Dienstes können Objektzustände persistent auf einem Datenträger gespeichert werden. Dieser Dienst ist insbesondere im Zusammenhang mit der Aktivierung von Objekten wichtig. Bei einer sehr großen Anzahl von Objekten auf Server-Seite kann es notwendig sein, nicht benutzte Objekte temporär vom Hauptspeicher auf einen externen Speicher auszulagern. Bei diesem Vorgang hilft der Persistent-State-Dienst.

1.3.2. Java-RMI

Remote Method Invocation (RMI) ist eine objektorientierte Middleware, die sehr stark in das Java-Objektmodell integriert wurde. In diesem Abschnitt werden nur die funktionalen Aspekte von RMI behandelt, die wichtig sind, um RMI mit CORBA und DCOM vergleichen zu können. Auf die Architektur sowie verschiedene RMI-Varianten wird ausführlich im Kapitel 5 eingegangen. Die grundlegende Architektur ist in Abbildung 1.8 zu sehen.

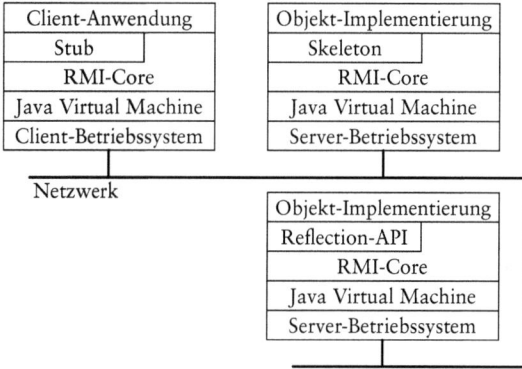

Abbildung 1.8.: Allgemeiner Aufbau eines RMI-Systems

Im Gegensatz zu CORBA und DCOM wird zur Spezifikation der Schnittstellen entfernter Objekte keine IDL benötigt, da nur eine einzige Programmiersprache involviert ist. Die Stubs und falls notwendig auch Skeletons werden mit Hilfe eines Compilers (rmic) direkt aus dem Server-Objekt gewonnen. Der Entwickler erspart sich an dieser Stelle also die Auseinandersetzung mit einer IDL.

In Abbildung 1.8 sind zwei unterschiedliche Server-Implementierungen zu sehen. Die Variante mit Skeleton ist für JDK-Varianten vor der Version 1.2 gültig. Bei aktuelleren Varianten wurde das Skeleton durch den geschickten Einsatz des Reflection-API (dynamische

1. Einführung

Typintrospektion) eingespart. Ab der Version 5 des JDK muss ein Entwickler auch keine Stubs mehr erzeugen, diese werden durch RMI automatisch mit Hilfe dynamischer Proxy-Klassen erstellt.

Dadurch, dass der Stub alle nötigen Informationen enthält um ein entferntes Objekt anzusprechen, stellt er eine universal verteilbare Objektreferenz dar. Konsequenterweise sind Stubs in Java auch serialisierbar und damit als Bytestrom in entfernten JVMs ladbar.

Java-RMI wurde als schlanke Implementierung einer objektorientierten Middleware konzipiert, die sich möglichst nahtlos in das Objektmodell der JVM integrieren soll. Die Erstveröffentlichung zu Java-RMI[128] enthält interessante Informationen, warum bestimmte Design-Entscheidungen getroffen wurden. Diese nahtlose Integration ist fast vollständig gelungen. Nachdem sich eine Client-Anwendung ein entferntes Objekt von der RMI-Registry geholt hat, kann sie mit diesem entfernten Objekt arbeiten, als wäre es ein lokales. Es gibt jedoch einige wenige subtile Unterschiede, die dem Entwickler bekannt sein sollten. So ist für entfernte Objekte die Semantik einiger von java.lang.Object ererbten Methoden nicht gleich der von lokalen Objekten. Die Methode equals() prüft beim Aufruf auf einem entfernten Objekt nicht etwa auf Inhaltsgleichheit zwischen den entfernten Objekten, da hierfür ein entfernter Methodenaufruf mit allen dabei möglichen Fehlern nötig wäre. Stattdessen wird geprüft, ob die *Referenzen* auf die entfernten Objekte identisch sind, also auf das gleiche entfernte Objekt verweisen. Ähnliches gilt für die Methode hashCode(), sie gibt den gleichen Wert aus, wenn zwei Referenzen auf das gleiche verteilte Objekt zeigen.

Auch die Synchronisationsmechanismen differieren etwas von der Semantik im lokalen Fall. Das Betreten eines Monitors (siehe dazu auch Kapitel 2.4.2.1) auf einer entfernten Objektreferenz hindert nicht etwa andere Client-Anwendungen daran, die gleiche Methode auf dem Server-Objekt aufzurufen; das Betreten des Monitors hat eine rein lokale Bedeutung. Synchronisation zwischen verteilten Objekten erfordert andere Protokolle aufgrund der vielfältigen Fehlermöglichkeiten beim entfernten Methodenaufruf[128].

Einen kleinen Unterschied zwischen lokalem und entfernten Methodenaufruf gibt es auch bei der Parameterübergabe. Atomare Datentypen werden in Java immer als Wert übergeben. Beim Methodenaufruf im lokalen Fall werden Objektreferenzen immer als Referenz übergeben, im entfernten Fall jedoch als Wert[13]. Dieser Unterschied ist verständlich, da lokale Objektreferenzen in einer entfernten JVM ohne jeden Nutzen sind. Es gilt jedoch zu beachten, dass sich die Änderungen des Zustands eines Objekts beim entfernten Methodenaufruf *nicht* auf das lokal vorliegende Objekt auswirken.

Ein Dynamic Invocation Interface (DII) wie in CORBA und DCOM gibt es bei RMI nicht. Seit Version 1.5 des JDK kann mit Hilfe von dynamischen Proxy-Klassen auf die Erstel-

---

13 Um genau zu sein, wird in dem Fall, dass ein Objekt als Parameter eines entfernten Methodenaufrufs genutzt wird, der gesamte von diesem Objekt ausgehende Objektgraph übermittelt.

1.3. Middleware

lung von Stubs verzichtet werden. Diese dynamischen Proxy-Klassen können dann mit dem Reflection-API untersucht werden und auch Remote-Methoden mit Hilfe von Reflection aufgerufen werden. Dieses Verhalten ähnelt zwar sehr stark dem DII von CORBA, allerdings muss die Class-Datei, die das Remote-Interface beschreibt, trotz allem für die Client-Anwendung ladbar sein. Aus diesem Grund kann auch RMI mit dynamischen Proxies nicht als generische Schnittstelle für dynamische Objektaufrufe bezeichnet werden.

RMI spezifiziert ausschließlich synchrone Methodenaufrufe, Clients müssen also warten, bis der entfernte Methodenaufruf beendet wurde. Asynchrone oder verzögert synchrone Aufrufe können jedoch mit Hilfe von Threads nachgebildet werden[35].

Die Fehlerbehandlung von entfernten Methodenaufrufen ist nahtlos in das Exception-Handling der JVM integriert. Fehlerhafte entfernte Aufrufe kehren mit einer Remote-Exception zurück, in die typischerweise weitere Ausnahme-Objekte eingebettet sind, welche die Fehlerursache genauer beschreiben.

Über den entfernten Methodenaufruf hinaus sind in RMI keine höherwertigen Dienste spezifiziert. Diese können allerdings problemlos auf RMI aufbauend erstellt werden. Ein Beispiel hierfür sind die Enterprise JavaBeans (EJB), mit deren Hilfe solche Konzepte wie Transaktions- und Sicherheitsdienste umgesetzt werden können. Ein einfacher Namensdienst (Registry) ist jedoch bereits vorhanden, mit dessen Hilfe Server-Anwendungen ihre entfernten Objekte anmelden und Clients mit Hilfe eines Namens auf diese zugreifen können. Leider ist der Zugriff auf die Registry nicht vollständig transparent, da diese immer mittels Host-Namen und Port-Nummer des Rechners, auf dem die Registry läuft, angesprochen werden.

Da bei der Nutzung von RMI immer von einer definierten Umgebung, der JVM, ausgegangen werden kann, muss RMI sich nicht um die Heterogenität verschiedener Rechnersysteme kümmern. Die Repräsentation von sowohl atomaren Datentypen wie auch serialisierten Objekten ist festgelegt und in jeder JVM identisch. Das Problem der Anbindung mehrerer Programmiersprachen ist ebenfalls nicht existent.

Nicht immer ist es jedoch günstig, dass auch Client-Anwendungen in Java implementiert sein müssen, um auf entfernte RMI-Objekte zugreifen zu können. Um diesem Problem zu begegnen und um die Interoperabilität zu CORBA-Systemen zu stärken, kann RMI als Transportprotokoll auch das Internet Inter-ORB Protocol (IIOP) nutzen. Dazu kann der RMI-Compiler verwendet werden, um aus der Definition des entfernten Objekts eine CORBA-IDL-Schnittstellenbeschreibung zu erzeugen.

Die Aktivierung von Objekten, die momentan nicht in einer JVM enthalten sind, ist mit Hilfe des Activation-API von Java problemlos möglich, allerdings ist dazu ein zusätzlicher Prozess, der RMI-Activation-Daemon (rmid) notwendig.

1. Einführung

1.3.3. DCOM

DCOM ist evolutionär aus dem Component Object Model (COM) entstanden, was seit Windows 95 den Betriebssystemen von Microsoft zugrunde liegt. COM selbst wurde ursprünglich entwickelt, um zusammengesetzte Dokumente unterstützen zu können, wofür eine allgemeine Architektur zur Zusammenarbeit verschiedener Komponenten nötig war. Ein herausragend wichtiges Ziel bei der Entwicklung von DCOM ist die binäre Kapselung. Das bedeutet, dass Server-Objekte beispielsweise um neue Operationen oder Instanzvariablen erweitert werden können, *ohne* dass Client-Anwendungen neu kompiliert werden müssen. Diese Philosophie ist aus der Sicht eines Betriebssystemherstellers natürlich sehr verständlich. Leider ist »DCOM heute ein kompliziertes System, in dem viele gleiche Dinge auf viele verschiedene Weisen erledigt werden können, und zwar so, dass die Koexistenz unterschiedlicher Lösungen zum Teil sogar unmöglich ist«[117, S. 588]. Genau wie bei CORBA müssen auch mit DCOM unterschiedliche Programmiersprachen zusammenarbeiten können. Also bedient sich DCOM ebenfalls einer IDL zur Beschreibung von Schnittstellen. Im Unterschied zu CORBA wird eine IDL-Spezifikation jedoch nicht in eine sprachspezifische Schnittstelle übersetzt, sondern in eine binäre Schnittstelle. Diese ist im Wesentlichen nichts anderes als eine Tabelle, die Zeiger auf die in der Schnittstelle spezifizierten Methodenimplementierungen enthält. Der Vorteil von binären Schnittstellen ist, dass der IDL-Compiler nicht an neue Programmiersprachen angepasst werden muss.

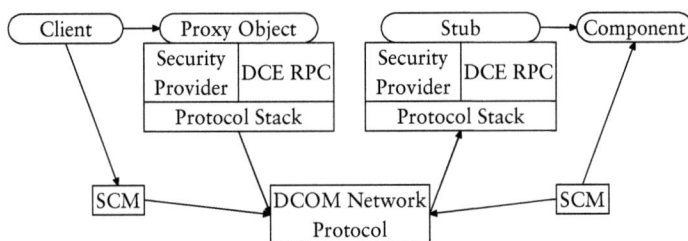

Abbildung 1.9.: Allgemeiner Aufbau eines DCOM-Systems

Die Architektur von DCOM ist in Abbildung 1.9 dargestellt. Was bei anderen Middleware-Systemen als Stub bezeichnet wird, heißt unter DCOM Proxy-Objekt. Mit diesem kommuniziert die Client-Anwendung, wenn ein entfernter Methodenaufruf durchgeführt werden soll. Auf der Server-Seite heißt das entsprechende Stellvertreterobjekt Stub, nicht wie üblich Skeleton. Das dem Methodenaufruf zugrunde liegende Protokoll sind die DCE-RPCs. Für die Aktivierung von entfernten Objekten sind die Service Control Manager (SCM) zuständig, die dafür Informationen der Windows-Registry nutzen.

Ebenso wie CORBA stellt DCOM die Schnittstelle für einen dynamischen Methodenaufruf bereit. Zusätzlich zu den in jedem Fall nötigen synchronen Methodenaufrufen können verzögert synchrone Aufrufe mit Ergebnis-Polling und asynchrone Aufrufe mit Callback-Methoden genutzt werden. An dieser Stelle sind die Funktionalitäten zwischen CORBA und DCOM vergleichbar.

Die Signalisierung von Fehlern, die beim Methodenaufruf geschehen können, ist jedoch deutlich weniger mächtig als bei CORBA oder Java-RMI. In einem 32-Bit-Integer-Wert, welcher von der im Client aufgerufenen COM/DCOM-Funktion zurückgegeben wird, sind in die unteren 16 Bit eventuell aufgetretene Fehler binär kodiert. Eine objektorientierte Ausnahmebehandlung ist nicht vorhanden; Anwendungsentwickler können durch die Schnittstellenbeschreibung auch nicht gezwungen werden, bestimmte Fehlersituationen zu berücksichtigen.

DCOM selbst verfügt über keinen eigenen Namensdienst, um entfernte Objekte lokalisieren zu können. Zu diesem Zweck kann allerdings das Active Directory genutzt werden, dass seit Windows 2000 Bestandteil jedes Windows-Betriebssystems ist. Da das Active Directory jedoch nicht Bestandteil von DCOM ist, ist die Portabilität an dieser Stelle stark eingeschränkt.

Aufbauend auf DCOM sind ebenso wie bei CORBA verschiedene weitere Dienste verfügbar; zur Bearbeitung von Transaktionen, Ereignissen oder auch um sichere Methodenaufrufe auf Objekten zu gewährleisten.

1.3.4. XML-basierte Middleware

Die beiden in diesem Abschnitt beschriebenen Middleware-Systeme basieren auf XML. Es handelt sich dabei um XML-RPC sowie SOAP. Beide sind bezüglich ihres Funktionsumfangs im Hinblick auf entfernte Methodenaufrufe vergleichbar, weswegen sie an dieser Stelle auch gemeinsam behandelt werden.

1.3.4.1. XML-RPC

XML-RPC[127] ist für den entfernten Methodenaufruf entwickelt worden. Quelltext 1.1 auf der nächsten Seite zeigt ein einfaches Beispiel, es wird sowohl der Aufruf als auch die Antwort gezeigt.

Klarerweise ist hier zu erkennen, dass XML-RPC keine Kenntnis von Objekten hat, es werden nur statisch Methoden aufgerufen. Es können zwar Objekte benannt werden, es prüft jedoch kein Compiler auf die Korrektheit von Namen oder gar die Typen von Parametern. Diese leider oft fehlerträchtigen Dinge muss der Entwickler selbst zusichern. Gut erkennbar ist auch, dass der Protokoll-Overhead für einen einfachen entfernten Methodenaufruf mit zwei Parametern sehr hoch ist. Durch die textuelle Notation ist XML

1. Einführung

```
<?xml version="1.0"?>
<methodCall>
  <methodName>sample.sum</methodName>
  <params>
    <param><value><int>5</int></value></param>
    <param><value><int>3</int></value></param>
  </params>
</methodCall>

<?xml version="1.0"?>
<methodResponse>
  <params>
    <param><value><int>8</int></value></param>
  </params>
</methodResponse>
```

Quelltext 1.1: Ein einfaches XML-RPC-Beispiel

zwar recht gut komprimierbar, was dann jedoch wieder eine höhere Rechenleistung nach sich zieht.

Für die Transportschicht sind verschiedene Protokolle denkbar, mit Abstand am häufigsten wird allerdings HTTP verwendet, genauso ist allerdings auch denkbar, dass XML-RPC-Pakete per E-Mail verschickt werden.

XML-RPC ist recht einfach zu implementieren, es existieren Bibliotheken unter anderem für die Sprachen Perl, Python, C/C++, Java und PHP. Bei der Verwendung von Standard-Protokollen wie HTTP stellen Firewalls typischerweise auch kein Problem dar.

1.3.4.2. SOAP

SOAP ist prinzipiell ein Framework für den XML-basierten Nachrichtenaustausch zwischen einem Sender und einem Empfänger. Eine RPC-artige Kommunikation ist damit analog zu XML-RPC möglich, wobei Entwickler mit SOAP noch mehr Freiheitsgrade für die Definition eigener XML-Tags haben. Die SOAP-Spezifikation[129] enthält im Wesentlichen nur die Definition von SOAP-Envelopes samt der darin enthaltenden Header- und Body-Blöcke sowie einige Definitionen, wie SOAP für bestimmte Anwendungsfälle genutzt werden sollte.

SOAP kennt neben Sendern und Empfängern auch sogenannte Intermediaries, die zwischen Sender und Empfänger sitzen und beispielsweise für das Logging oder Auditing bestimmter Aktionen genutzt werden können. Genau wie bei XML-RPC können verschiedenste Protokolle zu Nachrichtenübertragung genutzt werden, am häufigsten wird HTTP eingesetzt. Durch die Verwendung von XML-Namensräumen ist SOAP allerdings noch um einiges gesprächiger als XML-RPC.

1.3.5. Vergleich

In diesem Kapitel sollen die vorgestellten Middleware-Architekturen insbesondere mit Blick auf ihre Eignung für eingebettete Systeme miteinander verglichen werden. Ein kleiner Vergleich der Unterstützung der Programmierung von verteilten eingebetteten Systemen (occam2, ADA, Java-RMI und CORBA) ist zudem bei Burns/Wellings[23] zu finden. Bezüglich der spezifizierten Funktionalität ist CORBA sicher führend, wenn auch viele Dienste für eingebettete Systeme nicht unbedingt sinnvoll erscheinen. DCOM bietet etwas weniger Dienste als CORBA an, Java-RMI stellt nur die wirklich grundlegende Funktionalität des entfernten Methodenaufrufs bereit, was in eingebetteten Systemen sicher auch mit Abstand am wichtigsten ist (siehe dazu auch die Beispiele im dritten Kapitel). XML-RPC und SOAP bieten noch nicht einmal eine objektorientierte Kommunikation an, die Funktionalität ist mit den ursprünglichen RPCs vergleichbar.

Leider beziehen sich in der Literatur die Vergleiche zwischen Middleware-Architekturen fast ausschließlich auf die Funktionalitäten. Zu dem interessanten Aspekt der Kommunikationsgeschwindigkeit finden sich nur sehr spärlich Veröffentlichungen. Juric et al. haben die Geschwindigkeit von RMI, RMI-IIOP sowie der CORBA-Implementierung des JDK miteinander verglichen[61]. In diesem Vergleich ist RMI in fast allen Tests doppelt so schnell wie RMI-IIOP oder CORBA. Die CORBA-Ergebnisse sind jedoch nur sehr eingeschränkt von Bedeutung, da native CORBA-Implementierungen nicht mit einbezogen wurden. Die Geschwindigkeit von XML-RPC, SOAP sowie CORBA wurde durch Olson et al. verglichen[83]. SOAP- und XML-RPC-Nachrichten sind bis zu 14-mal größer als CORBA-Nachrichten. CORBA ist zudem bei den Tests zwischen 20- und 1000-mal schneller als XML-RPC und SOAP. Leider wurden die Tests komplett mit Hilfe der Programmiersprache Python implementiert, was die Übertragbarkeit auf Java doch deutlich einschränkt. Nichtsdestotrotz zeigen die Ergebnisse für XML-RPC und SOAP doch eine Tendenz auf, die den Einsatz in eingebetteten Systemen mit beschränkten Speicher- und Prozessorressourcen sehr fraglich erscheinen lassen.

Ein entscheidender Aspekt für die Einsatzfähigkeit einer Middleware in eingebetteten Systemen ist die Code-Größe. Ein solcher Vergleich ist naturgegebenermaßen recht schwierig. Bei CORBA hängt die Größe sehr von der im ORB vorhandenen Funktionalität ab, sodass die Code-Größen zwischen einigen hundert KByte und vielen MByte schwanken. DCOM ist extrem mit dem Betriebssystem verwoben und Java-RMI nutzt sehr stark das Java-API, sodass auch hier eine Größenbetrachtung kaum möglich ist. Nichtsdestotrotz

1. Einführung

werden die Größen verschiedener RMI-Varianten in Kapitel 7.7 miteinander verglichen.

Zusammenfassend lässt sich festhalten, dass CORBA je nach Größe des eingesetzten ORBs auch für eingebettete Systeme interessant sein kann, seine Stärken aber vor allem dann hat, wenn verschiedene Programmiersprachen eingesetzt werden müssen.

DCOM ist zu stark mit Windows-Komponenten wie Active Directory oder der Registry verwoben, was einen Einsatz in eingebetteten Systemen unmöglich erscheinen lässt.

XML-RPC und SOAP haben ihre Einsatzberechtigung wohl nur dann, wenn Web-Services durch das eingebettete System angeboten werden müssen.

Java-RMI ist immer dann für eingebettete Systeme besonders interessant, wenn nicht nur der Middleware-Aspekt eine Rolle spielt, sondern ebenso die spezifischen Vorteile und Funktionalitäten der Sprache Java zum Tragen kommen (siehe dazu auch Kapitel 3 und 1.2.1).

2. Die Java Virtual Machine

2.1. Konfigurationen und Profile

Die starke Heterogenität von eingebetteten Systemen stellte in den Anfangszeiten ein großes Problem für die Verbreitung von Java auf diesen Systemen dar. Ohne eine Anpassung der Java-Umgebung an die Spezifika von eingebetteten Systemen ist ein Einsatz von Java in den meisten Fällen schlicht unmöglich. Aus diesem Grund wird Java in Editionen, Konfigurationen und Profile unterteilt, welche in Abbildung 2.1 überblicksartig dargestellt sind.

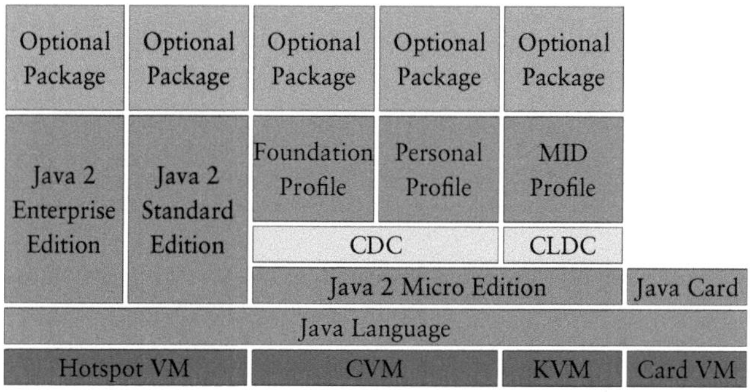

Optional Package	Optional Package	Optional Package	Optional Package	Optional Package	
Java 2 Enterprise Edition	Java 2 Standard Edition	Foundation Profile	Personal Profile	MID Profile	
		CDC		CLDC	
		Java 2 Micro Edition			Java Card
		Java Language			
Hotspot VM		CVM		KVM	Card VM

Abbildung 2.1.: Java 2 Konfigurationen und Profile

Die Editionen adressieren das Einsatzgebiet von Java nur sehr grob. Die J2ME ist die Edition, die für eingebettete Systeme vorgesehen ist und darum in dieser Arbeit besonders interessiert. Die J2SE ist die Java-Edition für Desktop-Systeme[1], die J2EE für Server und die Java-Card-Edition für Smart-Card-Systeme. Da eine Java-Edition für eingebettete Systeme bei weitem nicht ausreichend ist, wird die J2ME in weitere Konfigurationen und Profile unterteilt. Eine Konfiguration stellt immer den kleinsten gemeinsamen Nenner für

---
1 Es sei der Vollständigkeit halber darauf hingewiesen, dass die J2SE auch für den Einsatz in eingebetteten Systemen spezifiziert ist[104]. Der angegebene ROM-Bedarf von ca. 30 MByte und 32 MByte Laufzeitspeicher lässt eine solche Lösung für klassische eingebettete Systeme als nicht realistisch erscheinen.

2. Die Java Virtual Machine

eine ganze Geräteklasse dar und soll möglichst eine Untermenge der J2SE umfassen[109, S. 21].
Die Unterschiede zwischen den Editionen und Konfigurationen betreffen im Wesentlichen drei Dinge:

- Änderung des Sprachumfangs von Java,

- Änderungen der API-Spezifikation,

- Änderungen an der JVM.

Das Ziel dieser Änderungen ist immer die Ersparnis von Speicher und/oder Prozessorleistung oder die bessere Anpassung an die Bedürfnisse typischer eingebetteter Systeme. Anschließend werden die Konfigurationen und Profile der J2ME etwas genauer vorgestellt.

2.1.1. Connected Limited Device Configuration

Die Connected Limited Device Configuration (CLDC) ist momentan ganz sicher die am häufigsten eingesetzte Konfiguration der J2ME. Der Grund für die starke Verbreitung folgt aus der Tatsache, dass die CLDC die Grundlage für das Mobile Information Device Profile (MIDP) bildet, welches wiederum das Java-Profil für alle Java-fähigen Mobiltelefone ist. Für klassische eingebettete Systeme ist diese Konfiguration mit gewissen Einschränkungen jedoch auch nutzbar. Die Spezifikation der CLDC ist momentan bei der Version 1.1 angelangt.
Die CLDC-Spezifikation nennt gewisse Mindestanforderungen an die Hardware, um ein CLDC-konformes Java-Programm abarbeiten zu können[109, S. 22]:

- ein 16- oder 32-Bit-Prozessor,

- 192 KByte Speicher, aufgeteilt in 160 KByte nicht flüchtigen Speicher für die JVM und die Klassenbibliotheken und 32 KByte flüchtigen Speicher als Laufzeitspeicher für die JVM, beispielsweise zum Speichern von Objekten,

- eine Möglichkeit zur Kommunikation. Diese kann durchaus nur zeitweise verfügbar und in der Bandbreite stark begrenzt sein. Das *Limited* aus »Connected Limited Device Configuration« bezieht sich auf diese limitierte Netzwerkfunktionalität.

2.1.1.1. Änderung des Java-Sprachumfangs

Die Änderungen am Java-Sprachumfang fallen vergleichsweise gering aus und betreffen nur zwei Punkte: die Finalisierung von Objekten und die Handhabung von Exceptions.

2.1. Konfigurationen und Profile

Objektfinalisierung wird in der CLDC nicht unterstützt, um den GC einfacher gestalten zu können. Objektfinalisierung funktioniert folgendermaßen: Falls ein Java-Objekt vom GC als Müll erkannt wurde, untersucht dieser, ob die finalize()-Methode von java.lang.Object.finalize() überschrieben wurde. Falls ja, wird diese aufgerufen, *bevor* das Objekt freigegeben wird[60, §12.6]. Problematisch an dieser Methodik ist, dass durch den Aufruf der finalize()-Methode das Objekt wieder »zum Leben erweckt« werden kann. Der GC darf jedoch die finalize()-Methode nur einmal aufrufen, auch wenn das betrachtete Objekt zum zweiten Mal als Müll erkannt wird. Diese komplizierte Vorgehensweise wird durch die CLDC-Spezifikation ausgeklammert.

Die zweite Änderung am Java-Sprachumfangs betrifft die Handhabung von Exceptions und Errors. Insbesondere kann sich eine für die CLDC entwickelte Applikation beim Auftreten einer Exception aus der Ableitungshierarchie von java.lang.Error nicht darauf verlassen, dass die in der Java-Sprachdefinition beschriebene Fehlerbehandlung[60, §11.3] implementiert ist. Es ist der JVM sogar erlaubt, beim Auftreten eines solchen Fehlers einfach abzubrechen[109, S. 34].

2.1.1.2. Änderungen an der JVM

Eine der drastischsten Restriktionen der CLDC ist das Fehlen von benutzerdefinierten Classloadern. Durch diese Einschränkung ist es beispielsweise unmöglich, über ein Netzwerk übertragene Klassen in die JVM zu laden. Remote Method Invocation (RMI) nutzt diese Möglichkeit, um nicht vorhandene Klassen auf dem RMI-Client nachzuladen. Diese Einschränkung wird unter anderem mit einer weiteren Restriktion begründet, dem Fehlen eines Class File Verifiers[109, S. 36].

Ein konventioneller Class File Verifier ist in vielen Fällen nicht sehr gut für ressourcenbeschränkte Systeme geeignet. Zum einen ist der Code für den Verifier selbst oft zu groß und durch die in der JVM-Spezifikation vorgeschriebene Vorgehensweise[74, §4.9] wird zudem eine nicht unerhebliche Menge an Laufzeitspeicher und Prozessorleistung benötigt[109, S. 37]. Aus diesem Grund wird für die CLDC eine andere Art der Verifizierung vorgeschlagen. Die Überprüfung eines Java-Class-Files wird nicht in der JVM, sondern mit Hilfe eines sogenannten *Preverifiers* offline vorgenommen. Nach erfolgreicher Überprüfung wird dann ein spezielles Attribut in das Java-Class-File geschrieben, welches dann beim Laden der Klasse durch die JVM überprüft wird.

Die weiteren Änderungen der CLDC bezüglich der JVM-Spezifikation sind für Anwendungsprogrammierer eingebetteter Systeme eher marginaler Natur. So werden innerhalb der CLDC keine Thread-Gruppen und keine Daemon-Threads unterstützt.

Eine CLDC-konforme JVM muss Klassen aus Java-Class-Files laden können und Unterstützung für JAR-Dateien mitbringen.

Mit der Version 1.1 der CLDC-Spezifikation ist die Unterstützung von Fließkommaoperationen vorgeschrieben, vorige Versionen haben diese Funktionalität noch ausgespart.

2.1.1.3. Änderung an der API-Spezifikation

Die Einschränkungen des Umfangs und der Funktionalität des Java-API reflektieren zum einen natürlich die Einschränkungen des von der CLDC unterstützten Sprachumfangs sowie der JVM-Spezifikation. Zum anderen wird der Umfang der API-Klassen drastisch reduziert, um den *kleinsten gemeinsamen Nenner* für möglichst viele ressourcenbeschränkte Systeme zu bilden. Die wichtigsten Änderungen mit Relevanz zu eingebetteten Systemen seien hier kurz erwähnt.

Die CLDC unterstützt kein Java Native Interface (JNI). Das JNI erlaubt dem Entwickler, sogenannte native Methoden von Java-Programmen aus aufzurufen. Diese nativen Methoden können dann beispielsweise in C formuliert werden. Das JNI geht allerdings einen sehr generischen Weg, welcher für eingebettete Systeme nicht unbedingt geeignet ist. Die nativen Methoden werden über *Shared Libraries* von der JVM aufgerufen. Das bedingt allerdings, dass *Shared Libraries* von dem genutzten Betriebssystem überhaupt erst mal bereitgestellt werden. Das ist im Umfeld von klassischen eingebetteten Systemen oftmals nicht der Fall. Zudem hat das JNI eine Eigenschaft, die eine Implementierung sehr aufwändig macht. Es ist nämlich möglich, aus einer nativen Methode heraus wieder eine Java-Methode aufzurufen. Diese Tatsachen rechtfertigen das Weglassen des JNI in der CLDC sehr gut.

Da das JNI in CLDC-konformen Geräten nicht vorhanden ist, werden native Methoden, wie sie beispielsweise für die Ansteuerung spezieller Peripherie notwendig sind, direkt in die JVM einkompiliert. Da eingebettete Systeme typischerweise genau *eine* Applikation sehr lange laufen lassen, ist der Nachteil, dass native Methoden nicht *dynamisch* zur JVM hinzugefügt werden können, in den meisten Fällen zu vernachlässigen.

Weiterhin bleibt festzuhalten, dass nahezu das gesamte Collection-API des Pakets java.util nicht vorhanden ist. Nur die Klassen Vector, Stack, Hashtable und Enumeration werden unterstützt.

Eine weitere wichtige Änderung ist die Ersetzung des java.net-Pakets durch das sogenannte Generic Connection Framework (GCF). Dies ist der Tatsache geschuldet, dass sich die Fähigkeiten zur Kommunikation verschiedener Geräte sehr stark unterscheiden. Alle möglicherweise vorhandenen Kommunikationsmöglichkeiten zu unterstützen, würde das Speicherbudget eines typischen eingebetteten Systems oft sprengen. Das GCF bietet hier einen Ausweg, da alle Java-Methoden, die zur Kommunikation benötigt werden, ausschließlich über Java-Interfaces bereitgestellt werden. Durch den Aufruf der Methode Connector.open("<protocol>:<address>;<parameters>") wird eine Verbindung mittels GCF hergestellt. Im Erfolgsfall wird ein Objekt zurückgeliefert, welches das Interface Connection implementiert. Mittels eines Parameters der Connec-

2.1. Konfigurationen und Profile

tor.open()-Methode werden als String das Kommunikationsprotokoll, die Adresse und optionale Parameter angegeben. Mögliche Kommunikationsprotokolle sind HTTP-, Socket- und Datagram- oder auch serielle Verbindungen. Welche Verbindungsarten ein CLDC-konformes Gerät unterstützen muss, wird durch die Spezifikation nicht festgelegt, dies ist Sache der Profil-Definitionen.

Eine weitere Einschränkung, die mittelbar Einfluss auf die Kommunikationsmöglichkeiten hat, ist das Fehlen des Reflection-API. Reflection ist die Möglichkeit, zur Laufzeit ein Java-Objekt zu untersuchen und beispielsweise die Methoden und Felder dieses Objektes zu ermitteln. Zudem ist es möglich, diese Methoden dann auch aufzurufen oder neue Objekte des gleichen Typs zu erzeugen. Reflection selbst ist wieder der Grundbaustein für eine generische Objektserialisierung. Konsequenterweise fehlen die entsprechenden Klassen java.io.ObjectInputStream und java.io.ObjectOutputStream auch in der Spezifikation der CLDC. Mittels Objektserialisierung ist es möglich, den Zustand eines Java-Objektes in einen Bytestrom umzuwandeln. Der entgegengesetzte Weg ist selbstverständlich auch möglich.

Reflection und Objektserialisierung sind wiederum wesentliche Bausteine für die Implementierung eines abstrakten, objektorientierten Kommunikationsprotokolls wie RMI. Einer JVM, die nur die Umfang der CLDC implementiert, bleibt diese elegante Form der Kommunikation verwehrt.

Die CLDC spezifiziert keine Graphical User Interface (GUI)-Klassen, dies bleibt den einzelnen Profilen überlassen.

2.1.1.4. Mobile Information Device Profile

Das MIDP ist das mit Abstand am meisten genutzte Profil der CLDC. Jedes Java-fähige Mobiltelefon implementiert dieses Profil. Erweiterungen sowie Konkretisierungen bezüglich der CLDC sind in der MIDP-Spezifikation[107] genauer beschrieben. Änderungen bezüglich der JVM oder der Java-Sprachdefinition sind im MIDP nicht enthalten, die Spezifikation erklärt ausschließlich das zur Verfügung stehende API. Im Paket java.util sind die Klassen Timer und TimerTask hinzugekommen, mit denen periodische Aktionen zu einem bestimmten Zeitpunkt gestartet werden können.

Bezüglich des GCF legt die MIDP-Spezifikation fest, dass als Kommunikationsprotokoll HTTP unterstützt werden muss. Alle anderen Mechanismen wie beispielsweise serielle oder Socket-Verbindungen sind optional.

Den Großteil der Spezifikation nimmt die Beschreibung des GUI ein. Das MIDP beschreibt das Paket javax.microedition.lcdui, welches sehr stark von den üblicherweise in Java genutzten GUI-Bibliotheken wie AWT und Swing abweicht. Für die Abkürzung *lcdui* findet man in der Literatur mindestens drei unterschiedliche Erklärungen: *Liquid Crystal Device User Interface*, *Least Common Denominator User Interface* sowie

2. Die Java Virtual Machine

Limited Connected Device User Interface. Die Modifikationen des lcdui sind hauptsächlich der unterschiedlichen Bedienung (ohne Zeigegerät und Tastatur), der typischerweise geringen Displaygröße und der geringen Speicherkapazität mobiler Geräte geschuldet. So definiert das lcdui beispielsweise ein Event-Modell, bei dem nicht wie bei AWT ständig viele kurzlebige Event-Objekte erzeugt werden.

2.1.1.5. Information Module Profile

Ein weiteres Profil, welches für die CLDC spezifiziert wurde, ist das Information Module Profile (IMP)[110]. Das IMP ist dabei eine Untermenge des MIDP in der Version 1.0. Im Prinzip entspricht das IMP dem MIDP ohne jegliche GUI-Spezifikation. Dieses Profil ist vor allem für solche Geräte gedacht, die keine grafischen oder gar keine Anzeigemöglichkeiten haben. Systeme, die dieses Profil beispielsweise nutzen könnten, wären Parkuhren und Verkaufsautomaten.

2.1.2. Connected Device Configuration

Die Connected Device Configuration (CDC) ist die zweite Konfiguration, die für die J2ME spezifiziert ist[112]. Diese Konfiguration ähnelt bereits sehr stark der J2SE. Die Java Sprachdefinition und auch die JVM-Spezifikation muss durch eine CDC-konforme JVM vollständig unterstützt werden. Wenn es eine Möglichkeit zum Aufrufen von nativen Methoden in einer CDC-JVM geben soll, so muss diese native Schnittstelle dem JNI in der Version 1.1 entsprechen. Als Mindestanforderungen für die zugrunde liegende Hardware gelten folgende Eckdaten:

- ein 32-Bit-Prozessor,
- 2 MByte RAM als Laufzeitspeicher,
- 2,5 MByte ROM für die virtuelle Maschine und das Java-API,
- eine Kommunikationsmöglichkeit über ein Netzwerk.

Interessanterweise werden im Paket `java.net` nur Datagramm- und URL-Verbindungen spezifiziert, Socket-Kommunikation ist nicht enthalten. Pakete für grafische Nutzerschnittstellen sind analog zur CLDC nicht angegeben, dies wird den auf der CDC aufbauenden Profilen überlassen. Zusätzlich zu den J2SE-Paketen ist das Paket `javax.microedition.io` vorhanden, um das GCF der CLDC aus Kompatibilitätsgründen auch hier zur Verfügung zu haben. Reflection und generische Objektserialisierung sind in der CDC vorhanden, wodurch CDC-konforme Geräte prinzipiell in der Lage sind, höherwertige, abstrakte Kommunikationsprotokolle wie RMI zu nutzen, allerdings sind die dafür benötigten Pakete wie `java.rmi` nicht in der CDC spezifiziert.

2.1. Konfigurationen und Profile

Die für die CDC spezifizierten Profile sind, wie in Abbildung 2.2 gezeigt, jeweils strikte Obermengen und werden im Folgenden kurz beschrieben.

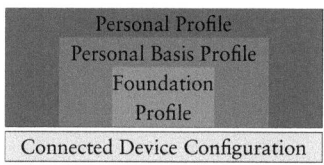

Abbildung 2.2.: CDC-Profile

2.1.2.1. Foundation Profile

Das Foundation Profile[113] bietet kaum mehr an API-Funktionalität als die CDC selbst. Im Wesentlichen ist hier in java.net die Socket-Unterstützung hinzugekommen und das Paket java.security ist komplett vorhanden. Da auch im Foundation Profile kein GUI spezifiziert ist, ist es für Geräte ohne grafische Nutzerschnittstelle interessant.

2.1.2.2. Personal Basis Profile

Das Personal Basis Profile[114] liefert ausschließlich die leichtgewichtigen[2] Komponenten des AWT mit. Insbesondere sind *keine* Buttons, Menüs oder Listen vorhanden, das gesamte AWT-Event-Modell hingegen schon. Andere leichtgewichtige Komponenten wie beispielsweise Swing-Buttons etc. sind ebenfalls nicht vorhanden. Eigene grafische Nutzerschnittstellen kann man erstellen, indem man eigene Komponenten definiert, wobei man für das Aussehen dieser Komponenten selbst verantwortlich zeichnet. Eine Alternative dazu ist, bereits existierende leichtgewichtige GUI-Toolkits einzusetzen. Letztere Variante ist insbesondere für Settop-Box-Hersteller interessant, da diese oftmals über speziell angepasste Nutzerschnittstellen verfügen.

2.1.2.3. Personal Profile

Das Personal Profile[115] bietet eine fast komplette Untermenge der AWT-Klassenbibliothek. Außerdem ist in diesem Profil die Unterstützung für die Abarbeitung von Java-Applets enthalten.

---

2 Im Zusammenhang von GUIs für Java spricht man immer dann von leichtgewichtigen Komponenten, wenn diese von Java selbst gezeichnet werden und nicht von Betriebssystemkomponenten abhängig sind.

2. Die Java Virtual Machine

2.1.2.4. RMI Optional Package

Alle bislang erwähnten CDC-Profile bieten keine objektorientierten Kommunikationsmöglichkeiten wie beispielsweise RMI. Mit Hilfe des RMI Optional Package[108] können CDC-fähige Geräte diese Funktionalität enthalten.

2.1.3. Diskussion von Konfiguration und Profilen

Wenn man die J2ME-Konfigurationen und Profile mit Blick auf klassische eingebettete Systeme betrachtet, so fällt auf, dass insbesondere die Einteilung in nur zwei Konfigurationen zu wenig Spielraum lässt. Sehr viele eingebettete Systeme verfügen heutzutage über einen leistungsfähigen Netzwerkzugang. Einer der großen Vorteile von Java, die starke Netzwerkzentrierung, ist jedoch nur mit der CDC verfügbar, RMI sogar erst unter Zuhilfenahme eines optionalen Pakets.

Der Speicherbedarf einer vollständigen CDC-Implementierung liegt laut Aussagen der CDC-Spezifikation bei 2,5 MByte ROM und 2 MByte RAM[112], was recht gut mit eigenen Messungen für die Referenzimplementierung von Sun übereinstimmt[E140]. Hinzu kommt noch der Speicherplatz, der von der Java-Applikation selbst benötigt wird. Dieser Speicherbedarf ist oftmals einfach zu groß.

Viele eingebettete Systeme laufen zudem nach wie vor mit 16-Bit-Prozessoren, während die CDC einen 32-Bit-Prozessor voraussetzt. Die Forderung der CDC nach dem Vorhandensein des JNI bedingt die Unterstützung von *shared libraries* durch das genutzte Betriebssystem, was in vielen Fällen das Vorhandensein einer MMU im Prozessor nach sich zieht.

Klassische Schnittstellen, wie sie typischerweise in jedem eingebetteten System vorhanden sind, werden weder durch die CDC noch durch die CLDC unterstützt. Hier sind insbesondere serielle Schnittstellen wie UART-Interfaces, IIC oder SPI sowie Timer mit Capture/Compare-Einheiten, Analog/Digital-Wandler und GPIO-Ports zu nennen. Ebenso ist keine Unterstützung für industrielle Feldbussysteme wie Contoller Area Network (CAN) oder ProfiBus vorhanden.

Da hier also in jedem Fall eine starke Anpassung der Java-Applikation an das eingebettete System erfolgen muss, stellt sich die Frage, ob nicht gleichzeitig die Java-Laufzeitumgebung mit adaptiert werden sollte. Zwei Ziele sind dabei wichtig:

- Bereitstellung der Netzwerk-Funktionalität der J2SE bei einem Speicherverbrauch einer CLDC-Laufzeitumgebung,

- Starke Anpassbarkeit an verschiedenste eingebettete Systeme.

Die Kertasarie Virtual Machine (VM), die in Kapitel 4 vorgestellt wird, versucht dieses

Spannungsfeld zwischen Funktionalität, Geschwindigkeit und Speicherbedarf zu überbrücken.

2.2. Methoden der Bytecode-Abarbeitung

Java-Bytecode kann sowohl in Soft- als auch in Hardware abgearbeitet werden. Mehrheitlich sind Java-Laufzeitumgebungen in Software erstellt, wobei auch hier wiederum unterschiedliche Arten der Implementierung möglich sind. Dieses Kapitel soll einen Überblick über Hard- und Software-Realisierungen geben. Abbildung 2.3 zeigt eine mögliche Einteilung der einzelnen Varianten.

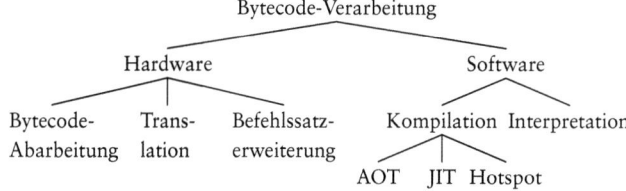

Abbildung 2.3.: Möglichkeiten der Bytecode-Abarbeitung

2.2.1. Software

2.2.1.1. Interpretation

Die Interpretation von Java-Bytecode stellt die einfachste Möglichkeit dar, eine Laufzeitumgebung für Java-Programme zu implementieren. Die Interpretationsschleife wird typischerweise in einer höheren Programmiersprache, meist in C, formuliert und stellt sich dann wie in Quelltext 2.1 auf der nächsten Seite dar.
Die wesentlichen Vorteile der Interpretation von Java-Bytecode sind die hervorragende Portierbarkeit, der geringe Code-Umfang der Interpretationsschleife und die einfache Integration in ein Green-Thread-Modell (siehe Kapitel 2.3). Der oft entscheidende Nachteil ist die geringe Abarbeitungsgeschwindigkeit der Bytecodes. Trotz dieses Nachteils sind JVMs für eingebettete Systeme typischerweise mit einem Bytecode-Interpreter ausgestattet, da die Vorteile der einfachen Portierung und insbesondere des geringen Code-Umfangs schwerer wiegen als die reine Abarbeitungsgeschwindigkeit.
Der Ablauf der Interpretation lässt sich im Wesentlichen durch zwei Maßnahmen beschleunigen. Der Schleifen-Overhead kann minimiert werden, indem statt der gezeigten while-Schleife mit switch/case-Blöcken ein sogenanntes *Computed Goto* verwendet

2. Die Java Virtual Machine

```
while(true) {
    currentBytecode = *p_programCounter;
    switch(currentBytecode) {
        case IADD:
            register jword_t acc1, acc2;
            acc1 = GET_WORD_DEC(p_topOfStack);
            acc2 = GET_WORD(p_topOfStack);
            PUT_WORD(p_topOfStack, acc1 + acc2);
            break;
            [...]
    }
}
```

Quelltext 2.1: Java-Bytecode-Interpretationsschleife

wird[3]. Dabei wird ein Java-Bytecode als Offset in eine Sprungtabelle verwendet und direkt an den Eintrag in der Sprungtabelle gesprungen. Als Nachteil einer solchen Implementierung ist zu sehen, dass ein *Computed Goto* nicht durch den Sprachumfang von ANSI-C gedeckt ist, also nur als proprietäre Erweiterung von Compilern vorhanden ist[4] und deshalb die Portierbarkeit, einer der größten Vorteile der Interpretation, leidet. Der Geschwindigkeitszuwachs liegt nach eigenen Messungen an der Kertasarie VM je nach Zielprozessor zwischen 5 % und 20 %, auf einigen Prozessoren ist die Variante mit *computed goto* allerdings auch langsamer. Nähere Erläuterungen zu diesen Messungen sind in Kapitel 4.2.1 zu finden.

Weitere Geschwindigkeitsverbesserungen ergeben sich durch die Ersetzung der Interpretationsschleife durch optimierten Assembler-Code. Diese Technik liefert verschiedenen Aussagen zufolge eine Verbesserung um den Faktor 2[69] bis 5[5]. Das Problem dieser Vorgehensweise liegt auf der Hand: Die Portierbarkeit einer solchen Lösung tendiert gegen null.

2.2.1.2. Kompilation

Eines der Hauptprobleme bei der Abarbeitung von Java-Bytecode auf modernen RISC-Prozessoren ist die Stack-orientierte Arbeitsweise. Dieser Operanden-Stack liegt dann im Laufzeitspeicher des Prozessors und Zugriffe auf diesen dauern entsprechend lange. Er-

---

3 Diese Vorgehensweise wird in der Literatur im Zusammenhang mit der Implementierung eines Interpreters auch als *threaded dispatch* erwähnt.
4 Es ist allerdings so, dass sowohl der GNU C Compiler (GCC) als auch der Intel C Compiler (ICC) ein *Computed Goto* unterstützen.

2.2. Methoden der Bytecode-Abarbeitung

schwerend kommt hinzu, dass typische Prozessoren für eingebettete Systeme nicht über ausgeprägt große Caches verfügen. Die stattliche Anzahl von internen Registern kann nicht effizient zur Speicherung von Zwischenergebnissen genutzt werden. Es liegt also nahe, den Stack-orientierten Java-Bytecode in das native Befehlsformat des Zielprozessors zu transformieren. Für solche Transformationen existieren unterschiedliche Vorgehensweisen, für die es zwei wesentliche Kriterien gibt: *Was* wird übersetzt? *Wann* wird etwas übersetzt?

Ein willkommener Nebeneffekt der Kompilation auf eine registerorientierte Arbeitsweise ist die Tatsache, dass etwa 33 % aller Befehle eines Java-Programms Transportbefehle vom und zum Stack sind[122]. Diese Transportbefehle sind bei einer Abbildung auf eine Register-Architektur überflüssig und können wegfallen, was wiederum zu einer Einsparung an Register-Positionen führen kann.

In den folgenden Abschnitten sollen die wichtigsten Kompilationsverfahren für Java-Bytecode kurz vorgestellt werden.

Just-In-Time-Kompilation Die Programmiersprache Java war nicht die erste, die auf JIT-Kompilation zu Beschleunigung der Programmabarbeitung setzte. JIT-Technologien wurden in Forschungssystemen zur Beschleunigung von regulären Ausdrücken und verschiedensten Programmiersprachen wie APL, BASIC, Fortran, Smalltalk, Prolog und Erlang eingesetzt. Aycock[7] hat einen historischen Abriss über JIT-Kompilation veröffentlicht.

Ein JIT-Compiler für Java übersetzt immer ganze Methoden. In der klassischen Definition übersetzt ein JIT-Compiler eine Methode in jedem Fall, wenn sie das erste Mal aufgerufen wird[92]. Der Nachteil dieser Vorgehensweise liegt auf der Hand: Die Startup-Zeit erhöht sich im Vergleich zu einem Bytecode-Interpreter dramatisch. Als vorteilhaft ist hingegen anzusehen, dass auf einen Interpreter komplet verzichtet werden kann.

Es macht jedoch nicht immer Sinn, eine Java-Methode in jedem Fall zu übersetzen. Als Beispiel sind hier die Methoden zur statischen Klasseninitialisierung (<clinit>) zu nennen. Diese werden genau einmal, nämlich nach dem Laden der Klasse ausgeführt. Die Entscheidung, wann eine Methode zu übersetzen ist, wird oft über einen einfachen Zähler realisiert, der die Anzahl der Aufrufe einer Methode ermittelt und das Übersetzen der Methode ab einem Schwellwert anstößt. Dieser Aufrufzähler in Verbindung mit der Größe einer Methode stellt nach Schilling[92] bereits eine ausreichend gute Heuristik dar. Da die Java-Methoden nicht sofort übersetzt werden, ist die JVM in diesem Fall jedoch auf das Vorhandensein eines Bytecode-Interpreters angewiesen.

Es ist immer problematisch für einen JIT-Compiler, einen guten Kompromiss aus Kompilationszeit (und damit insbesondere der Startup-Verzögerung) und der Qualität der Optimierungen zu finden. Aus diesem Grund sind JIT-Compiler bezüglich der Ausführungsgeschwindigkeit des erzeugten Befehlsstroms statischen Übersetzern meist unterlegen.

2. Die Java Virtual Machine

Es gibt wesentliche Hindernisse, die den Einsatz von JIT-Compilern gerade in eingebetteten Systemen erschweren. Im Vergleich zu einer Interpreter-Lösung stellt die Portierung eines JIT-Compilers auf einen anderen Prozessor einen erheblichen Mehraufwand dar, da zumindest das Modul für die Code-Generierung angepasst werden muss. Um das Problem der Portabilität zu verringern existiert der Ansatz, den JIT-Compiler die Bytecode-Fragmente aus dem kompilierten Interpreter-Code emittieren zu lassen[36]. Natürlich müssen in diesem Fall Sprungadressen gepatcht werden und der Ansatz versagt recht schnell, wenn der vom C-Compiler erzeugte Interpreter-Code nicht verschiebbar ist. Der Geschwindigkeitsgewinn dieser Lösung beträgt laut Ertl et al.[36] etwa 40 %, was für den Aufwand nicht allzu viel erscheint. Das Konzept wurde zudem in einen Forth-Compiler integriert, was die Übertragbarkeit der Ergebnisse auf eine JVM stark relativiert, da Java-Bytecodes deutlich komplexer sein können als Forth-Instruktionen. Dies wiederum erhöht stark den Aufwand für das Patchen oder macht es sogar unmöglich. Insbesondere scheint der Ansatz auch sehr Compiler-spezifisch zu sein.

Ein weiteres Problem in eingebetteten Systemen ist die Tatsache, dass der von einem JIT-Compiler erzeugte Befehlsstrom typischerweise deutlich größer ist als Java-Bytecode, was natürlich den Speicherbedarf erhöht. Hinzu kommt die Tatsache, dass der JIT-Compiler selbst auch Speicher im eingebetteten System benötigt.

Es gibt weitere Probleme, die den Einsatz von JIT-Compilern zusätzlich erschweren. So ist die Verwendung des sogenannten Green-Thread-Modells im Zusammenhang mit einem JIT-Compiler oftmals problematisch (siehe dazu Kapitel 2.3). Eine weitere Schwierigkeit ergibt sich, wenn man ein durch einen JIT-Compiler übersetztes Programm im System debuggen möchte. Für diesen Fall muss für die übersetzten Methoden eine umgekehrte Abbildung (von übersetztem Code zu Java-Bytecode) existieren. Diese Informationen können entweder direkt beim Erzeugen des nativen Codes erstellt werden oder durch dynamische Rekompilation einer Methode, die untersucht werden soll[118]. Aufgrund von Optimierungen, die ein JIT-Compiler auf dem erzeugten, nativen Code vornehmen kann wie beispielsweise die Umordnung von Instruktionen, ist so eine inverse Transformation nur sehr schwer und mit hohem Aufwand zu erreichen.

Die Kombination von Interpreter, einem schnellem aber wenig optimierenden Compiler und einem langsamen, stark optimierenden Compiler ist von Agesen et al.[2] beschrieben worden. Dieser Ansatz ist allerdings kaum für eingebettete Systeme geeignet, da das Laufzeitsystem zu speicherintensiv ist und zudem für den hoch optimierenden Compiler ein eigener Prozessor gefordert wird.

Wegen dieser komplexen Problematiken sind JIT-Compiler in eingebetteten Systemen nach wie vor nicht sehr stark verbreitet. Beispiele für JIT-Implementierungen sind die CLDC-Hotspot-Implementierung von Sun[111], die J9 von IBM[50] und die FastDAC-VM von Esmertec[37].

2.2. Methoden der Bytecode-Abarbeitung

Hotspot-Kompilation Der Übergang zwischen normalen JIT- und Hotspot-Compilern ist fließend. Der Hauptunterschied zwischen beiden liegt darin, dass Hotspot-Compiler nicht mehr komplette Methoden übersetzen, sondern nur noch die besonders häufig ausgeführten Code-Fragmente. Diese Fragmente werden dann typischerweise sehr stark optimiert[5]. Als Resultat hat man einen Compiler, dessen Startup-Verzögerung deutlich geringer ist als die eines JIT-Compilers. Da der Compiler dynamisch zur Laufzeit den ablaufenden Code analysiert und die sogenannten Hotspots dann sehr stark optimiert, ist die Abarbeitung eines Java-Programms auf einer Hotspot-VM in sehr vielen Fällen performanter als beim Einsatz eines reinen JIT-Compilers.

Selbstverständlich hat auch diese Technik ihre Nachteile. Insbesondere das Ausmessen und Bewerten von Bytecode-Abschnitten sowie die Heuristiken zu Bewertung dieser lassen den Code-Umfang des Compilers selbst stark vergrößern. Viele der Nachteile, die generell für JIT-Compiler gelten, treffen zudem auch auf Hotspot-Compiler zu.

Ahead-Of-Time-Kompilation Da in eingebetteten Systemen die laufende Applikation typischerweise bekannt ist, ist es durchaus ein legitimer Ansatz, das Java-Programm *vorab* in die Zielsprache des Prozessors umzuwandeln. Bei dieser Vorabübersetzung kann der Compiler oder Interpreter in der Java-Laufzeitumgebung entfallen und es steht nahezu beliebig viel Zeit für Optimierungen des nativen Maschinencodes zur Verfügung. Es bleibt jedoch festzuhalten, dass moderne Hotspot-Compiler inzwischen bessere Ergebnisse liefern als AOT-Compiler, da Hotspot-Compiler die Optimierungsentscheidungen anhand von dynamischen Profilen fällen können.

Das dynamische Nachladen von Java-Klassen ist mit der AOT-Kompilation nur schwer zu vereinbaren. Eine Lösung für das Problem ist die zusätzliche Integration eines Bytecode-Interpreters oder JIT-Compilers, der dann für das Abarbeiten von Methoden aus nachgeladenen Klassen zuständig ist. Die Firma Esmertec bietet mit dem FastBCC eine entsprechende Lösung an[37].

Obwohl bei AOT-Kompilation der Bytecode-Interpreter oder JIT-Compiler oft eingespart werden kann, ist die Code-Ersparnis bei AOT-Kompilation im Vergleich zur Interpretation kaum vorhanden, da das restliche Java-Laufzeitsystem (u.a. Speicherverwaltung mit GC) trotzdem von der Applikation benötigt wird. Für den Fall, dass mehrere Java-Applikationen im System installiert werden müssen, muss das Laufzeitsystem in vielen Fällen auch jeweils zur einzelnen Applikation gelinkt werden, es sei denn, die Kombination aus Prozessor und Betriebssystem unterstützt Shared Libraries.

Vergleich Wie in den vorangegangenen Kapitel dargestellt, haben die verschiedenen Arten der Bytecode-Ausführung jeweils unterschiedliche Vor- und Nachteile. Diese sind

---

5 Als Beispiele sind hier das Abrollen von Schleifen sowie aggressives Inlining von Methoden zu nennen.

2. Die Java Virtual Machine

in Tabelle 2.1 mit Bezug auf eine Implementierung in eingebetteten Systemen noch mal plakativ zusammengefasst.

Bytecode-Ausführung	Portierbarkeit	Geschwindigkeit	Speicherbedarf	Startup-Verzögerung
Interpretation	++	–	++	+
JIT-Compiler	– –	+	–	– –
Hotspot-Compiler	– –	++	– –	+
AOT-Compiler	– –	+	++	++

Tabelle 2.1.: Vergleich der Arten der Bytecode-Ausführung

Kazi et al.[63] haben ebenfalls eine Gegenüberstellung der unterschiedlichen Methoden der Bytecode-Ausführung zusammengestellt, allerdings spielt der Aspekt des Einsatzes in eingebetteten Systemen dort keine Rolle.

2.2.2. Hardware

Die verschiedenen Vor- und Nachteile von Software-Lösungen der JVM führten zu Anstrengungen, die Bytecode-Abarbeitung mit Hardware-Unterstützung zu vereinfachen und zu beschleunigen. Die folgenden Abschnitte stellen wichtige Vertreter der einzelnen Kategorien vor und benennen spezifische Vor- und Nachteile der verschiedenen Lösungen.

2.2.2.1. Direkte Bytecode-Ausführung

Prozessoren, die direkt Java-Bytecode ausführen können, sind typischerweise mikroprogrammgesteuert, sie sind also quasi Interpreter, die in Hardware realisiert sind. Meist sind diese Prozessoren nicht in der Lage, alle von der Spezifikation[74] vorgeschriebenen Bytecodes abzuarbeiten, die fehlenden werden unter Zuhilfenahme von mehreren einfachen Opcodes emuliert.

picoJava-II Die erste Version des picoJava-Prozessors wurde von Sun im Jahr 1997 vorgestellt[82, 81]. Sun hat den Prozessor ausschließlich an andere Hersteller wie Fujitsu und NEC lizenziert, allerdings ist bislang keine Realisierung in Silizium verfügbar. Die aktuelle Version ist der picoJava-II, welcher von Sun unter eine OpenSource-Lizenz gestellt wurde. Hervorzuheben ist die sehr ausführliche Dokumentation des IP-Cores[105].

Die Pipeline des picoJava-II-Prozessors ist sechsstufig, einfache Java-Bytecodes, wie arithmetisch/logische Operationen werden RISC-artig in nur einem Takt ausgeführt. Alle weiteren Bytecodes werden mit Hilfe von Microcode abgearbeitet. Der picoJava-II-Prozessor

2.2. Methoden der Bytecode-Abarbeitung

ist insofern eine Ausnahme, als dass er *alle* Bytecodes bis auf zwei (NEW und ATHROW) in Hardware realisiert. Die beiden letzteren fallen auf einen Trap und müssen dann mittels Software nachgebildet werden[6].

Der Stack ist mit 64 Einträgen vergleichsweise groß, er verfügt zudem über die Möglichkeit, automatisch Einträge aus dem Speicher zu laden oder zurückzuspeichern (Spill/Fill). Mit einer einstellbaren Low/High-Watermark lässt sich der Moment einstellen, an dem dieser Prozess starten soll.

Der picoJava-II-Prozessor enthält zudem eine Einheit, um mehrere Java-Bytecodes zu einem Befehl zusammenzufalten. Dazu werden die obersten Elemente des Befehlspuffers untersucht, ob sich Gruppen von zwei, drei oder vier Instruktionen zu einem Befehl zusammenfassen lassen. Durch das Zusammenfalten von Java-Bytecodes lassen sich insbesondere Stack-Positionen einsparen, was für Java-Prozessoren mit einer beschränkten Register-Anzahl natürlich interessant ist.

Die Unterstützung für einen GC ist recht weit gediehen. So ist der Prozessor in der Lage, mit Objekt-Handles (siehe Kapitel 2.4.1.1) umzugehen. Bestimmte Bits in den Referenzen sind zudem für die Markierung von Objekten bei der Verwendung bestimmter GC-Algorithmen vorgesehen. Schreibbarrieren (siehe Kapitel 2.4.1.1) werden in dem Sinne unterstützt, als das der picoJava-II einen Trap auslöst, wenn Objektreferenzen in Speicherbereiche geschrieben werden, die vom GC gerade bearbeitet werden.

Der picoJava-II ist einer der komplexesten Java-Prozessoren, für eine Implementierung werden ca. 127 000 Gatter für die Logik und etwa 314 000 Gatter für Speicherkomponenten benötigt[31].

AU-J1000 Der AU-J1000[6] von Aurora VLSI ist in vielen Eckdaten sehr ähnlich zum picoJava-II. Ebenfalls als eigenständiger Java-Prozessor entwickelt, implementiert er bis auf vierzehn Befehle alle von der Spezifikation vorgeschriebenen Bytecodes. Die fehlenden Bytecodes müssen mittels Software realisiert werden. Ohne die nötigen Caches erfordert eine Implementierung etwa 150 000 Gatter und kann mit bis zu 350 MHz betrieben werden[72].

JemCore Der JemCore[46, 47] von aJile ist sowohl als IP-Core und als eigenständiger Prozessor[4] erhältlich. Zentraler Bestandteil ist der Mikroprogramm-Sequenzer, mit dessen Hilfe ein Java-Bytecode durch mehrere Mikroinstruktionen ausgeführt wird. Die Firma aJile reklamiert für sich, alle Java-Bytecodes bis auf ATHROW und MULTIANEWARRAY zu implementieren. Das ist so jedoch nicht ganz korrekt. Der JemCore versteht keine Java-Bytecodes, die eine Referenz auf den Constantpool benötigen. Die JemBuilder-Software

---

6 Der Grund für diese Vorgehensweise liegt darin begründet, dass das Ausführen von NEW beispielsweise das Nachladen einer Klasse nach sich ziehen kann, was nur schwer in Hardware zu realisieren ist.

2. Die Java Virtual Machine

führt aus diesem Grunde offline die Constantpool-Resolution[7] durch. Das bedeutet allerdings auch, dass das dynamische Nachladen von Klassen stark behindert wird.
Die internen Register werden unter anderem genutzt, um die obersten sechs Elemente des Operanden-Stacks zu speichern. Eigene Untersuchungen (siehe Kapitel 4.2.2) zeigen, dass sich mit sechs Stack-Elementen nur ca. 70 % aller Methoden ohne zusätzliche Vorkehrungen (Stack-Spill und -Fill) abbilden lassen.
Da der JemCore ausschließlich Java-Bytecode als Instruktionen versteht, muss die gesamte Java-Laufzeitumgebung inklusive Garbage-Collection in Java implementiert werden.
Interessant ist die Möglichkeit, Microcode-Sequenzen im Speicher des JemCore abzulegen, um eigene Befehle implementieren zu können. Die Implementierung der Thread-Synchronisation ist beispielsweise auf diesem Weg erfolgt.

Cjip Auch der Cjip[51] von Imsys AB ist mikroprogrammiert. Im Gegensatz zu den bislang erwähnten Prozessoren ist er allerdings nicht darauf beschränkt, nur Java-Bytecode abzuarbeiten, es ist ebenso möglich, C/C++-Applikationen abzuarbeiten. Es existiert eine Instruction Set Architecture (ISA) mit Java-Unterstützung und eine ohne.
Die lokalen Variablen und der Operandenstack sind getrennt realisiert, was die Parameterübergabe beim Aufruf von Methoden erschwert. Für die beiden Speicherbereiche steht internes RAM mit einer Größe von 1 KByte zur Verfügung, sie verfügen zudem über Spill/Fill-Mechanismen.
Als Besonderheit des Cjip-Prozessors ist anzumerken, dass Teile des Microcodes dynamisch nachladbar sind. Es ist auf diese Weise sogar möglich, ein fest im ROM gespeichertes Mikroprogramm zu überdecken.

Komodo Auch beim Komodo-Prozessor[131] der Universitäten Karlsruhe und Augsburg sind die komplexeren Befehle durch einen Mikroprogrammsequenzer realisiert. Die Besonderheit des Komodo-Controllers ist jedoch die Unterstützung von bis zu vier Java-Threads in Hardware. In diesem Zusammenhang wird die Behandlung von Interrupts nicht mehr wie gewohnt durch Interrupt-Service-Routinen vorgenommen, sondern durch sogenannte Interrupt-Service-Threads[65].

FemtoJava Im Gegensatz zu Komodo ist Multithreading im FemtoJava-Prozessor[54] überhaupt nicht erlaubt. FemtoJava verfolgt den Ansatz, Java auch für Applikationen bereitzustellen, die bislang noch von 8-Bit-Mikrokontrollern dominiert werden. Dazu wird mittels einer Toolkette eine automatische Hardware/Software-Partitionierung vorgenommen und ein applikationsspezifischer Prozessor, der FemtoJava, generiert. Der FemtoJava

---

7 Unter Constantpool-Resolution versteht man den Prozess des Auflösens von symbolischen Verweisen des Constantpools durch direkte Referenzen. Der entsprechende Java-Bytecode wird dann durch eine sogenannte _QUICK-Variante ersetzt.

2.2. Methoden der Bytecode-Abarbeitung

selbst unterstützt nur eine kleine Untermenge aller Java-Bytecodes (68 von 228), unter anderem wird kein NEW und kein INVOKE_VIRTUAL angeboten. Echte objektorientierte Anwendungen sind somit nicht möglich, die Funktionalität liegt noch unterhalb der Java Card Edition (siehe Kapitel 2.1).

JVXtreme Der Beschleuniger JVXtreme von Synopsys[70] ist einer der wenigen, der direkt Java-Bytecode ausführt, aber nicht mit Hilfe eines Mikroprogramms gesteuert wird. Das ist allerdings nur möglich, weil JVXtreme nur sehr wenige (92) Bytecodes unterstützt, welche insbesondere auch einfacher arithmetisch/logischer Natur sind. JVXtreme ist demzufolge zwingend auf die Unterstützung eines Prozessors angewiesen, der die verbleibenden Java-Bytecodes in Software nachbildet.

JOP Der Java Optimized Processor (JOP)[94] übersetzt im Gegensatz zu den bislang vorgestellten Architekturen *alle* Java-Bytecodes in Microcode, was als Vorteil hat, dass der Prozessor nicht zwischen verschiedenen Befehlssätzen wechseln muss. Sehr komplizierte Bytecodes können auch durch eine Sequenz von mehreren Java-Bytecodes realisiert werden, was Platz im Mikroprogrammspeicher spart. Als Stack wird internes SRAM genutzt, wobei die zwei obersten Stack-Positionen in Registern gehalten werden, um einen effizienten Zugriff für arithmetisch/logische Operationen zu ermöglichen.

Weitere mikroprogrammierte Java-Prozessoren Alle weiteren in diesem Abschnitt aufgeführten Prozessoren ähneln mehr oder weniger stark einer der bereits vorgestellten Architekturen. Sie sind hier ohne Anspruch auf Vollständigkeit angegeben:

- Moon2[121] von Vulcan Machines,
- Lightfoot von DCT Ltd.,
- LavaCORE[29] von Derivation Systems Inc.,
- PSC1000 oder Ignite von Patriot Scientific,
- Xpresso von Zucotto.

2.2.2.2. Hardware-JIT

Für viele Anwendungen im Bereich eingebetteter Systeme ist es nicht sinnvoll, dass der Prozessor ausschließlich Java-Bytecodes ausführen kann. Hardware-Übersetzer transformieren Java-Bytecode in den nativen Maschinencode eines Prozessors. In ihrer Arbeitsweise ähneln sie einem JIT-Compiler, wobei der übersetzte Code im Gegensatz zu Software-JIT-Compilern *nicht* aufgehoben wird. Diese Übersetzer sind typischerweise als Koprozessor realisiert.

2. Die Java Virtual Machine

JSTAR JSTAR[69] oder JA108 von Nazomi war einer der ersten Hardware-Übersetzer für Java-Bytecode. Als Koprozessor entwickelt, kann JSTAR entweder zwischen Prozessorkern und Instruktions-Cache oder direkt am Speicherbus eingesetzt werden. Auch JSTAR implementiert nur eine Teilmenge (159) der Java-Bytecodes. Die verbleibenden müssen durch Software im Zielprozessor realisiert werden, wobei das Umschalten zwischen dem Java- und Zielprozessor-Modus mit 1-2 Taktzyklen recht zügig vonstatten geht. JSTAR ist bislang für ARM- und MIPS-Prozessoren verfügbar, der JSTAR-Kern ist mit bis zu 400 MHz taktbar und kann mit 27 000-30 000 Gattern realisiert werden.

Machstream Parthus Machstream[71] (früher Chicory Systems Hotshot) treibt das Konzept des Hardware-JIT-Compilers am weitesten. Die Java-Bytecodes werden blockweise übersetzt, wobei die Blöcke relativ groß (16, 32, 64 oder 128 Instruktionen) sein können. Diese Blöcke werden analysiert und ähnlich wie bei einem Software-JIT optimiert. Der Größe der Blöcke ist jedoch auch der Nachteil geschuldet, dass der Zielprozessor im Vergleich zu JSTAR deutlich länger auf übersetzten Code warten muss. Aus diesem Grund enthält Machstream zusätzlich einen Cache für übersetzte Code-Fragmente. Machstream unterstützt 148 Java-Bytecodes, benötigt ca. 25 000 Gatter für eine Realisierung und kann mit bis zu 200 MHz getaktet werden.

JIFFY JIFFY[1] ist als reiner JIT-Compiler konzipiert worden. Dazu wird der Java-Bytecode in eine Zwischensprache übersetzt, die immer noch Stack-orientiert ist, aber zusätzlich drei Universalregister besitzt. Die Beschränkung auf die geringe Anzahl von Registern soll helfen, auch Zielprozessoren mit wenigen Universalregistern wie x86 zu unterstützen. Auf dieser Zwischensprache werden die Optimierungen vorgenommen. Dazu gehören die Generierung von effizienteren Schleifenkonstrukten sowie einige Peephole-Optimierungen.

2.2.2.3. Befehlssatzerweiterungen

Die Firma ARM hat für ihre stark verbreiteten Prozessoren gleich zwei Befehlssatzerweiterungen im Programm, die jedoch für unterschiedliche Anwendungsfälle konzipiert sind.

Jazelle DBX Jazelle Direct Bytecode eXecution (DBX) führt Java-Bytecode als dritten Befehlssatz für ARM-Prozessoren ein[86, 69]. Es werden 140 Bytecodes direkt unterstützt, die komplexeren wurden außen vor gelassen. Das Ausführen eines nicht unterstützten Bytecodes führt zum Ansprung einer Ausnahmebehandlung, in welcher der fehlende Java-Bytecode mittels Standard-ARM-Instruktionen nachgebildet werden kann. Um möglichst wenig zusätzliche Hardware (ca. 12 000 Gatter) zu verbrauchen, nutzt Jazelle DBX

2.2. Methoden der Bytecode-Abarbeitung

die internen Register des ARM-Prozessors als Operanden-Stack, wobei hier nur Platz für vier Stack-Positionen gegeben ist. Eigene Untersuchungen (siehe Kapitel 4.2.2) zeigen, dass sich mit vier Registern nur ca. 54 % aller Methoden effizient abbilden lassen.

Jazelle RCT Jazelle Runtime Compilation Target (RCT) führt ebenfalls einen neuen Befehlssatz (Thumb-2EE) ein[87]. Dieser kann jedoch keinen Java-Bytecode ausführen, sondern ist primär als Zielsprache für einen JIT-Compiler gedacht. Die Java-Orientierung dieses Befehlssatzes erkennt man daran, dass es beispielsweise Instruktionen für Nullpointer- und Array-Grenzen-Prüfung gibt. Im Fehlerfall wird automatisch ein Handler angesprungen, der die weitere Abarbeitung vornimmt. ARM behauptet, dass der neue Befehlssatz einen ähnlich kompakten Code erlaubt wie Java-Bytecode (nur etwa 10 % größer[45]). Als Vorteil ist zu sehen, das Thumb-2EE-Instruktionen im Gegensatz zu DBX auf insgesamt acht Universalregister zugreifen können.

2.2.2.4. AMIDAR

Auch wenn AMIDAR-Prozessoren (Adaptive Microinstruction Driven Architecture) Java-Bytecode ausführen können, ist diese Architektur jedoch primär entwickelt worden, um Hardware-Strukturen möglichst organisch[E138] zur Laufzeit an die Lösung einer Aufgabe anzupassen[E134, E137]. Die Java-Bytecodes werden mit Hilfe von einzelnen Token implementiert[S156]. Diese Token werden über ein Netzwerk an Funktionseinheiten des Prozessors versandt, welche dann entsprechende Aufgaben wie beispielsweise arithmetisch/logische Operationen vornehmen. Der große Vorteil dieses Systems ist, dass es keinerlei zeitliche Vorgaben bezüglich der Auslieferung der Tokens gibt. Das macht es relativ einfach möglich, einzelne Funktionseinheiten gegen andere, leistungsfähigere dynamisch auszutauschen[E136]. Das Ermitteln, welche Sequenzen von Bytecodes sich besonders für eine spezialisierte Hardware-Implementierung lohnen, geschieht unter Zuhilfenahme einer im Prozessor integrierten Profiling-Einheit[E135].

2.2.3. Diskussion

Auffallend ist, dass die Hardware-Implementierungen der JVM sich in klassischen eingebetteten Systemen bislang nicht haben durchsetzen können. Über die Gründe kann an dieser Stelle nur spekuliert werden. Da eingebettete Systeme oft in sehr hohen Stückzahlen gefertigt werden, spielt jeder zusätzliche Kostenfaktor oft eine entscheidende Rolle bei der Entscheidung für oder gegen bestimmte Technologien.
Ein weiterer Grund mag zudem sein, dass das Marktumfeld eingebetteter Systeme recht konservativ geprägt ist. Schon der Wechsel zu höheren Programmiersprachen wurde hier wesentlich später vollzogen als beispielsweise in der klassischen Software-Entwicklung.

2. Die Java Virtual Machine

Der Einsatz objektorientierter Programmiersprachen wird momentan oft als zu ressourcenkritisch empfunden. Da einige Hardware-Implementierungen ausschließlich Java-Bytecode verarbeiten, ist für diese die Hürde für den Einsatz noch höher gelegt.
Einige der vorgestellten kommerziellen Hardware-Architekturen sind mittlerweile gar nicht mehr verfügbar (Parthus Machstream, inSilicons JVXtreme, JSTAR von Nazomi, Zucotto Xpresso). Selbst ARM-Prozessoren mit Jazelle-Erweiterung sind in Implementierungen für klassische eingebettete Systeme momentan nicht gerade weit verbreitet.

2.3. Thread-Modelle

Java ist eine Programmiersprache, in die Threads als Konzept zur nebenläufigen Programmierung bereits in die Sprache integriert wurden. In der Konsequenz bedeutet das, dass die JVM eine Thread-Unterstützung mitbringen muss. Es gibt zwei Thread-Modelle, die eine JVM unterstützen kann: *green threads* und *native threads*. Beim Green-Thread-Modell werden die Java-Threads innerhalb der JVM realisiert; die JVM besteht aus genau einem Betriebssystem-Thread oder -Prozess. Im Gegensatz dazu werden beim Native-Thread-Modell die Java-Threads auf einzelne Betriebssystem-Threads abgebildet. Beide Varianten habe spezifische Vor- und Nachteile.

2.3.1. Green Threads

Wie bereits erläutert, werden *green threads* innerhalb der JVM realisiert. Das bedeutet, dass sich die JVM selbst um das Scheduling und um die Synchronisation von Java-Threads kümmern muss, was erst einmal einen erhöhten Programmieraufwand bedeutet. Andererseits hat man durch eine Implementierung innerhalb der JVM auch die Kontrolle über die zur Verfügung stehenden Schedulingmechanismen und kann diese an den geforderten Einsatzzweck anpassen. Die von der Realtime Specification for Java (RTSJ) (siehe Kapitel 2.4.3) geforderten Scheduling-Mechanismen sind möglicherweise überhaupt nur durch *green threads* realisierbar. Eine JVM mit *green threads* ist typischerweise sehr leicht auf ein neues Betriebssystem zu portieren, da das von der JVM benutzte Betriebssystem keine Threads unterstützen muss.

Green Threads haben natürlich auch ihre Nachteile. Bedingt durch die Tatsache, dass der Scheduler in gewissen Abständen[8] prüfen muss, ob ein anderer Java-Thread zu aktivieren ist, sind JVMs mit *green threads* typischerweise etwas langsamer als JVMs mit *native threads*.

Problematisch ist zudem der Aufruf von blockierenden Betriebssystemfunktionen wie beispielsweise das Lesen von einem Netzwerk-Socket. Da die JVM *ein* Betriebssystem-Prozess ist, wird im Fall eines solchen Funktionsaufrufs die *gesamte* JVM blockiert und

---

8 Ein übliches Verfahren ist die Prüfung nach jedem Java-Bytecode.

nicht nur der Java-Thread, der diesen Aufruf getätigt hat. Um diesem Problem zu begegnen, müssen alle Betriebssystem-Aufrufe, die eventuell blockieren können, ummantelt werden, was natürlich zusätzlichen Aufwand bei der Implementierung erfordert. Unterschiedliche Lösungen für eine solche Ummantelung sind in Kapitel 4.5 zu finden.

Im Zusammenhang mit der JIT-Kompilation haben *green threads* ein weiteres Problem. In dem Fall, dass eine übersetzte Methode abgearbeitet wird, kann die JVM die Scheduling-Prüfung nicht mehr durchführen und ein Java-Thread gibt die Kontrolle möglicherweise nicht mehr ab. Hier sind besondere Vorkehrungen (siehe Kapitel 4.2.2.2) zu treffen, um auch in diesem Fall ein preemptives Multithreading zu ermöglichen.

2.3.2. Native Threads

Das Scheduling-Problem innerhalb des vom JIT-Compiler emittierten Maschinencodes stellt sich bei der Verwendung des Native-Thread-Modells naturgemäß nicht, da das Betriebssystem für diese Funktionalität zuständig ist. Ebenso ist das Aufrufen von blockierenden Betriebssystemfunktionen unproblematisch, da nur der verantwortliche Java-Thread (Java-Thread = Betriebssystem-Thread) entsprechend blockiert wird. Da die JVM nicht mehr periodisch prüfen muss, ob ein Rescheduling notwendig ist, sind JVMs mit Native-Thread-Modell typischerweise etwas schneller.

Leider bieten Betriebssysteme für eingebettete Systeme manchmal nicht die Möglichkeit, dynamisch Threads oder Prozesse zu erzeugen. Eine JVM mit Native-Thread-Modell kann auf so ein Betriebssystem nicht portiert werden.

Ein weiteres Problem bei Implementierung von *native threads* ist die Tatsache, das relativ viele kritische Abschnitte (bei der Object-Synchronisation, im Garbage-Collector) geschützt werden müssen, was den Code-Umfang der JVM vergrößert.

2.3.3. Vergleich

Sung et al. [116] haben eine Green-Thread-Implementierung mit einer Native-Thread-Implementierung in der gleichen JVM verglichen. Die dort angegebenen Messungen zeigen zum Teil drastische Vorteile der Green-Thread-Implementierung bezüglich der Erzeugung und des Startens von Java-Threads, dem Rescheduling und der Synchronisation von Threads. Interessanterweise sind sogar alle gemessenen Anwendungsbenchmarks auf der Green-Thread-Implementierung schneller, was sich allerdings nicht mit eigenen Messungen aus Kapitel 7.2 deckt. Das I/O-Verhalten der Green-Thread-Implementierung ist nur marginal schlechter als das der Native-Thread-Variante. Obwohl die Untersuchungen mit Blick auf eingebettete Systeme durchgeführt wurden, ist den Aussagen nur mit Vorsicht Folge zu leisten, da alle Messungen auf einem Linux-System erfolgten und Linux kein Echtzeitbetriebssystem ist, welches typischerweise auf schnelle Thread-Erzeugung und

2. Die Java Virtual Machine

-Synchronisation hin optimiert wurde.

2.4. Echtzeitproblematik

Wie bereits in Kapitel 1.1.2.3 erwähnt, unterliegen viele eingebettete Systeme harten Echtzeitanforderungen. Einige Eigenschaften von Java sowie mangelnde Spezifikationen erschweren die Entwicklung einer echtzeitfähigen JVM jedoch enorm. Die wesentlichen Problemstellungen wie die automatische Speicherverwaltung und die Thread-Verwaltung inklusive der dazu gehörenden Synchronisationsmechanismen werden im Folgenden dargelegt. Am Ende des Kapitels ist auch die Erläuterung von wesentlichen Bestandteilen einer Java-Echtzeitspezifikation zu lesen.

2.4.1. Speicherverwaltung

Java ist vielleicht die erste Programmiersprache, welche die automatische Speicherverwaltung für die breite Masse von Software-Entwicklern bereit stellte. Dieses Merkmal ist eines, welches Java zudem zu einer recht sicheren Sprache macht (siehe Kapitel 1.2.1.1), da ein Großteil von Programmierfehlern durch eine fehlerhafte Speichernutzung verursacht werden[9].
Eine automatische Speicherverwaltung hilft zudem bei der Modularisierung von Programmen, da die Verwaltung von Speicherbereichen oftmals modulübergreifend geschehen muss. Die Lebendigkeit von Objekten ist eine globale Eigenschaft, die nicht lokal behandelt werden sollte[125].
Ein Einstieg zum Verständnis der verschiedensten GC-Verfahren und deren spezifische Probleme ist in [125, 59] zu finden.
Eine automatische Speicherverwaltung besteht aus zwei Teilen, einem Allokator und einem Garbage Collector (GC). Der Allokator ist dafür verantwortlich, die Anforderung eines Speicherbereichs (im Falle objektorientierter Programmiersprachen also der Speicherplatz für ein Objekt) zu befriedigen.
Ein GC ist in der Lage, lebendige[10] Objekte von nicht lebendigen zu unterscheiden und letztere freizugeben. Dieser freigewordene Speicherplatz kann durch den Allokator wieder genutzt werden, um neue Objekte zu erzeugen.
Bestimmte GC-Verfahren sind sehr stark mit dem Allokator verschränkt, andere hingegen wiederum nicht, was die Kombination eines GC mit unterschiedlichen Allokator-

---

9 Für die Sprache Mesa wurde herausgefunden, dass Programmierer 40 % der Entwicklungszeit mit dem Implementieren von Speicherverwaltungsroutinen und dem Debugging von Speicherfehlern beschäftigt sind[90].

10 Als lebendig gilt ein Objekt, wenn auf dieses Objekt während des Programmflusses noch zugegriffen werden kann. Die unterschiedlichen GC-Strategien definieren die Lebendigkeit eines Objektes genauer anhand gewisser Eigenschaften.

2.4. Echtzeitproblematik

Implementierungen zulässt.
Einige Merkmale der Java-Sprachdefinition[60, §12.6] erschweren die Implementierung eines GC in einer JVM zusätzlich. Falls ein Java-Objekt eine finalize()-Methode enthält und das Objekt vom GC bereinigt werden soll, so wird vor der Bereinigung die finalize()-Methode aufgerufen. Diese wiederum kann das ursprünglich nicht mehr lebendige Objekt wieder zum Leben erwecken. Wird das Objekt im Laufe der Zeit wieder zu Müll, wird die finalize()-Methode hingegen *nicht* mehr aufgerufen und das Objekt entsorgt. Aufgrund dieser komplizierten Vorgehensweise ist die Unterstützung von Finalisierern beispielsweise innerhalb der CLDC nicht vorgesehen (siehe Kapitel 2.1.1.1).
Das Vorhandensein des Reference-API erschwert die Implementierung des GC zusätzlich. Ein Java-Objekt kann über sogenannte Reference-Objekte referenziert werden. Für den Fall, dass das Java-Objekt ausschließlich über ein Reference-Objekt erreichbar ist, kann der GC je nach Art des Reference-Objektes entscheiden, ob das referenzierte Java-Objekt freigegeben werden soll oder nicht. Zudem lassen sich die Reference-Objekte bei Warteschlangen registrieren, in welche die Reference-Objekte eingestellt werden, sobald der Finalisierer aufgerufen wurde und der Verweis auf das originale Java-Objekt aus dem Reference-Objekt entfernt wurde[11].
Im Folgenden werden die beiden Teile der Speicherverwaltung, GC und Allokation, beschrieben, wobei bestimmte Aspekte der Allokation teilweise aus Verständnisgründen im GC-Teil erwähnt werden.

2.4.1.1. Garbage Collection

Alle Kollektoren lassen sich in zwei Verfahren oder Strategien einteilen[68]: Reference Counting und Tracing.

Reference Counting Reference Counting[26] ist ein prinzipiell sehr einfaches Verfahren. Immer, wenn ein Verweis (Referenz) auf ein Objekt gesetzt wird, wird ein Zähler innerhalb des referenzierten Objekts erhöht, wird eine Referenz gelöscht, wird der Referenzzähler dekrementiert. Für den Fall, dass der Referenzzähler den Wert »0« erreicht, wird das Objekt sofort freigegeben. Dieses einfache Verfahren hat jedoch zwei gravierende Probleme. Es ist zum einen nicht in der Lage, zyklische Strukturen zu erkennen und zu entfernen (siehe Abbildung 2.4 auf der nächsten Seite), zum anderen entsteht durch das ständige Anpassen des Referenzzählers ein starker Overhead von bis zu 20 % bei der Programmabarbeitung[119].

---

[11] Eine Ausnahme bilden hier Reference-Objekte vom Typ PhantomReference. Diese müssen immer an eine Warteschlange gebunden werden und das PhantomReference-Objekt wird in die Warteschlange gestellt, *ohne* dass der Verweis auf das referenzierte Objekt entfernt wurde und das referenzierte Objekt vom Heap entfernt wurde.

2. Die Java Virtual Machine

Abbildung 2.4.: Zyklische Strukturen beim Reference Counting

Da die Sprache Java keine Möglichkeit zu Kennzeichnung von zyklischen Strukturen enthält, muss hier ein GC nach dem Prinzip des Reference Countings immer mit einem zusätzlichen GC kombiniert werden, um den Speicher vollständig bereinigen zu können.
Wenn Verweise von lokalen Variablen auf Objekte nicht beim Referenzzähler berücksichtigt werden[12], spricht man vom sogenannten Deferred Reference Counting. Falls ein Referenzzähler nun auf »0« gesetzt wird, kann das Objekt jedoch nicht sofort freigegeben werden. Es wird stattdessen in einer Hash-Tabelle gespeichert, welche dann periodisch bereinigt wird[30].

Die Operationen des GC beim Reference Counting sind stark während der Abarbeitung eines Programms verteilt und zudem recht kurz. Diese Tatsache macht das Reference-Counting-Verfahren prinzipiell echtzeitfähig. Problematisch ist jedoch die erwähnte nötige Kombination mit einem anderen GC-Verfahren, welches typischerweise die Echtzeitfähigkeit zerstört. Eine weitere Schwachstelle stellt das Löschen von Objekten dar, falls von diesem Objekt wiederum andere referenziert und möglicherweise auch gelöscht werden müssen. Die benötigte Zeit für dieses rekursive Löschen ist meist nicht berechenbar.

Tracing-Garbage-Collection Tracing-Kollektoren arbeiten nach einem anderen Prinzip. Ausgehend von einem Root Set wird der gesamte Heap[13] nach Verweisen auf andere Objekte untersucht. Für den Fall, dass ein Objekt vom Root Set aus erreichbar ist, so wird das Objekt lebendig oder erreichbar genannt. Nicht lebendige Objekte sind Müll und können freigegeben werden.

Idealerweise sollte ein GC nach einem Zyklus alle nicht lebendigen Objekte erkennen und freigeben, was in der Praxis so nicht möglich ist, da die letzte Nutzung eines Objektes typischerweise nicht berechenbar ist. Aus diesem Grunde machen alle Tracing-Kollektoren bestimmte konservative Annahmen bezüglich der Lebendigkeit von Objekten. Einzelne Algorithmen unterscheiden sich zum Teil sehr stark bezüglich der Konservativität.

Zu den Wurzel-Referenzen gehören in Java unter anderem die lokalen Variablen, der Operanden-Stack und statische Klassenfelder. Gerade bei Werten auf dem Operanden-Stack oder in lokalen Variablen kann der GC unter Umständen nicht immer eindeutig entscheiden, ob sich hinter einem Wert eine Referenz oder ein skalarer Datentyp verbirgt. Ohne genaue Kenntnis der temporalen Nutzung von Stack-Plätzen und lokalen

---
12 Der Referenzzähler spiegelt also nur die Anzahl der Verweise von Objekten untereinander wider.
13 Als Heap wird hier ganz allgemein der Platz für die Speicherung von Objekten bezeichnet.

Variablen muss der GC gewisse konservative Annahmen bezüglich der Lebendigkeit von Objekten anstellen. Durch eine Analyse der Lebenszeit und des Typs von Variablen und Stack-Positionen und damit deren exakte Behandlung durch den GC ist bis zu 11 % der Heap-Größe einsparbar[3].

Der bekannteste Tracing-Algorithmus ist das Mark-Sweep-Verfahren. Nach der eben beschriebenen Markierungsphase wird der Heap ein zweites Mal durchsucht und alle nicht markierten Objekte freigegeben. Abbildung 2.5 veranschaulicht den Algorithmus.

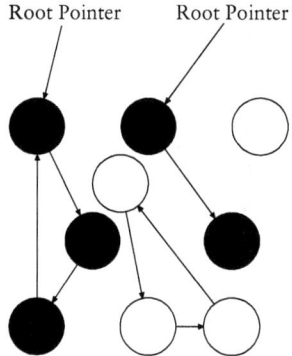

Abbildung 2.5.: Objektgraph nach der Markierungsphase

Die Vorteile dieses Verfahrens liegen auf der Hand. Zyklische Strukturen werden problemlos erfasst, im Vergleich zu vielen anderen Algorithmen ist der Durchsatz recht gut und während der Abarbeitung der Anwendung entstehen keine zusätzlichen Kosten. Dennoch existieren ernsthafte Einschränkungen dieser einfachen Vorgehensweise. Aus Sicht einer Anwendung mit Echtzeitanforderungen disqualifiziert sich der Algorithmus aufgrund der Tatsache, dass es ein sogenanntes *stop-and-go*-Verfahren ist[10]. Das bedeutet, dass eine Anwendung während eines kompletten GC-Zyklus' angehalten wird. Leider wird auch immer der komplette Heap untersucht, wobei gerade in Anwendungen für eingebettete Systeme oft recht langlebige Objekte entstehen. Generationelle Verfahren, wie sie später beschrieben werden, mildern diesen Umstand. Eine weitere Einschränkung ist, dass der Mark-Sweep-Algorithmus die Fragmentierung des Heaps begünstigt, was allerdings durch die geeignete Wahl eines Allokators (siehe Kapitel 2.4.1.2) minimiert werden kann. Der sogenannte Copying-Algorithmus vermeidet Fragmentierung vollständig. Dazu wird der Objekt-Heap in zwei Teile unterteilt: in den Fromspace und den Tospace. Objekte werden immer linear aus dem Tospace allokiert, was die Allokation sehr einfach und schnell macht. Ist der Tospace voll, werden die Rollen von Fromspace und Tospace vertauscht.

2. Die Java Virtual Machine

Ausgehend vom Root Set wird der Heap traversiert und immer, wenn ein erreichbares Objekt gefunden wird, in den Tospace kopiert. Nachdem alle lebendigen Objekte kopiert wurden, sind automatisch alle verbliebenen Objekte des Fromspace Müll. Abbildung 2.6 verdeutlicht das Verfahren.

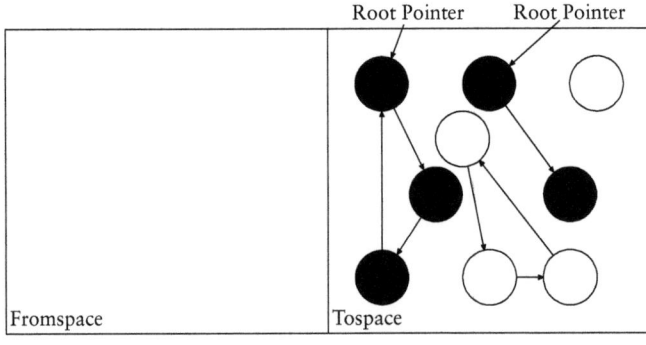

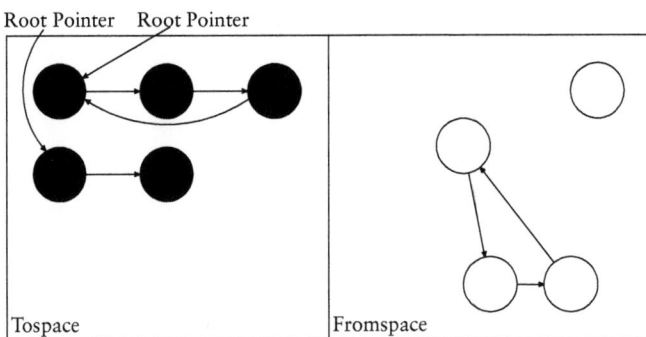

Abbildung 2.6.: Funktionsweise des Copying-Algorithmus'

Besonders problematisch an diesem Verfahren ist natürlich die Tatsache, dass der Heap doppelt so groß sein muss als eigentlich notwendig. Außer der Vermeidung der Fragmentierung hat der Copying-Algorithmus nur wenige Vorteile gegenüber dem Mark-Sweep-Verfahren. Wie bereits erwähnt, ist die Objektallokation sehr schnell und zusätzlich ist die Komplexität des Copying-Algorithmus etwas geringer als die des Mark-Sweep-Verfahrens. Diese Tatsache liegt darin begründet, dass bei der Traversierung des Heaps beim Copying-Kollektor nur die lebendigen Objekte berücksichtigt werden, das Mark-

2.4. Echtzeitproblematik

Sweep-Verfahren hingegen muss den Heap zweimal durchsuchen; in der Sweep-Phase sogar komplett.

Die Echtzeitproblematik beim Copying-Kollektor ist ähnlich gelagert wie beim Mark-Sweep-Algorithmus. Hinzu kommen spezifische Nachteile, die alle, auch später beschriebenen, kopierenden Verfahren haben.

- Alle Objekte müssen kopiert werden. Die dafür nötige Zeit kann aus Echtzeitgesichtspunkten gerade für große Objekte nur schwer abgeschätzt werden. Große Objekte entstehen mit Java relativ leicht, da String-Objekte im Wesentlichen aus einem Zeichen-Array bestehen.

- Eine oft angestellte Vereinfachung bei der Beschreibung von GC-Verfahren ist die Annahme, dass Objekte immer nur von einem Root-Pointer referenziert werden. Das ist jedoch gerade bei der Sprache Java nicht der Fall[14]. Falls nun so ein mehrfach referenziertes Objekt verschoben wird, müssten alle Verweise auf das Objekt umgesetzt werden. Da das so nicht praktikabel ist, verwendet man in einem solchen Fall sogenannte Objekt-Handles (siehe Abbildung 2.7 auf der nächsten Seite), die durch die Einführung einer zusätzlichen Indirektion das Problem vermeiden. Nachteilig an der Handle-Lösung ist die Tatsache, dass nun der einfache Objektzugriff langsamer vonstatten geht. Eine Alternative zum Handle-Mechanismus ist die Kombination aus sogenannten Forwarding-Pointern, einer Lese-Barriere und einer zusätzlichen Root-Set-Scan-Phase[11].

- Ein weiteres, Java-spezifisches Problem ist die Tatsache, dass jedes Java-Objekt eine Methode hat, um den Hash-Code eines Objektes auszugeben, welcher sich während der Lebensdauer eines Objektes auch nicht verändern darf. Oft liefert diese Methode die Adresse des Objektes im Speicher zurück, was allerdings bei einem Copying-Kollektor so nicht mehr möglich ist. Bei Nutzung von Objekt-Handles kann zur Hash-Code-Berechnung allerdings die Adresse des Handles verwendet werden, dies ist allerdings bei der Verwendung von Forwarding-Referenzen nicht mehr möglich.

Das Problem der Nichtunterbrechbarkeit der Markierungsphase lässt sich durch das Einführen eine weiteren Farbe zur Markierung von Objekten lösen[32][15]. Somit existieren folgende Markierungszustände für Objekte:

---

14 Ein einfaches Beispiel ist eine Referenz, die in einer lokalen Variable gespeichert ist und zwecks Objektzugriffs auf den Operanden-Stack kopiert wird.
15 Ironischerweise war der Originalansatz eher als Beispiel gedacht, wie konkurrierende Prozesse miteinander kooperieren können und nicht als Beitrag zur Weiterentwicklung von GC-Technologien. Heutzutage arbeitet fast jeder inkrementelle GC nach diesem Prinzip.

2. Die Java Virtual Machine

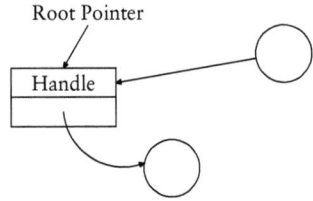

Abbildung 2.7.: Objektzugriff über Handles

- Die Farbe schwarz zeigt an, dass ein Objekt und dessen direkte Nachfolger bereits untersucht wurden. Der GC muss dieses Objekt nicht noch einmal betrachten.
- Die Farbe grau zeigt an, dass der GC diesen Knoten noch nicht vollständig untersucht hat, insbesondere nicht die Nachfolger des Objekts.
- Weiß markierte Objekte sind vom GC bislang nicht besucht worden und sind nach Beendigung der Scan-Phase Müll.

Mit Hilfe dieser Markierungen kann der GC nun an beliebiger Stelle unterbrochen werden und die Anwendung weiterarbeiten. Der GC setzt seine Arbeit dann mit der Untersuchung der grauen Objekte fort.

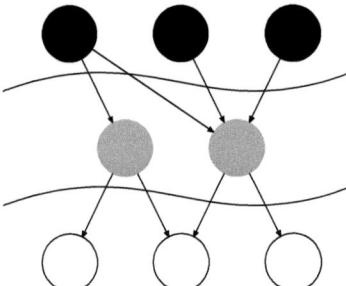

Abbildung 2.8.: Tricolor-Markierung von Objekten

Abbildung 2.8 zeigt, dass sich durch diese Vorgehensweise quasi eine Front von grauen Objekten durch den Graphen bewegt. Falls der GC nun durch die Anwendung unterbrochen wird, so ist es wahrscheinlich, dass diese den Objektgraphen während der Abarbeitung verändert. In diesem Fall muss wenigstens eine der beiden folgenden Invarianten eingehalten werden[85]:

- Alle weißen Objekte, die von einem schwarzen Objekt referenziert werden, müssen über wenigstens ein graues Objekt erreichbar sein. Die Form wird die schwache Invariante genannt.
- Es gibt keine Verweise von einem schwarzen Objekt zu einem weißen. In diesem Fall spricht man von der starken Invariante.

Das Einhalten einer dieser Invarianten wird über sogenannte Barrieren gewährleistet. Eine Lese-Barriere verhindert, dass die Anwendung überhaupt eine Referenz auf ein weißes Objekt erhält. Falls also beim Lesen einer Referenz festgestellt wird, dass das referenzierte Objekt weiß ist, so wird dieses grau gefärbt. Lese-Barrieren halten immer beide Invarianten ein.

Da Lesezugriffe viel häufiger als Schreibzugriffe erfolgen, sind Lesebarrieren oftmals sehr ineffizient[16][16]. Aus diesem Grund sind Schreibbarrieren typischerweise viel häufiger anzutreffen. Von diesen gibt es zwei Varianten:

- Sogenannte *snapshot-at-the-beginning*-Barrieren sichern die Einhaltung der schwachen Invariante zu. Wenn eine Referenz von einem grauen auf ein weißes Objekt umgesetzt wird, so wird das weiße Objekt grau gefärbt[17]. Neu allokierte Objekte müssen bei dieser Art der Barriere immer schwarz gefärbt werden. Aus diesem Grund sind *snapshot-at-the-beginning*-Barrieren sehr konservativ in ihrer Vorgehensweise.

- *Incremental-update*-Barrieren sichern das Einhalten der starken Invariante zu. Wird die Referenz auf ein weißes Objekt in ein schwarzes geschrieben, so wird das weiße Objekt grau gefärbt. Neu allokierte Objekte werden typischerweise weiß gefärbt; aus diesem Grunde ist diese Barriere weniger konservativ als eine *snapshot-at-the-beginning*-Barriere.

Bei den bisher vorgestellten Verfahren wurde immer der komplette Heap nach lebendigen Objekten durchsucht, was gerade für den Fall, dass es langlebige Objekte gibt, nicht sehr effizient ist. Dieses Problem adressieren generationelle GCs. Grundlage ist die Erkenntnis, dass die meisten Objekte »jung sterben«[125]. Der Heap ist in mehrere Generationen unterteilt, jüngere und ältere, wobei die Bereiche für die jüngeren Generationen kleiner sind und häufiger durchsucht werden als die älteren. Objekte, die eine gewisse Zeit in einem bestimmten Bereich überleben, werden dann in die nächste, ältere Generation überführt.

---

16 Insbesondere ist die Effizienz von Lesebarrieren sehr architekturabhängig. Die Kosten bewegen sich im Rahmen von 1 % bis 12 % auf einer PowerPC-Architektur und zwischen 6 % und 37 % auf einer x86-Architektur.

17 Hintergrund dieser Vorgehensweise ist der Fall, dass der originale Verweis vom grauen auf das weiße Objekt möglicherweise der letzte Pfad über ein graues Objekt gewesen ist.

2. Die Java Virtual Machine

Obwohl generationelle Verfahren nicht per se echtzeitfähig sind, so verkürzen sie durch die geringere Arbeit jedoch die Antwortzeiten der JVM. Zusätzlich zu den Problemen, die generationelle Verfahren als kopierende Algorithmen haben (siehe vorherigen Abschnitt) gibt es weitere Problemstellungen bei der Implementierung:

- Das Auffinden des Root Sets einer Generation ist nicht trivialerweise möglich. Insbesondere stellen hier Referenzen zwischen verschiedenen Generationen ein Problem dar, da diese ebenfalls zum Root Set einer Generation gehören. Eine mögliche Lösung ist das Einführen sogenannter »Erinnerungsmengen« (Remembered Sets)[119], in denen Verweise auf Objekte zwischen den Generationen gespeichert werden. Über Schreibbarrieren werden die Remembered Sets auf dem aktuellen Stand gehalten. Um den Aufwand für die Remembered Sets gering zu halten, wird der Heap in manchen Fällen auch nur in zwei Generationen aufgeteilt[91].

- Ein weiteres Problem kann das Bereinigen der ältesten Generation, des sogenannten Mature Object Space (MOS) sein, da diese typischerweise recht groß ist und selten bereinigt wird. Aus diesem Grunde entstehen oft lange Pausen bei einem GC-Lauf durch den MOS. Der Train-Algorithmus[49] erlaubt das Bereinigen in inkrementellen Schritten und ist aus diesem Grund relativ leicht unterbrechbar zu gestalten.

Mit den bereits kurz vorgestellten inkrementellen GC-Verfahren lässt sich zusichern, dass der GC eine Anwendung nicht über eine obere Grenze hinaus unterbricht. Für viele Applikationen ist das auch vollkommen ausreichend. Bei Anwendungen mit hohen Objektallokationsraten muss jedoch auch zugesichert werden, dass immer genügend Speicher für eine Allokation zur Verfügung steht. Anders ausgedrückt bedeutet das, dass der GC einen Zyklus abgeschlossen haben muss, bevor der freie Speicher ausgeht. Siebert[97] schlägt vor, dass ein inkrementeller Schritt des GC bei jeder Objektallokation durchgeführt wird. Wie viel Arbeit in einem inkrementellen Schritt durchgeführt werden muss, ist dabei abhängig von der Menge des frei verfügbaren Speichers.

Der Metronome-GC[11] verfolgt einen etwas anderen Ansatz. Im Prinzip ist der Kollektor ein normaler Mark-Sweep-GC. Falls jedoch die Fragmentierung zu stark ansteigt, kompaktiert der GC den Heap. Damit die laufende Applikation immer die richtige Referenz sieht, wird eine Lese-Barriere zusammen mit Vorwärtsverweisen innerhalb des Java-Objektes genutzt. Der Kosten für den Einsatz der Lesebarriere werden mit 4 % bis 9,6 % angegeben, wobei diese geringen Werte auf starke Optimierungen zurückzuführen sind, die teilweise Compiler-spezifisch zu sein scheinen.

2.4.1.2. Allokation

Manche GC-Verfahren (siehe Kapitel 2.4.1.1) sind eng mit einem Allokator verknüpft (zum Beispiel der klassische Copying-Algorithmus), andere hingegen sind völlig losge-

2.4. Echtzeitproblematik

löst vom Allokationsverfahren betrachtbar und müssen demzufolge mit einer adäquaten Speicherverwaltung ausgerüstet werden.

Ein Speicherallokator hat die Aufgabe, freien und genutzten Speicher zu verwalten[18]. Ein guter Überblick über Allokationsverfahren stammt von Wilson et al.[126]. Eine wesentliche Frage zur Beurteilung der Qualität eines Allokators ist, wie gut der zur Verfügung stehende Speicher ausgenutzt wird. Das führt sofort zum Problem der Fragmentierung. Bei der Fragmentierung unterscheidet man zwei Formen[88]:

- Interne Fragmentierung entsteht, wenn der Allokator bei einer Speicheranforderung einen Speicherbereich zur Verfügung stellt, welcher größer als die angeforderte Speichermenge ist.

- Externe Fragmentierung entsteht immer dann, wenn freie Speicherbereiche zur Verfügung stehen, diese aber nicht für eine Speicheranforderung genutzt werden können, da die freien Bereiche zu klein sind.

Nach Johnstone und Wilson[58] ist Fragmentierung bei der Verwendung eines ausgereiften Verfahrens kein Problem mehr, allerdings fanden die Messungen nur unter Nutzung relativ kurz laufender Programme statt. Die Übertragbarkeit der Ergebnisse für eingebettete Systeme mit lang laufenden Applikationen ist daher nur eingeschränkt möglich. Die Messung der Speicherfragmentierung lang laufender Programme ist bislang nicht geschehen.

Interne Fragmentierung kann ein Allokator dadurch verringern, indem zu große freie Speicherbereiche aufgespaltet (splitting) werden und der Rest des Blocks als neuer, kleinerer freier Block verwaltet wird. Externe Fragmentierung kann dadurch verringert werden, indem bezüglich der Speicheradressen nebeneinander liegende Blöcke zu einem einzelnen, größeren freien Block vereint (coalescing) werden. Um häufiges Aufspalten und Vereinigen von Blöcken zu vermeiden, wenden viele Allokatoren das verzögerte Vereinigen (deferred coalescing[126]) an.

Innerhalb einer JVM wird oftmals ein Allokator eingesetzt, der Größenklassen von freien Speicherblöcken (segregated free lists)[27] verwaltet. Zusammen mit dem Aufspalten und Vereinigen von Speicherblöcken kann dieses Verfahren mit geringem Aufwand echtzeitfähig gestaltet werden[S145]. Mit einem kopierenden GC lässt sich so eine Speicherverwaltung ohne externe und mit geringer, vorhersagbar maximaler interner Fragmentierung gestalten[11].

Einen ungewöhnlichen Ansatz für einen Java-Allokator beschreibt Siebert[97]. Zur Vermeidung von externer Fragmentierung werden *alle* Objekte und Arrays aus Speicherblö-

---

18 Im Gegensatz zum Allokator ist der GC nur dafür verantwortlich, die Menge an genutztem Speicher zu identifizieren. Speicheranforderungen werden immer an den Allokator gestellt und vom GC als Müll erkannte Speicherbereiche werden ebenfalls an den Allokator übergeben.

cken einer festen Größe (typischerweise 32 oder 64 Byte) zusammengesetzt. Fragmentierung wird hier allerdings nicht vermieden; sondern nur externe gegen interne ausgetauscht. Zudem hat der Ansatz den gravierenden Nachteil, dass der Zugriff auf große Objekte oder insbesondere Arrays stark verlangsamt wird.

2.4.2. Threads und Synchronisation

Die Java-Virtual-Machine-Spezifikation[74] macht keine verbindlichen Aussagen zu Scheduling-Verfahren oder generell zu einer vorhersagbaren Ausführung von Java-Threads. Für eingebettete Systeme ist dieser Zustand in vielen Fällen untragbar. Allerdings ist es dem Entwickler einer JVM dadurch freigestellt, die JVM durch Implementierung geeigneter Scheduling-Verfahren an geforderte Situationen anzupassen. Eine gute Einführung in Scheduling-Verfahren ist bei Liu[75] zu finden. Das Java-API erlaubt dem Anwendungsprogrammierer die Vergabe von Prioritäten, welche durch die JVM auf ein Zeit oder prioritätengesteuertes Schedulingverfahren abgebildet werden kann. Leider erlaubt das API keine Angabe von Deadlines, wann ein Thread spätestens abgeschlossen sein muss. Daher sind klassische Real-Time-Scheduling-Verfahren wie EDF durch eine JVM mit Standard-API nicht implementierbar.

2.4.2.1. Java Monitore

Da Java Threads zur nebenläufigen Programmierung unterstützt, müssen natürlich auch Synchronisationsmechanismen vorhanden sein. Java bietet dem Programmierer an dieser Stelle die Nutzung von Monitoren[48, 21] an. Abbildung 2.9 auf der nächsten Seite zeigt schematisch den Aufbau eines Monitors.
Ein Monitor ist ein Konstrukt zum gegenseitigen Ausschluss. Falls ein Monitor nicht belegt ist, kann er durch einen Thread betreten werden und gilt dann als belegt. Andere Threads, die danach den belegten Monitor betreten wollen, müssen darauf warten, dass der Monitor wieder freigegeben wird. Der den Monitor besitzende Thread darf den Monitor allerdings mehrfach betreten, muss ihn dann aber für die Freigabe auch genauso oft wieder verlassen.
Zusätzlich zu dem Mechanismus für den gegenseitigen Ausschluss enthält ein Monitor eine oder mehrere Bedingungsvariablen (in Java immer genau eine), die zur einfachen Thread-Kommunikation eingesetzt werden können. Ein Thread, welcher einen Monitor belegt hat, kann ein wait() auf der Bedingungsvariable ausführen und gibt damit temporär die Kontrolle über den Monitor ab, wodurch der Monitor durch einen anderen Thread betreten werden kann. Der auf die Bedingungsvariable wartende Thread kann durch eine Signalisierung (notify() in Java) eines anderen Threads auf die Bedingungsvariable wieder aktiviert werden.

2.4. Echtzeitproblematik

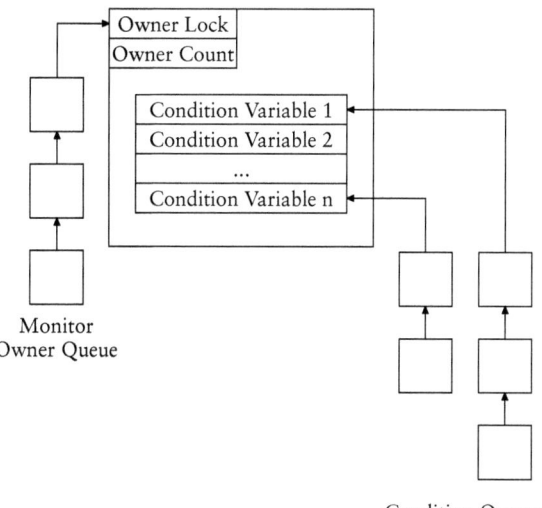

Abbildung 2.9.: Allgemeiner Aufbau eines Monitors

In der Literatur werden zwei Arten von Monitoren aufgeführt[22], die sich darin unterscheiden, ob der signalisierende Thread nach dem Signalisieren den Monitor behält (Mesa-Typ) oder in die Monitorwarteschlange eingereiht wird (Hoare-Typ). Java-Monitore sind vom Mesa-Typ.

Das Betreten oder Verlassen eines Monitors wird in Java durch das Angeben eines `synchronized`-Blockes oder einer `synchronized`-Methode realisiert, die Thread-Kommunikation durch die Methoden `wait()` und `notify()`. Letztere sind in der Klasse `java.lang.Object` spezifiziert und stehen somit jedem Java-Objekt zur Verfügung. Die klassische Realisierung eines Monitors ist in Abbildung 2.10 zu sehen.

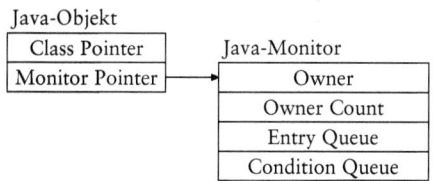

Abbildung 2.10.: Klassische Monitorimplementierung

2. Die Java Virtual Machine

Synchronisierte Methoden oder Blöcke treten in Java relativ häufig auf. Ein prominentes Beispiel aus dem Java-API ist die Klasse StringBuffer, in welcher fast alle Methoden synchronisiert sind. Allerdings wird auf Objekte vom Typ StringBuffer nur extrem selten von mehreren Threads aus zugegriffen. Das relativ aufwändige Betreten und Verlassen des Monitors ist in vielen Fällen also überflüssig.

Um die Kosten für das Betreten und Verlassen von Monitoren einzudämmen, können die Monitore als sogenannte Thin Locks[13, 130] realisiert werden. Grundlage für die Thin Locks ist die Tatsache, dass ca. 80 % aller Lock-Operationen auf unbelegten Monitoren erfolgen[13] und damit dieser Fall möglichst stark zu beschleunigen ist. Abbildung 2.11 eine mögliche Realisierung, wie sie zum Beispiel auch von Siebert[97] verwendet wird.

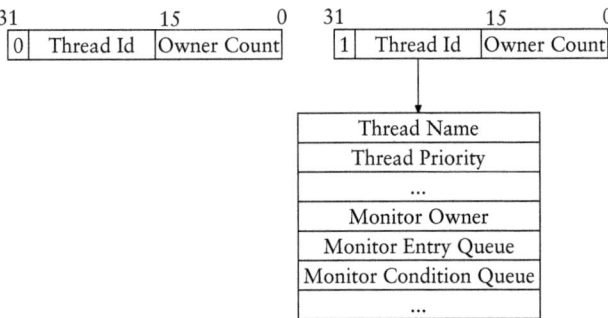

Abbildung 2.11.: Thin-Lock-Implementierung eines Java-Monitors

Das höchstwertige Bit zeigt *nicht* an, ob der Monitor bereits belegt ist, sondern ob bereits ein Thread auf Eintritt in den Monitor oder auf die Bedingungsvariable des Monitors wartet. Das linke Teilbild zeigt den mit Abstand häufigsten Fall, dass der Monitor unbelegt ist oder durch einen Thread mehrfach betreten wird. Ein nicht betretener Monitor kann durch einen einfachen Vergleich mit »0« ermittelt werden. Das mehrfache Betreten des Monitors ist durch einen Vergleich mit der bitweise verschobenen Thread-Id zzgl. Maskierungsoperation und eventuellen Inkrementierens des gesamten Monitorwortes möglich. Das rechte Teilbild aus Abbildung 2.11 zeigt den Sachverhalt, dass der Monitor belegt ist und ein weiterer Thread den Zugang zum Monitor erlangen will. In diesem Fall zeigt die Thread-Id im Gegensatz zum linken Teilbild *nicht* auf den Monitorbesitzer, sondern auf den ersten wartenden Thread. Über ein Feld in dessen Thread-Struktur kann der Monitorbesitzer ermittelt werden.

2.4.2.2. Unkontrollierte Inversion von Prioritäten

Immer dann, wenn ein Thread-Scheduler strikt auf Prioritäten basiert und exklusive Ressourcen von mehreren Threads genutzt werden, kann es zum Problem der unkontrollierten *Priority Inversion* kommen[95]. Abbildung 2.12 zeigt einen solchen Fall.

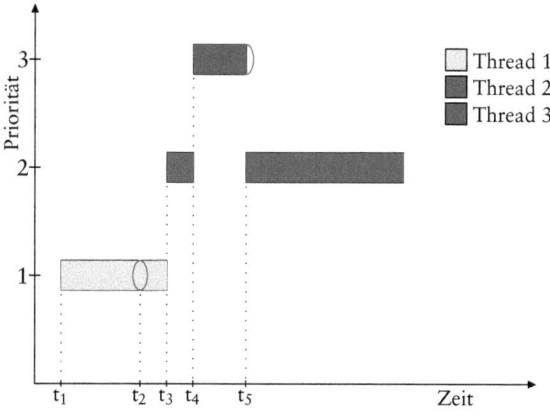

Abbildung 2.12.: Priority Inversion

Zum Zeitpunkt t_1 wird ein Thread mit niedriger Priorität gestartet (Thread 1). Nach einer gewissen Zeit allokiert der Thread eine exklusive Ressource (Zeitpunkt t_2). Ein weiterer Thread wird zum Zeitpunkt t_3 gestartet und unterbricht aufgrund seiner höheren Priorität sofort Thread 1. Anschließend wird zum Zeitpunkt t_4 Thread 3 gestartet und wegen seiner hohen Priorität auch sofort ausgeführt. Zum Zeitpunkt t_5 versucht Thread 3 die Ressource zu belegen, die bereits von Thread 1 belegt ist. Demzufolge wird Thread 3 unterbrochen. Aufgrund seiner höheren Priorität wird nun Thread 2 ausgeführt und verhindert damit, dass Thread 1 laufen kann und die von Thread 3 benötigte Ressource freigibt. Thread 2 invertiert damit die Priorität von Thread 3.

Eine Möglichkeit, diese Inversion zu vermeiden, stellt das Priority Inheritance Protocol (PIP)[95] dar. Dieses Verfahren ist folgendermaßen definiert:

1. Alle Threads werden strikt nach höchster Priorität ausgeführt. Nach dem Starten eines Threads bleibt dessen Priorität konstant mit Ausnahme der unter Punkt 3 aufgeführten Regel.

2. Falls ein Thread eine Ressource anfordert, wird dem Thread die Ressource zugeteilt, falls sie frei ist, ansonsten wird der Thread blockiert.

2. Die Java Virtual Machine

3. In dem Fall, dass der anfordernde Thread T1 blockiert wird, ererbt der Thread T2, welcher T1 vom Belegen der Ressource abhält, die aktuelle Priorität von T1, falls diese höher ist als die von T2. T2 läuft dann unter der ererbten Priorität weiter. Sobald T2 die belegte Ressource wieder freigibt, wird die Priorität von T2 auf die Priorität zurückgesetzt, die T2 vor dem Belegen der Ressource hatte.

Abbildung 2.13 zeigt die Abarbeitung der gleichen Threads wie aus Abbildung 2.12 auf der vorherigen Seite unter Nutzung des PIP.

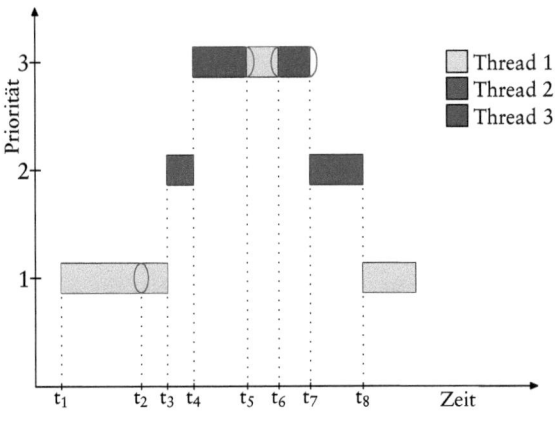

Abbildung 2.13.: Priority Inheritance

Das PIP hat den Vorteil, dass man die Ressourcenbelegung eines Threads nicht vorab wissen muss. Allerdings ist es nicht in der Lage, Deadlocks zu vermeiden.

Im Gegensatz dazu muss beim Priority Ceiling Protocol (PCP)[95] die mögliche Ressourcenbelegung eines Threads vorab bekannt sein. Es gibt zwei Varianten des PCP, das Original Priority Ceiling Protocol (OPCP) und das Immediate Priority Ceiling Protocol (IPCP)[23].

Das OPCP wird durch folgende Regeln definiert:

1. Alle Threads werden strikt nach höchster Priorität ausgeführt. Nach dem Starten eines Threads bleibt dessen Priorität konstant mit Ausnahme der unter Punkt 3 aufgeführten Regel.

2. Jede Ressource hat eine statisch zugewiesene Obergrenze (ceiling), welche der maximalen Priorität aller Threads entspricht, die diese Ressource nutzen.

3. Ein Thread hat eine aktuelle Priorität, welche das Maximum aus der eigenen, statischen Priorität und der ererbten Prioritäten ist, die der Thread blockiert[19].

4. Ein Thread kann eine freie Ressource nur dann belegen, wenn seine aktuelle Priorität höher ist als die größte Obergrenze aller momentan belegten Ressourcen mit Ausnahme derer, welche der Thread selbst belegt hat.

Gegenüber dem PIP ist als Vorteil zu sehen, dass das OPCP durch Regel 4 Deadlocks vermeidet. Zudem kann ein hoch priorer Thread nur noch durch einen einzelnen niedrig prioren Thread blockiert werden. Wie bereits erwähnt, muss allerdings die mögliche Belegung von Ressourcen von Threads vorab festgelegt werden. Das OPCP ist recht komplex in der Implementierung, da die Blockierungsbeziehungen genau überwacht werden müssen.

Einfacher ist das IPCP zu implementieren, dass folgendermaßen definiert ist:

1. Alle Threads werden strikt nach höchster Priorität ausgeführt. Nach dem Starten eines Threads bleibt dessen Priorität konstant mit Ausnahme der unter Punkt 2 aufgeführten Regel.

2. Jede Ressource hat eine statisch zugewiesene Obergrenze (ceiling), welcher der maximalen Priorität aller Threads entspricht, die diese Ressource nutzen.

3. Jeder Thread hat eine aktuelle Priorität, welche das Maximum aus der eigenen, statischen Priorität und aller Obergrenzen der durch den Thread belegten Ressourcen darstellt.

Das IPCP ist erheblich einfacher zu implementieren als das OPCP oder das PIP. Ein möglicher Nachteil ist, dass Threads einen Wechsel ihrer Prioritäten erfahren, auch wenn gar keine Prioritätsinversion vorliegt. Das IPCP wird in der Echtzeit-Spezifikation für Java auch `PriorityCeilingEmulation` genannt (siehe Kapitel 2.4.3.2).

2.4.3. Realtime Specification for Java

Die Vielzahl von Problemstellungen, die im Zusammenhang mit dem Echtzeitverhalten von Java eine Rolle spielen, führten auch auf diesem Gebiet zu Standardisierungsbestrebungen, die in der Realtime Specification for Java (RTSJ) gebündelt wurden[17]. Leider führen die Veränderungen teilweise auch zu einer Änderung des Programmiermodells. Die einzelnen Bereiche der RTSJ werden im Folgenden kurz erläutert, eine gute Einführung ist zudem bei Wellings[123] zu finden.

---

19 Diese Regel ist sehr subtil. Ein Thread blockiert einen anderen nicht nur durch das Belegen einer gemeinsam genutzten Ressource. Ein Thread kann einen anderen auch dadurch blockieren, indem er die größte Obergrenze aller momentan belegten Ressourcen durch Belegen einer Ressource so nach oben verschiebt, dass der andere Thread eine andere Ressource nicht belegen kann (siehe Regel 4).

2. Die Java Virtual Machine

2.4.3.1. Thread-Verwaltung und Scheduling

Wie bereits erwähnt, macht die Java-Virtual-Machine-Spezifikation keinerlei Aussagen zu Scheduling-Verfahren oder einer vorhersagbaren Ausführung von Java-Threads. Die RTSJ führt drei neue Arten von Threads ein, die im Zusammenspiel mit den zu unterstützenden Scheduling-Verfahren zu einer berechenbaren Ausführung führen. Als Besonderheit ist hier der `NoHeapRealtimeThread` zu nennen, dessen Arbeit nicht einmal durch den GC unterbrochen werden kann. Zur Allokation von neuen Objekten verwendet diese Thread-Art spezielle Speicherbereiche, die in Kapitel 2.4.3.3 genauer beschrieben werden. Objekte der Klasse `AsyncEventHandler` stellen quasi so etwas wie Interrupt-Service-Threads dar. Sie werden immer dann ausgelöst, wenn ein asynchrones Ereignis (z. B. ein Interrupt oder ein POSIX-Signal) auftritt und an dieses Ereignis ein entsprechender `AsyncEventHandler` gebunden wurde. Der Handler kann ebenfalls so gestaltet werden, dass er nicht vom GC unterbrochen werden kann.

Im Gegensatz zur JVM-Spezifikation fordert die RTSJ das Vorhandensein eines Prioritätsschedulers, welcher in jedem Fall den höchst priorisierten Java-Thread laufen lässt. Zusätzlich lassen sich vom Hersteller einer JVM auch weitere Scheduler definieren und bereitstellen. Interessant ist zudem die Möglichkeit, einen Echtzeit-Thread vor dem Starten überprüfen zu können, ob dessen Anforderungen (minimale Laufzeit, Speicherallokationsrate etc.) von der JVM überhaupt noch befriedigt werden können.

2.4.3.2. Synchronisation

Da der Prioritätsscheduler als einziger Scheduler in der RTSJ zwingend gefordert ist, stellt sich bei den Java-Synchronisationsmechanismen (Monitoren) das Problem der Inversion von Prioritäten[9], bei der ein eigentlich niedrig priorer Thread einen hoch prioren Thread an der Abarbeitung hindert. Um diesem Problem zu begegnen, fordert die RTSJ als Minimum die Implementierung des Priority-Inheritance-Protokolls für alle Java-Monitore. Optional kann ebenfalls das IPCP (`PriorityCeilingEmulation`) vorhanden sein. Es ist zusätzlich auch möglich, andere Arten der Monitorkontrolle wie beispielsweise OPCP dynamisch zur Laufzeit einem Java-Monitor zuzuweisen.

2.4.3.3. Speicherverwaltung

Da der GC in einer JVM-Implementierung typischerweise die größte Unsicherheit bei der Vorhersagbarkeit der Ausführung von Java-Programmen darstellt, bietet die RTSJ sehr viele unterschiedliche Möglichkeiten zur Nutzung des Objektspeichers.

Mit Hilfe des `ScopedMemory` kann man Speicherbereiche mit einer begrenzten Lebensdauer definieren. Sobald so ein Speicherbereich durch einen Java-Thread betreten wird, werden alle Speicheranforderungen aus dem `ScopedMemory` bedient. Ein `ScopedMem-`

ory kann mehrfach, auch von unterschiedlichen Threads, betreten werden. Alle Objekte, die in diesem Speicherbereich allokiert werden, bleiben so lange lebendig, bis der letzte Java-Thread den Speicherbereich wieder verlassen hat, worauf der Bereich als Ganzes wieder freigegeben wird. Letzteres bedingt allerdings auch, dass Referenzen vom normalen Objekt-Heap auf Objekte innerhalb des ScopedMemory nicht erlaubt sind. Die im vorherigen Abschnitt erwähnten NoHeapRealtimeThreads können nur Objekte aus einem ScopedMemory oder ImmortalMemory allokieren, um die Ununterbrechbarkeit durch den GC zu gewährleisten. Es existieren zwei Subklassen von ScopedMemory, LTMemory und VTMemory, wobei ersterer Allokationszeiten zusichert, die linear von der Objektgröße abhängen, bei letzterem ist die Allokationszeit nicht vorhersagbar.

Ein zusätzlicher Speicherbereich, der durch die RTSJ eingeführt wurde, ist der ImmortalMemory. Er funktioniert nach dem gleichen Prinzip wie der ScopedMemory mit dem Unterschied, dass Objekte, die einmal in diesem Bereich angelegt wurden, nie vom GC freigegeben werden. Applikationen für eingebettete Systeme enthalten oftmals Objekte, die, nachdem sie einmal erzeugt wurden, immer im System verbleiben. Durch Nutzung von ImmortalMemory kann so der GC entlastet werden.

Applikationen für eingebettete Systeme müssen häufig auf Peripheriegeräte zugreifen, welche im Adressraum des Prozessors eingeblendet werden. Um für solche Geräte nicht immer neue native Routinen entwickeln zu müssen, führt die RTSJ die Klasse RawMemoryAccess ein. Objekte dieser Klasse repräsentieren einen bestimmten Speicherbereich ab einer definierten Adresse und bieten Zugriffsmethoden für den 8, 16, 32 oder 64-Bit breiten Zugriff auf diese Speicherbereiche.

2.4.3.4. Zeitsteuerung

Die Funktionalität zur zeitgesteuerten Ausführung bestimmter Aktionen ist innerhalb einer Standard-JVM nur beschränkt vorhanden. Insbesondere ist es auch nicht möglich, die Auflösung der Zeitsteuerung abzufragen oder zu setzen. Auch hier schafft die RTSJ Abhilfe, indem hoch auflösende Zeitmessungen bereitgestellt werden. Darüber hinaus existieren Timer-Klassen, um periodisch oder auch einmalig bestimmte Aktionen auszuführen.

2.4.3.5. Asynchrone Ereignisse

Asynchrone Ereignisse wie Interrupts oder Signale lassen sich innerhalb einer Standard-JVM gar nicht oder nur mit Hilfe nativer Methoden auswerten. Mit Hilfe der RTSJ kann ein sogenannter Event-Handler an ein bestimmtes Ereignis wie beispielsweise einen Interrupt gebunden werden. Das Auslösen eines solchen Interrupts bewirkt dann das Ausführen der Methode handleAsyncEvent() der Klasse AsyncEventHandler. Das ganze Szenario funktioniert sozusagen wie ein Interrupt-Service-Thread.

2. Die Java Virtual Machine

Zusätzlich zu den beschriebenen Zeitsteuerungen existiert die Möglichkeit, die Ausführung lang laufender Methoden asynchron abzubrechen und stattdessen an einer anderen Stelle mit der Abarbeitung fortzusetzen. Die RTSJ spricht in diesem Zusammenhang vom asynchronen Kontrolltransfer. Diese Methodik lässt sich beispielsweise bei lang laufenden, iterativen Berechnungen einsetzen, wobei für die Ausführungsdauer aufgrund von Datenabhängigkeiten keine obere Schranke angegeben werden kann. Mit Hilfe des asynchronen Kontrolltransfers lässt sich eine solche Schranke explizit durch den Anwendungsprogrammierer setzen, ab welcher diese lang laufende Methode abgebrochen werden soll.

2.4.4. Das Ravenscar-Java-Profil

Der große Funktionsumfang der RTSJ erschwert die Implementierung einer konformen JVM erheblich. Die Komplexität der RTSJ-Spezifikation lässt eine Implementierung eigentlich nur für CDC-konforme JVMs sinnvoll erscheinen. Kleine eingebettete Systeme bleiben da allerdings wieder außen vor.

Hinzu kommt, dass bestimmte Teilaspekte der RTSJ wie Zuweisungsbeschränkungen bei verschachtelten ScopedMemory-Bereichen oder das Behandeln einer AsynchronouslyInterruptedException beim asynchronen Kontrolltransfer für den Anwender nur schwer verständlich und demzufolge auch fehlerträchtig sind. Eine weitere Anforderung gerade für hoch verfügbare Systeme ist die Vohersagbarkeit der Programmausführung, welche aus verschiedenen Gründen bei einer RTSJ-Applikation nicht gegeben ist[20]. Aus diesem Grunde wurde das Ravenscar-Profil[66, 123] für Java entwickelt, welches ein Subset der Mächtigkeit der RTSJ darstellt. Drei Bereiche stehen dabei im Vordergrund:

Vorhersagbarkeit der Speicherverwaltung Bei der Nutzung des Ravenscar-Profils ist eine automatische Speicherbereinigung (GC) nicht erlaubt. Es ist konsequenterweise auch nur möglich, die Speicherbereiche ImmortalMemory und ScopedMemory zu nutzen. Objekte, die während der kompletten Laufzeit der Applikation benötigt werden, müssen während der Initialisierungsphase im ImmortalMemory allokiert werden. Objekte, die dynamisch erzeugt werden, können ausschließlich mittels der Subklasse LTMemory[21] von ScopedMemory bereitgestellt werden. Zusätzlich ist es bei Nutzung des Ravenscar-Profils verboten, Speicherbereiche ineinander zu verschachteln.

Vorhersagbarkeit von Antwortzeiten Nach dem Ende der Initialisierungsphase exis-

---
20 Beispiele sind das Vorhandensein von Speicherbereichen mit variabler Allokationszeit oder auch die Möglichkeit, aperiodische Threads auszuführen.
21 Dieser Speicherbereich sichert Allokationszeiten zu, die linear von der Objektgröße abhängen, siehe Kapitel 2.4.3.3.

tieren ausschließlich Threads, die nicht auf den Heap zugreifen können. Zudem ist die dynamische Erzeugung von Threads nach der Initialisierungsphase ebenfalls verboten. Jegliche Art der Scheduling-Analyse hat bei einem Ravenscar-Programm offline zu geschehen. Alle entsprechenden Methoden der RTSJ-Klasse Scheduler fehlen konsequenterweise. Prioritäten von Threads dürfen zur Laufzeit nicht von der Anwendung verändert werden.

Alle asynchronen Event-Handler (siehe Kapitel 2.4.3.5) müssen statisch an einen Thread gebunden sein und dürfen ausschließlich sporadisch[22] aktiviert werden.

Vorhersagbarkeit von Kontroll-und Datenfluss Um eine Analyse des Kontroll- und Datenflusses zu vereinfachen oder überhaupt zu ermöglichen, sieht das Ravenscar-Profil eine Reihe von Einschränkung des Sprachumfangs von Java bzw. der RTSJ vor:

- Alle Felder eine Objektes müssen vom Konstruktor initialisiert werden.
- Die Nutzung von Instanzmethoden sowie Interfaces sollte minimiert werden.
- Asynchroner Kontrolltransfer ist nicht erlaubt.
- Die Nutzung von wait(), notify() und notifyAll() ist nicht erlaubt.
- Die Verwendung von break und continue ist ebenfalls untersagt.
- Die Grenzen von for-Schleifen müssen statisch sein.

Gerade die Forderungen der letzten Punkte verlangen vom Programmierer eine ziemlich radikale Abkehr vom konventionellen Java-Programmierstil. Entscheidend für die Verbreitung des Ravenscar-Profils dürfte das Vorhandensein von Tools und Compilern sein, die das Prüfen der Regeln automatisch vornehmen, was bislang allerdings nicht der Fall ist. Eine beispielhafte Implementierung des Ravenscar-Profils mit Hilfe eines AJ-100-Java-Prozessors (siehe Kapitel 2.2.2.1) ist bei Sondergaard et al.[98] zu finden.

2.5. Debugging

Das Debugging in eingebetteten Systemen gestaltet sich oftmals erheblich schwieriger als auf konventionellen Desktop-Systemen. In den meisten Fällen ist kein Terminal vorhanden, das für die Ein- und Ausgabe von Debug-Informationen geeignet wäre. Aus diesem Grund erfolgt die Fehlersuche in eingebetteten Systemen fast immer über eine Debug-Schnittstelle. Der Debugger selbst läuft dann auf einem sogenannten Host-System und

---

22 Sporadisch bedeutet in diesem Zusammenhang, dass das Auftreten eines Ereignisses zwar zu einem beliebigen Zeitpunkt stattfinden kann, es jedoch ein minimales Zeitintervall zwischen dem Auftreten zweier Ereignisse gibt.

2. Die Java Virtual Machine

kommuniziert über die Debug-Schnittstelle mit dem Target, dem eingebetteten System. Sun hat mit der Java Platform Debug Architecture (JPDA)[103] eine Architektur aus drei Schichten definiert, mit welcher auf unterschiedlichem Abstraktionsniveau auf das Debug-Target zugegriffen werden kann. Abbildung 2.14 zeigt diese Architektur.

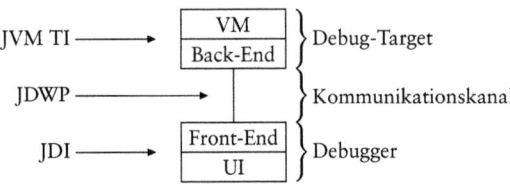

Abbildung 2.14.: Java Platform Debug Architecture

Das Java Virtual Machine Tool Interface (JVM TI) stellt dabei den direkten Zugriff auf die Daten der JVM bereit. Ein sogenannter *Agent* kann über das JVM TI auf die internen Strukturen in der JVM zugreifen, also sich beispielsweise einen Stack-Trace oder die Klassenliste ausgeben lassen. Ebenso ist es über diese Schnittstelle möglich, Haltepunkte zu setzen und zu löschen. Zudem kann sich der *Agent* für bestimmte Ereignisse in der JVM registrieren lassen. Dazu gehören beispielsweise das Erreichen eines Haltepunkts, das Laden einer Klasse, das Anstoßen eines GC-Laufs, das Betreten und Verlassen von Monitoren, der Zugriff auf Objektfelder und vieles andere mehr. Der *Agent* wird typischerweise als *Shared Library* implementiert und beim Start der JVM geladen und initialisiert. Er gehört damit zum VM-Prozess dazu. Obwohl sich mit dem JVM TI eine JVM sehr komfortabel instrumentieren lässt, ist dieses Verfahren zum Debuggen einer Applikation in einer JVM nur bedingt geeignet. Zum einen muss das Zielsystem in der Lage sein, mit *Shared Libraries* umgehen zu können. Zum anderen verfügen eingebettete Systeme oft nicht über geeignete Möglichkeiten zur Ein- und Ausgabe, um den *Agent* zu steuern oder Daten von ihm abzurufen. Hierfür müsste im *Agent* immer ein eigenes Protokoll samt dazu gehöriger Client-Anwendung entwickelt werden.

Die Beschränkungen des JVM TI werden durch das Java Debug Wire Protocol (JDWP) umgangen. Das JDWP beschreibt die Kommunikation zwischen einem Debugger und einer JVM. In jedem Fall sind bei Nutzung des JDWP Debugger und JVM zwei getrennte Prozesse. Das JDWP definiert nur das Aussehen der Kommunikationspakete, die Art des Transports ist bewusst offen gelassen. Somit kann das JDWP über unterschiedliche Schnittstellen realisiert werden. Das kann eine Netzwerkschnittstelle, einfache serielle Schnittstellen oder sogar *Shared Memory* sein. Vom Grad der Abstraktion ähnelt das JDWP dem JVM TI. Es lassen sich ebenso Informationen über den Status der VM abfragen und *Events* von der JVM in Richtung Debugger auslösen. Eine JVM aus dem JDK von

2.5. Debugging

Sun implementiert zudem das Java Debug Wire Protocol Interface (JDWPI). Über diese einfache Schnittstelle[23] lässt sich das JDWP über nahezu jede beliebige Schnittstelle realisieren. Insbesondere die letzte Tatsache lässt das JDWP zusammen mit dem JDWPI als sehr geeignet für eingebettete Systeme erscheinen.

Für Entwickler von Debuggern für JVMs ist das Abstraktionsniveau des JDWP oftmals noch viel zu niedrig und damit recht unkomfortabel. Mit dem Java Debug Interface (JDI) stellt Sun eine weitere Debug-Schnittstelle zur Verfügung. Diese ist ein reines Java-Interface, über das objektorientiert auf Klassen, Methoden, Objekte etc. in der Ziel-JVM zugegriffen werden kann. Das Kommunikationsprotokoll muss dabei nicht notwendigerweise das JDWP sein.

---

23 Das JDWPI besteht im Wesentlichen aus wenigen Callback-Funktionen zum Lesen und Senden von Paketen und einigen Verwaltungsfunktionen.

2. Die Java Virtual Machine

3. Anwendungsszenarien

Eingebettete Systeme sind inzwischen teilweise ähnlichen Produktzyklen unterworfen wie die klassische Software-Entwicklung. Durch die stark ansteigende Anzahl von Features werden die Systeme immer komplexer, was nur durch adäquate Entwicklungsprozesse ausgeglichen werden kann, wenn die Qualität nicht leiden soll[67].

In diesem Kapitel sollen beispielhaft drei für Java prädestinierte Anwendungsfälle vorgestellt werden. Das sind die Administration von eingebetteten Systemen, Agentensysteme sowie verteilte eingebettete Systeme. Klassische Steuer- und Regelsysteme, wie sie in eingebetteten Systemen sehr häufig vorkommen, werden hier nicht weiter diskutiert, obwohl sie selbstverständlich auch mit Java zu realisieren sind. Viele Entwickler hegen jedoch immer noch Vorbehalte beim Einsatz von Java in solchen meist echtzeitkritischen Anwendungen, sodass die folgenden Szenarien bewusst so ausgewählt sind, um die Stärken von Java auf den erwähnten Gebieten zu zeigen.

3.1. Administration eingebetteter Systeme

Die Administration eingebetteter Systeme kann auf sehr unterschiedliche Art und Weise erfolgen:

- über eingebaute Bedienelemente,
- über dedizierte Schnittstellen und
- über Netzwerke.

Die Administration über eingebaute Bedienelemente ist vorwiegend von Nachteilen geprägt. So muss das eingebettete System über Möglichkeiten zur Ein- und Ausgabe verfügen, Firmware-Updates sind ebenso wie Fernwartung nicht möglich und die nötigen Dialoge müssen im eingebetteten System gespeichert werden.

Bei der Verwaltung über dedizierte Schnittstellen sind zwei Varianten zu unterscheiden, der Terminal-Betrieb sowie der über Protokolle. Bei beiden ist ein zusätzlicher Rechner für die Bedienung erforderlich, das eingebettete System muss also keine weiteren Bedienelemente enthalten. Firmware-Upgrades sind ebenso möglich. Der Terminal-Betrieb erfordert einen erhöhten Aufwand für die Implementierung der Dialoge im eingebetteten System, auf dem bedienenden Rechner ist hingegen keine spezielle Software nötig. Falls die

3. Anwendungsszenarien

Administration über Protokolle erfolgt, muss im Gegensatz dazu eine Administrationssoftware vorhanden sein.

Die Administration über Netzwerke kann, wenn man von SNMP einmal absieht, in zwei Bereiche eingeteilt werden, die Web-Administration sowie die Nutzung objektorientierter Schnittstellen. Beide Varianten sollen im Folgenden näher vorgestellt werden.

3.1.1. Web-Administration mit Java

Bei der Web-Administration wird der Netzwerkanschluss des eingebetteten Systems mit Hilfe des HTTP-Protokoll bedient. Damit lassen sich dann aktuelle Zustände abfragen sowie Einstellungen im System vornehmen. Es ist damit natürlich klar, dass im eingebetteten System ein HTTP-Server implementiert sein muss. Im Gegensatz zu vielen Web-Servern, die oftmals fertig vorliegende HTML-Seiten aus einem Dateisystem ausliefern, müssen die HTML-Seiten im eingebetteten System dynamisch erzeugt werden, um immer aktuelle Informationen auszuliefern. Parametereinstellungen werden mit Hilfe von HTML-Formularen vorgenommen. Abbildung 3.1 zeigt die typischen Komponenten einer solchen Anwendung.

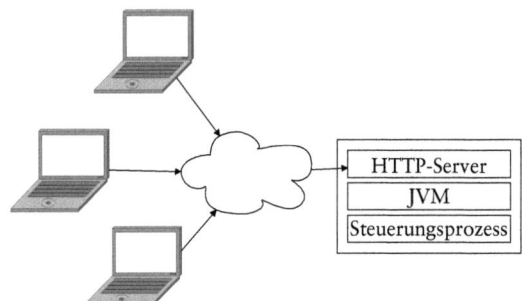

Abbildung 3.1.: Web-Administration mit Java

Die Vorteile dieser Lösung liegen auf der Hand. Insbesondere ist die Bediensoftware (Web-Browser) quasi auf jedem Internet-fähigen Rechner vorhanden. Dadurch, dass die Dialoge im eingebetteten System gehalten wird, muss bei einem Update nur dieses mit neuer Software versorgt werden.

Es gibt natürlich auch Nachteile einer solchen Web-basierten Lösung. Der Vorteil, dass alle Dialoge im eingebetteten System gespeichert werden, kann sich in einen Nachteil umkehren, wenn der zusätzliche Speicherbedarf betrachtet wird. Weiterhin ist ein automatisierter Zugriff durch die Auslieferung von HTML-Seiten sehr unkomfortabel. Client-

3.1. Administration eingebetteter Systeme

Benachrichtigungen, wie sie beispielsweise durch Statusänderungen im eingebetteten System sehr nützlich wären, sind aufgrund des HTTP-Protokolls nicht möglich[1]. Problematisch können zudem Fragen der Authentifizierung und der Übertragungssicherheit sein. Um letztere zu gewährleisten, kommen SSL-Verbindungen in Frage, was dem eingebetteten System aber zusätzliche Prozessorlast aufbürdet. Mit Hilfe von Client-Zertifikaten im Zusammenhang mit dem SSL-Protokoll könnte auch das Problem der Authentifizierung gelöst werden, erfordert dann aber eine komplette Zertifikatsverwaltung im eingebetteten System. Alternativ wäre eine Nutzerverwaltung im System zu implementieren.

Für eine Realisierung stellt sich natürlicherweise zuerst die Frage des HTTP-Servers. Leider sind Sockets und Server-Sockets im MIDP 2.0 immer noch als optional gekennzeichnet (siehe auch Kapitel 2.1.1.4), dementsprechend lässt sich ein Web-Server für das eingebettete System nur mit einer JVM realisieren, die entweder Socket-Verbindungen unterstützt oder sogar die CDC-Konfiguration mit einem darauf aufbauenden Profil (beispielsweise dem Foundation Profile, siehe auch Kapitel 2.1.2.1) anbietet. Erschwerend kommt bei der Implementierung eines Web-Servers unter der CLDC das Fehlen von `finalize()`-Methoden hinzu. Im Falle eines fehlerhaften Verbindungsabbruchs durch den HTTP-Client müssen oftmals native Ressourcen freigegeben werden[2], was sehr einfach in den `finalize()`-Methoden geschehen kann.

Aufgrund der vorwiegend dynamischen Erzeugung der HTML-Seiten durch das eingebettete System stellt sich auch die Frage nach einer möglichst komfortablen Art der Beschreibung dieser. Im Java-Umfeld sind Java Server Pages (JSP) der Quasi-Standard für solche Aufgaben. Nun wird niemand in einem eingebetteten System mit beschränkten Speicher- und Prozessorressourcen ernsthaft eine Apache Tomcat-JSP-Engine laufen lassen wollen[3]. Da HTML-Formulare bei der Web-Administration eingebetteter Systeme fast immer zum Einsatz kommen werden, bietet es sich an, an dieser Stelle zusätzliche Unterstützung für Entwickler anzubieten. Eine mögliche, sehr ressourcensparende Lösung wird in Kapitel 6 vorgestellt. Die CLDC bietet genau wie die CDC für die dynamische Erzeugung von Web-Seiten keinerlei Unterstützung an, hier werden also in jedem Fall eigenständige Lösungen implementiert werden müssen.

3.1.2. Administration mittels objektorientierter Schnittstellen

Viele der Merkmale, die in Kapitel 3.1 kurz bei der Administration über dedizierte Schnittstellen und Protokolle erwähnt wurden, treffen auch für die Administration über ob-

---

[1] Auch AJAX suggeriert durch das eigenständige Aktualisieren von Teilinhalten einer Web-Seite so ein Event-Handling nur. Im Grunde genommen bleibt es aber beim Pollen der Systemzustände durch den Web-Client.
[2] So sind ganz oft noch offene Sockets zu schließen.
[3] Leider muss der Autor diese Aussage etwas relativieren. Java in einem eingebetteten System erzeugt bei Entwicklern durchaus manchmal das Gefühl, beliebige Java-Software ausführen zu können.

3. Anwendungsszenarien

jektorientierte Schnittstellen zu. So müssen im eingebetteten System keine Dialoge mehr gespeichert werden, dafür muss auf jedem Client die nötige Administrationssoftware installiert sein. Bei der Nutzung von Java für die Client-Software ist es selbstverständlich möglich, diese auch als Applet zu realisieren, welches dann durch einen Web-Server im eingebetteten System ausgeliefert wird. Damit lässt sich ein Feature-Update recht einfach durchführen.

Die Client-Software ist bei den grafischen Möglichkeiten selbstverständlich nicht mehr an die beschränkten Darstellungsmöglichkeiten von HTML gebunden. Hier kann die ganze Palette von GUI-Systemen verwendet werden, unter Java beispielsweise Swing oder SWT. Bei Verzicht auf eine Applet-Lösung kann natürlich auch eine native Applikation für Windows oder Unix erstellt werden.

Ein wesentlicher Vorteil bei der Nutzung objektorientierter Schnittstellen ist, dass die Client-Anwendungen *direkt* auf den Objekten im eingebetteten System arbeiten. Ohne objektorientierte Schnittstellen war es sonst ein üblicher Weg, die Daten komplett aus dem eingebetteten System zum Client zu übertragen, dort zu ändern und die Daten dann zurückzuschreiben. Diese Vorgehensweise verursacht sofort Konsistenzprobleme, sobald mehrere Clients gleichzeitig versuchen, Daten zu verändern[4]. Bei der Arbeit direkt auf dem Objektmodell im eingebetteten System ist das Problem zumindest deutlich einfacher zu lösen, es lassen sich sogar echte Transaktionskonzepte implementieren.

Als objektorientiere Schnittstellen (Middleware) kommen im Wesentlichen zwei Technologien zum Einsatz, im Java-Umfeld Remote Method Invocation (RMI), ansonsten auch CORBA. Beide Schnittstellen wurden im Kapitel 1.3 etwas genauer miteinander verglichen. Der Nachteil der Nutzung von RMI oder CORBA soll hier jedoch nicht verschwiegen werden. In jedem Fall ist hier ein erhöhter Speicherbedarf zu verzeichnen, der im Bereich von 500 KByte bis 1 MByte liegen kann[5].

Selbstverständlich lassen sich beide Varianten, Web-Administration und Nutzung objektorientierter Schnittstellen, auch miteinander kombinieren. In Abbildung 3.2 auf der nächsten Seite wird schematisch so ein System gezeigt.

Die Web-Schnittstelle lässt sich dann beispielsweise für einfache administrative Aufgaben nutzen, RMI oder CORBA dann eher für den automatisierten Zugriff oder bei der Verwendung einer grafisch vollwertigen Client-Applikation.

3.2. Mobile Agentensysteme

Die Idee, Software-Agenten zur eigenständigen Lösung bestimmter Aufgaben einzusetzen, hat sich aus Bereichen der Künstlichen Intelligenz sowie der Robotik heraus entwickelt.

---

4 Der gleichzeitig mögliche Zugriff ist ja genau einer der Vorteile der Administration über Netzwerke.
5 Bei der Kalkulation für RMI ist immer mit zu berücksichtigen, dass eine JVM notwendig ist, bei CORBA hängen die Zahlen für die Code-Größe stark vom genutzten ORB und dessen Funktionalität ab.

3.2. Mobile Agentensysteme

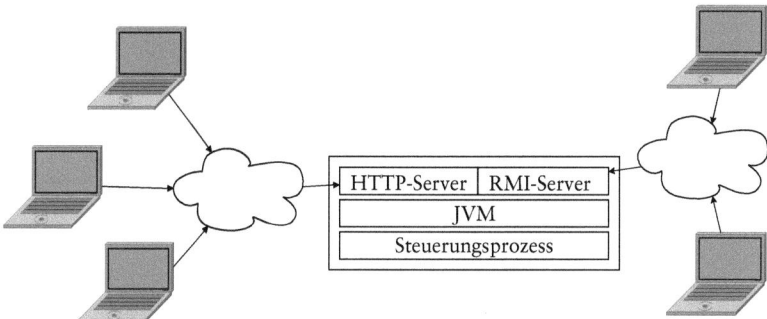

Abbildung 3.2.: Administration per Web- und RMI-Interface

Letztlich ist ein Software-Agent[6] nichts weiter als ein Stück Software, welches bestimmte Aufgaben eigenständig auf einem Wirtssystem erledigt. Je nach Komplexität des Agenten kommuniziert der Agent zur Lösung der Aufgabe mit anderen Agenten (Multiagentensysteme) oder besitzt sogar die Fähigkeit, sich durch Lernen eigenständig an neue Situationen anzupassen.
Nach Woolridge und Jennings[56] hat ein Software-Agent folgende Eigenschaften:

Autonomie Agenten sollten in der Lage sein, den Großteil einer zu lösenden Aufgabe selbstständig zu erledigen, ohne dass etwas (Mensch oder Maschine) direkt auf den Agenten einwirkt.

Sozialfähigkeit Die Sozialfähigkeit von Agenten kann fast immer mit der Kommunikationsfähigkeit eines Agenten gleichgesetzt werden. Agenten sollten, wenn es zur Lösung einer Aufgabe nötig ist, mit anderen Agenten kommunizieren können oder Daten an andere Agenten, Software-Systeme oder Menschen liefern können.

Reaktionsfähigkeit Agenten sollten ihre Umgebung in der Hinsicht wahrnehmen können, sodass sie auf sich ändernde Bedingungen reagieren können, soweit dass im Rahmen ihre Handlungskompetenz möglich ist.

Aktionsfähigkeit Agenten sollten nicht nur auf ihre Umgebung reagieren können, sondern auch Handlungen aus eigener Initiative heraus entwickeln und zielgerichtet agieren können.

Nicht jeder Software-Agent benötigt zur Lösung seiner Aufgabe die gleiche Intelligenz

---
6 Wenn im folgenden Text von »Agenten« die Rede ist, sind immer Software-Agenten gemeint.

3. Anwendungsszenarien

oder Kommunikationsfähigkeit. Aus diesem Grund mag es sinnvoll sein, Agenten in verschiedenen Gruppen einzuteilen. Nach Brenner et al.[20] können Agentensysteme entsprechend der Grafik in Abbildung 3.3 klassifiziert werden, ebenso gängig ist die Klassifikation nach Franklin und Graesser[39].

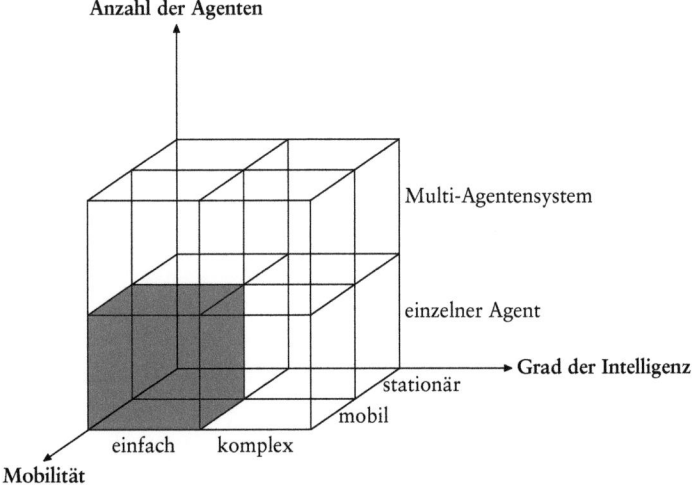

Abbildung 3.3.: Klassifikation von Software-Agenten

Die im Folgenden kurz erläuterten Agenten sind mobile Agenten, die nicht im Verbund arbeiten und auch eine überschaubare Komplexität hinsichtlich ihrer Handlungskompetenz haben. Sie gehören also zu dem blauen Bereich aus Abbildung 3.3. Zudem entstammen ihre Einsatzgebiete aus dem Bereich eingebetteter Systeme. Exemplarisch wurde der Einsatz solcher Agenten in [E143, E144, 89] gezeigt. Als Java-Plattform wurde die in Kapitel 4 vorgestellte Kertasarie VM genutzt.

3.2.1. Anwendungsbeispiele von mobilen Agenten in eingebetteten Systemen

3.2.1.1. Datalogging

Das Datalogging umfasst in der Automatisierungstechnik die drei Bereiche der Sammlung, Auswertung und Rückmeldung von Prozessdaten für einen Nutzer. Gekennzeichnet ist ein Datalogger typischerweise durch folgende Randbedingungen. Der Logger oder zu-

3.2. Mobile Agentensysteme

mindest seine Sensoren müssen in das Zielsystem eingebracht werden können, also meist relativ klein sein. Die kontinuierliche Überwachung der Daten durch Personal ist aus verschiedenen Gründen nicht möglich. Ein nicht netzwerkfähiger Datalogger muss vor dem Einsatz programmiert werden[7], dann wird das Gerät installiert und nach Ablauf eines festgelegten Zeitraums wieder entfernt und die enthaltenen Daten ausgelesen. Beim Einsatz eines mobilen Agenten kann dieser vorab parametrisiert werden und anschließend übertragen werden. Nach der Übertragung ist keine Online-Verbindung mehr vonnöten. Vorteilhaft gegenüber einer echten Online-Verbindung, mit der Parameter etc. eingestellt werden, ist insbesondere die nahezu beliebige Festlegung von Messzeiträumen und -intervallen. Ein weiterer wesentlicher Vorteil ist immer dann gegeben, wenn eine Vielzahl von Dataloggern mit einem identischen Parametersatz versehen werden müssen; in diesem Fall muss beim Einsatz von mobilen Agenten dieser nur einmalig eingestellt werden und kann dann an eine Vielzahl von Geräten übermittelt werden. Mobile Agenten erlauben zudem eine Vorselektierung und -verarbeitung der anfallenden Daten, sodass die zu übertragene Datenmenge in vielen Fällen stark reduziert werden kann.

3.2.1.2. Fernsteuerung von Geräten und Anlagen

Viele Regelungssysteme in der Automatisierungstechnik erfordern Reaktionen auf Veränderungen von Prozesskenngrößen innerhalb klar definierter zeitlicher Grenzen (Echtzeitfähigkeit). Vor Ort ist die Echtzeitfähigkeit durch Feldbussysteme typischerweise gegeben. Anders sieht es jedoch aus, sobald eine Kopplung über das Intra- oder Internet erfolgt, da in diesem Fall die Kommunikation als nicht echtzeitfähig betrachtet werden kann. Die Übermittlung von Steuergrößen an ein Regelsystem ist über solche Netzwerke also in vielen Fällen gar nicht möglich.

Mobile Agenten können auch hier hilfreich sein. Da sie in jedem Fall vor Ort arbeiten, ist das Problem der Echtzeitfähigkeit der Kommunikationssysteme bei geeigneter Software-Infrastruktur nicht mehr vorhanden, wobei einem entfernten Nutzer immer noch indirekt der Zugriff auf das System ermöglicht werden kann. Die genaue Planung der Steuerung wird vom Nutzer vor der Übertragung des Agenten vorgenommen.

Oftmals besteht eine Regelung zudem aus einer Anzahl nebenläufiger Prozesse. Die Sprache, in welcher der Software-Agent formuliert wird, sollte also in der Lage sein, möglichst einfach eine nebenläufige Programmierung zu ermöglichen.

3.2.1.3. Firmware-Updates

Durch den technischen Fortschritt ist es heute in vielen Fällen möglich (und oftmals leider auch nötig), Erweiterungen oder Korrekturen der Firmware von Anlagen vorzunehmen.

---

[7] Dazu gehören unter anderem Parameter wie Grenzwerte, Messintervalle und Startzeiten.

3. Anwendungsszenarien

Viele Geräte und Anlagen bieten ein Firmware-Update über bestimmte Schnittstellen bereits an. Jedoch ist der Update-Vorgang immer noch ein zeit- und personalintensiver Vorgang mit entsprechenden Kosten. Bei einer Vielzahl von identischen Anlagen kann es durchaus interessant sein, diesen Vorgang einem mobilen Agenten zu übertragen. Der Agent muss dann mit den entsprechenden Daten parametrisiert werden. Dazu gehören beispielsweise der Ort des zu installierenden Firmware-Pakets oder auch die Information, *wann* das Update durchgeführt werden soll. Gerade letzteres ist immer dann von Interesse, wenn ein Update zu Zeiten niedriger Belastung durchgeführt oder auch eine Überlastung des Update-Server vermieden werden soll.

Ist die Steuerung der Anlage bereits durch einen mobilen Agenten (siehe vorheriges Kapitel) realisiert, ist ein Firmware-Update meist noch viel einfacher möglich: durch einfache Übertragung eines neuen mobilen Agenten in das Zielsystem.

In jedem Fall kommt die zentrale Haltung der Firmware einer organisierten Software-Pflege entgegen.

3.2.2. Java als Agentensprache

Java erscheint auf den ersten Blick sehr gut geeignet als Sprache und Ausführungsumgebung für mobile Agenten. Ausnahmsweise ist in diesem Umfeld sogar die Plattformunabhängigkeit des Java-Bytecodes von Vorteil[8], da mobile Agenten so unabhängig von der vorliegenden Prozessorarchitektur erstellt und transferiert werden können. Auch die gute Unterstützung bei der Programmierung von nebenläufigen Prozessen ist ein klarer Pluspunkt für Java.

Ein ganz entscheidendes Kriterium für die Auswahl der Programmiersprache, in der ein Software-Agent implementiert werden soll, ist die Fähigkeit, möglichst einfach dynamisch neuen Programmcode in ein bestehendes System einzubringen. Ohne diese Fähigkeit sind mobile Agenten gar nicht denkbar.

Direkt aus der Forderung, dass ein Agent kommunizieren können muss, sollte die Agentensprache auch die Netzwerkprogrammierung möglichst gut unterstützen. Je nach Art und Menge der zu übertragenden Daten ist dabei die Beschränkung der CLDC auf HTTP-Verbindungen bereits ein Nachteil. Höherwertige Möglichkeiten der Datenübertragung wie Objektserialisierung wären ebenfalls sehr vorteilhaft, da sich mittels dieser sehr einfach Objektzustände übertragen lassen.

Java bringt alle diese Möglichkeiten mit, allerdings nur, wenn die Java-Umgebung dem CDC-Standard entspricht. Java-Implementierungen, die dem CLDC-Standard genügen,

---

8 Die Plattformunabhängigkeit, sonst ein herausragendes Kriterium von Java, spielt im industriellen Umfeld von Java typischerweise keine so große Rolle, da Applikationen für eingebettete Systeme oftmals nicht auf verschiedenen Systemen ausgeführt werden. Sie wird daher, von Randgebieten abgesehen, auch in dieser Arbeit nur wenig betrachtet.

fehlt insbesondere die Möglichkeit zum dynamischen Nachladen von Klassen, die Fähigkeit zur Socket-Kommunikation und Objektserialisierung für die einfache Übertragung von Objektzuständen.

3.3. Verteilte eingebettete Systeme

3.3.1. Eingebettete Systeme in der Automatisierungstechnik

Mit der immer stärkeren Verbreitung von Ethernet auch in der Automatisierungstechnik verschwimmen die Grenzen zwischen den Kommunikationsebenen immer mehr[99].

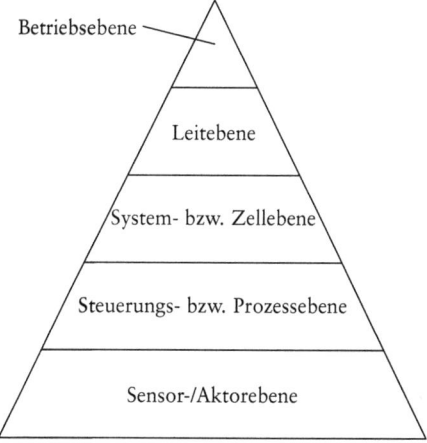

Abbildung 3.4.: Die Automatisierungspyramide

Die in Abbildung 3.4 dargestellte Pyramide ist gekennzeichnet durch unterschiedliche Kommunikationsmedien auf den einzelnen Ebenen. Auf der Sensor/Aktorebene werden oftmals binäre oder sogar analoge Daten ausgetauscht. Eine Ebene höher kommunizieren Peripheriegeräte über meist echtzeitfähige Kommunikationskanäle mit ihren Automatisierungssystemen. Die auf der Steuerungs- bzw Prozessebene eingesetzten Kommunikationsmedien sind die typischen Feldbussysteme wie CAN, Profibus, SERCOS etc.
Auf der Systemebene werden die Funktionen mehrerer Prozesse überwacht. So findet in dieser Ebene die Verwaltung von Steuerungsgruppen statt, ebenso kann hier bereits eine Datenverdichtung erfolgen, insbesondere, wenn die Daten an die nächsthöhere Ebene, die Leitebene, weitergegeben werden. Die Systemebene kann mit der Prozessebene

3. Anwendungsszenarien

noch durch die klassischen Feldbussysteme gekoppelt sein, obwohl auch hier immer mehr (Industrial-) Ethernet[76] zum Einsatz kommt. Die Verbindung zur Leitebene wird heute fast immer mit Ethernet hergestellt.

Die Aufgaben der Leitebene sind beispielsweise die Produktionsplanung und -steuerung, Lagerhaltung und Prozessoptimierung.

Beim Übergang zwischen den verschiedenen Ebenen kann es leicht zu Kommunikationsengpässen kommen, gerade auch, wenn verschiedene Feldbussysteme zum Einsatz kommen. Aus diesem Grund geht der Trend immer mehr dahin, die einzelnen Feldbusse durch zum Teil an das industrielle Umfeld angepasste Ethernet-Varianten (EtherCAT, PROFINET, SERCOS III) zu ersetzen. Hochwertige Sensoren oder Aktoren werden zum Teil heute schon mit Ethernet-Schnittstellen versehen.

Zusätzlich zu der Tatsache, dass nun ein einheitliches Bussystem vorhanden ist, ist ebenfalls zu beobachten, dass die in Steuerungen eingesetzten Mikroprozessoren sehr viel leistungsfähiger geworden sind. Sie sind daher oftmals in der Lage, neben ihrer eigentlichen Steuerungsaufgabe weitere Funktionen zu übernehmen, die in der Automatisierungspyramide viel weiter oben angesiedelt sind. So kann eine Steuerung für eine Gruppe von Systemen beispielsweise die Datenverdichtung übernehmen, eine andere wiederum den zentralen Web-Zugang realisieren. Die Pyramide wird dann sehr stark verdichtet, unter Umständen werden die Sensor-/Aktorebene, die Prozessebene und die Systemebene zu einer einzigen Ebene zusammengefasst.

Durch diese aus Sicht der Kommunikation recht enge Kopplung zwischen vielen Steuerungsrechnern sind dann auch völlig neue Einsatzszenarien denkbar. Unter der Voraussetzung, dass auf allen Systemen mobiler Code ausgeführt werden kann, ist es denkbar, dass je nach Lastverteilung im Gesamtsystem verschiedene Aufgaben (abgesehen von der eigentlichen Steuerungsaufgabe) automatisch an andere Einheiten im Gesamtsystem migriert werden können.

Für diese zusätzlichen Aufgaben scheint Java geradezu prädestiniert zu sein. Die Web-Anbindung wurde bereits in Kapitel 3.1.1 beschrieben und auch bei Aufgaben wie Datenverdichtung und -verteilung oder dem Logging von Ereignissen sind die Berührungsängste von Software-Entwicklern beim Einsatz von Java in eingebetteten Systemen erheblich geringer. Ein solches Szenario erfordert allerdings für eine effektive Kommunikation ganz sicher den Einsatz einer objektorientierten Middleware, damit die einzelnen Stationen die Dienste des Verbunds nutzen können. Der Einsatz von mobilem Code erfordert, wie bei den mobilen Agenten aus Kapitel 3.1 das Vorhandensein der kompletten Classloader-Architektur der J2SE.

Somit ist auch hier wieder festzustellen, dass die CLDC der Java 2 Micro Edition für solche Aufgaben nicht den erforderlichen Funktionsumfang mitbringt.

3.3.2. Verteilte eingebettete Systeme in der Kommunikationstechnik

Für ein weiteres Beispiel kann auch bei verteilten eingebetteten Systemen die Administration dieser dienen. Große, unternehmensweite Telefonanlagen können so miteinander gekoppelt werden, dass der Verbund von außen wie eine einzelne Anlage erscheint, auch wenn die Anlagen an zum Teil unterschiedlichen Standorten installiert sind.

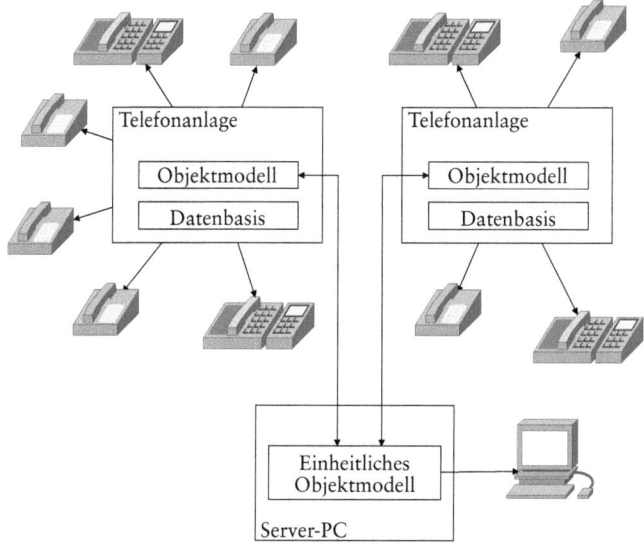

Abbildung 3.5.: Verteiltes eingebettetes System mit getrennter Datenbasis

Aufgrund fehlender Standards ist es allerdings nicht so einfach, die auf den Anlagen lokal gespeicherten Nutzerdaten[9] zu einer globalen Sicht zu vereinen. Oftmals wird dazu eine externe Datenbank aufgesetzt, die mit den Anlagen die Daten regelmäßig abgleicht. Die Nachteile einer solchen Lösung liegen auf der Hand, es wird zusätzliche Rechentechnik benötigt, die im Falle der oftmals eingesetzten konventionellen PC-Technik nicht zu vernachlässigende Wartungskosten verursacht. Hinzu kommt das Problem des Datenabgleichs, wofür in der Regel proprietäre Software entwickelt werden muss. Abbildung 3.5 skizziert noch einmal die Vorgehensweise.

Viel einfacher wäre es, wenn die Anlagen transparent auf die verteilten Daten zugreifen

---
9 Zu den Nutzerdaten gehören unter anderen Telefonbücher, Standortinformationen, Anrufweiterschaltungen etc.

3. Anwendungsszenarien

könnten. Sobald in den Anlagen eine Middleware vorhanden ist, kann dies elegant gelöst werden. Jede Anlage implementiert für die Anlagendaten ein eigenes Objektmodell, auf welches, wie in Abbildung 3.6 gezeigt, mittels CORBA oder RMI von entfernten Systemen aus zugegriffen werden kann.

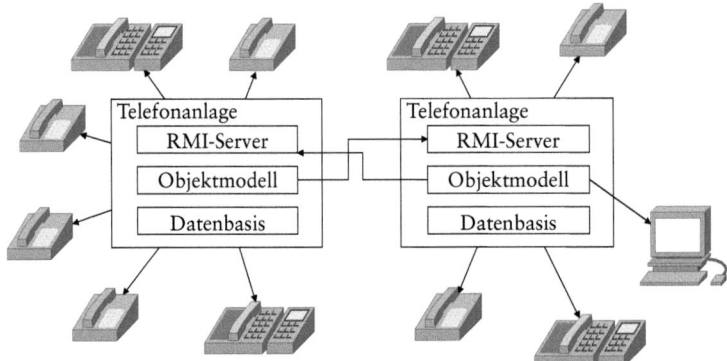

Abbildung 3.6.: Verteiltes eingebettetes System mit vereinheitlichter Datenbasis

Sobald ein Nutzer auf die Daten einer Anlage zugreift, werden für ihn transparent auch die Daten der anderen, entfernten Anlagen zu ihm übertragen. Er bekommt gar nicht mit, dass die Daten aus mehreren verteilten Anlagen zusammengestellt wurden. Das Problem der doppelten Datenhaltung wird bei dieser Lösung komplett vermieden.

Objektorientierte Middleware ist in der CLDC nicht vorgesehen (siehe Kapitel 2.1.1), selbst die spezifizierten Profile für die CDC enthalten weder RMI noch CORBA. RMI ist erst über ein optionales Paket verfügbar (siehe Kapitel 2.1.2). Man sieht, dass man sich für solche Einsatzfälle kaum auf die verfügbaren Java-Standards verlassen kann.

3.4. Zusammenfassung

Mit diesen Beispielen sollte klargestellt werden, dass für diverse Aufgaben im Umfeld eingebetteter Systeme die angebotene Funktionalität der CLDC nicht ausreicht. Gefordert wird eigentlich die Funktionalität einer CDC-Implementierung mit einem Speicher- und Prozessorbedarf einer CLDC-JVM. Im folgenden Kapitel wird die Kertasarie VM vorgestellt, welche die für klassische eingebettete Systeme wichtigen Funktionalitäten mitbringt und dabei nur einen Ressourcenbedarf typischer CLDC-Implementierungen hat.

4. Eine konfigurierbare Java-Umgebung für eingebettete Systeme

Wie in den vorherigen Kapiteln (u.a. die Kapitel 1.1 und 2.1.3) motiviert, kann es nicht *eine* JVM-Konfiguration für die Vielzahl eingebetteter Systeme geben. Es ist also ein Kompromiss vonnöten, der zum einen die extreme Vielfältigkeit dieser Systeme abdeckt, aber auch die erheblichen Ressourcenbeschränkungen berücksichtigt.
Aus diesen Gründen wurde bei der Kertasarie VM die Idee eines Baukastens verfolgt. Aus einer Anzahl von »Bausteinen« kann für eine bestimmte Applikation eine maßgeschneiderte Lösung zusammengestellt werden. Anders ausgedrückt, stand eine hohe Konfigurierbarkeit sowohl der JVM als auch der Java-API-Klassen im Vordergrund. Die weiteren Hauptziele waren ein möglichst geringer Speicherbedarf der JVM bei adäquater Abarbeitungsgeschwindigkeit des Java-Bytecodes.
Ein anderer, ganz wichtiger Aspekt betrifft die angebotene Funktionalität der JVM. Sie sollte in jedem Fall in der Lage sein, mittels RMI eine moderne, objektorientierte Form der Kommunikation anzubieten. Dazu muss das Reflection-API und darauf aufbauend die generische Objektserialisierung unterstützt werden.

4.1. Konfigurierbarkeit durch Metaprogrammierung

Metaprogrammierung ist das Schreiben von Programmen, die andere Programme manipulieren. Das manipulierende Programm wird Metaprogramm genannt, das manipulierte Programm Objektprogramm. Es gibt zwei Arten von Metaprogrammen: Programmgeneratoren und Analyseprogramme[96]. Programmgeneratoren konstruieren Objektprogramme oder kombinieren mehrere Programmfragmente zu größeren Objektprogrammen[8]. Analyseprogramme überwachen die Strukturen von Objektprogrammen und generieren beispielsweise Kontroll- oder Datenflussgraphen oder auch neue Objektprogramme. Beispiele hierfür sind Optimierer und Transformationssysteme. Die in Kapitel 2.2.1.2 vorgestellten JIT-Compiler gehören ebenfalls dazu. Nach Sheard[96] gibt es folgende Kategorien von Metaprogrammen:

statisch oder dynamisch Statische Programmgeneratoren erzeugen Objektprogramme, die dann durch normale Compiler übersetzt werden, dynamische Generatoren füh-

4. Eine konfigurierbare Java-Umgebung für eingebettete Systeme

ren den generierten Code auch gleich aus. C-Präprozessor-Makros funktionieren statisch, ein JIT-Compiler hingegen ist ein dynamischer Programmgenerator.

homogen oder heterogen Je nachdem, ob die Sprache des Objektprogramms und die Metasprache identisch sind, unterscheidet man zwischen homogenen und heterogenen Metaprogrammsystemen. Homogene Systeme haben den entscheidenden Vorteil, dass es ein einheitliches Typsystem zwischen Meta- und Objektsprache gibt.

manuell oder automatisch annotiert In einem Programmgenerator existieren sowohl das Metaprogramm als auch die dynamisch zu erzeugenden Objektprogramme (oder Fragmente). Um diese voneinander zu trennen, werden die entsprechenden Programmteile annotiert. Dies kann entweder automatisch oder manuell erfolgen.

In der Kertasarie VM wird Metaprogrammierung vor allem dazu eingesetzt, um die Konfigurierbarkeit der JVM zu sichern, außerdem ist der entwickelte JIT-Compiler (siehe Kapitel 4.2.2.2) eine Art von Metaprogrammierung.

Die Metaprogrammierung erfolgt auf die denkbar einfachste Art und Weise mittels C-Präprozessor-Makros. Durch das Setzen von Schaltern für den C-Präprozessor lassen sich vor der Kompilation der JVM einzelne Merkmale ein- und ausschalten. Entsprechend werden die Komponenten dann mitübersetzt und gelinkt. Unter anderem lassen sich der JIT-Compiler (siehe Kapitel 4.2.2.2), bestimmte Merkmale des Garbage Collector (GC) (siehe dazu Kapitel 4.6.2), die Art der Constantpool-Resolution (siehe Kapitel 4.4.1), die Aufnahme der Debug-Schnittstelle, das Vorladen des API (siehe Kapitel 4.10.1) und natürlich die Menge der benötigten nativen Methoden (siehe Kapitel 4.4.2) auf diese Weise einstellen. C-Präprozessor-Makros erlauben nach der oben erwähnten Kategorisierung eine statische, heterogene und zudem manuell annotierte Metaprogrammierung. Dadurch, dass Makros letztlich nur in Strings expandieren, ist auch keine Typsicherheit auf der Makro-Ebene gewährleistet. Allerdings werden Makros in der Kertasarie VM, wenn sie einmal erstellt wurden, kaum verändert, was die Nachteile stark relativiert. Der Hauptvorteil von Makros und das entscheidende Kriterium für ihren Einsatz ist jedoch die Tatsache, dass diese Art der Metaprogrammierung mit jedem ANSI-C-konformen Compiler möglich ist.

Beim Java-API gibt es naturgemäß nicht so viel zu konfigurieren, da Java-Klassen bei Bedarf dynamisch geladen werden. In eingebetteten Systemen ist die Applikation und damit der Satz an benötigten Klassen in vielen Fällen unverändert, daher müssen verständlicherweise nur diese in das eingebettete System gebracht werden. Für dieses Maßschneidern des Java-API an eine Applikation wurden ebenfalls Werkzeuge entwickelt, die in Kapitel 4.10 genauer beschrieben werden. Metaprogrammierung erfolgt ebenfalls auf statische Weise, indem mit Hilfe eines Metaprogramms Nutzungsbeziehungen zwischen Java-Klassen und

4.1. Konfigurierbarkeit durch Metaprogrammierung

-Methoden ermittelt werden und anhand dieser Informationen neue, spezialisierte Java-Class-Dateien erzeugt werden.

Java-Klassen werden typischerweise aus einem Dateisystem geladen. Insbesondere kleinere eingebettete Systeme können damit oft nicht aufwarten. Für solche Systeme wurde ein Werkzeug entwickelt, welches eine Menge von Java-Klassen in einer großen Datei zusammenfasst. Diese Datei kann dann beispielsweise direkt in einem Flash-Speicher abgelegt werden, aus dem die Klassen dann geladen werden. Prinzipiell ist es mit dieser Methode möglich, aus jeder Art von Speicher die Java-Klassen zu laden. Dieses Werkzeug wird etwas genauer in Kapitel 4.9 vorgestellt.

4.1.1. Unterstützte Eigenschaften

Eines der wichtigsten Ziele bei der Entwicklung der Kertasarie VM war die Konformität zum Java-2-Standard. Hauptgründe hierfür waren unter anderem der Wunsch, dem Anwendungsprogrammierer sein gewohntes Programmierparadigma zu bieten (siehe hierzu auch die Diskussion zur CLDC-Spezifikation in Kapitel 2.1.1.3) und außerdem die vorhandenen Werkzeuge wie Java-Compiler und Entwicklungsumgebungen ohne Einschränkungen nutzen zu können.

Mit Blick auf die Anforderungen eingebetteter Systeme sind bei der Java-2-Konformität gewisse Einschränkungen oder bewusste Verletzungen hingenommen worden. So ist es nach wie vor möglich, die Kertasarie VM aus Gründen der Effizienz mit einer Zeichenbreite von 8 Bit anstelle der im Standard geforderten 16 Bit zu übersetzen. Andere Einschränkungen betreffen seltene Fälle der Java-Fehlerbehandlung, die einen sehr großen Aufwand in der VM erzeugen würden für einen nur marginalen Nutzen. Gemeinsam ist diesen Einschränkungen allerdings, dass der Programmierer keine speziellen Rücksichten auf diese Tatsachen nehmen muss.

Bei der API-Konformität sind natürlicherweise größere Einschränkungen vorhanden. So fehlen die in eingebetteten Systemen allerdings auch kaum nutzbaren Pakete wie `java.awt` und `java.swing`. Erheblich wichtiger erschien an dieser Stelle die Unterstützung und Kompatibilität der Kommunikationsschnittstellen wie Netzwerk-Sockets und von Java-RMI. Für letzteres ist zudem auch das Vorhandensein der Objektintrospektion (Reflection) und der Objektserialisierung nötig. Beides wird in vollem Umfang unterstützt.

4.1.2. Unterstützte Betriebssysteme und Prozessoren

Eines weiteres sehr wichtiges Ziel bei der Entwicklung der Kertasarie VM war eine möglichst gute Portabilität. Diese Prämisse zusammen mit einer möglichst hohen Abarbeitungsgeschwindigkeit schränkte die Wahl der Programmiersprache stark ein; letztendlich

4. Eine konfigurierbare Java-Umgebung für eingebettete Systeme

wurde ANSI-C verwendet.

Der Code der Kertasarie VM lässt sich grob in zwei Teile unterteilen, einen plattformabhängigen und einen plattformunabhängigen. Im ersteren sind alle die Quellen enthalten, die für die Anpassung der JVM an Betriebssysteme und Prozessoren notwendig sind, im letzteren sind unter anderem die gesamte Bytecode-Abarbeitung (siehe Kapitel 4.2.1), die Speicherverwaltung inklusive GC (siehe Kapitel 4.6.2) und wesentliche Teile des Klassenladers (siehe Kapitel 4.7) enthalten.

Der plattformabhängige Anteil der Quellen ist in der Kertasarie VM sehr gering. Ohne Einbindung des zur Kertasarie VM entwickelten GUI (siehe Kapitel 4.12) beträgt dieser Anteil nur 1,7 %, mit GUI-Unterstützung etwa 4 %[E140]. Für die Portierung auf ein neues Betriebssystem lässt sich je nach Verwandtschaftsgrad des neuen Betriebssystems eine Entwicklungszeit von zwei bis vier Wochen veranschlagen. Tabelle 4.1 zeigt die momentan unterstützten Betriebssysteme und Prozessoren. Zusätzlich wurde die Kertasarie VM noch auf ein ARM7-basiertes System ganz ohne Betriebssystem portiert[S149].

Betriebssystem	Prozessor
Linux/µClinux[S155]	x86, PowerPC, ARM7/9, MIPS
Windows CE	StrongARM/MIPS
eCos	x86, ARM7/9
LynxOS	PowerPC
Windows	x86
Mac OS X	PowerPC
PalmOS	M68000
Euros	80C167

Tabelle 4.1.: Unterstützte Betriebssysteme und Prozessoren der Kertasarie VM

Ein weiterer wichtiger Aspekt für die Portierbarkeit einer Software ist die Abhängigkeit von der Tool-Kette zum Konfigurieren, Übersetzen und Linken. Viele Software-Projekte sind sehr stark an eine bestimmte Toolkette gebunden[1], die allerdings in vielen Fällen für die Zielplattform nicht verfügbar ist. Da die Hauptentwicklungsplattform der Kertasarie VM Linux ist, wird hier und auf allen Unix-artigen Systemen oder unter Unix laufenden Cross-Compile-Umgebungen auf Standard-Makefiles gesetzt. Alle Optionen, die bestimmte Konfigurationsoptionen für die Kertasarie VM darstellen, werden über include-Dateien festgelegt, alle für die Kompilation und das Linken notwendigen Parameter über Makefiles. Durch diese Vorgehensweise ist es recht einfach möglich, die Quellen der JVM in eine integrierte Entwicklungsumgebung beispielsweise für Windows CE einzupflegen.

---

1 Prominente Beispiele sind der Linux-Kernel und das Echtzeitbetriebssystem eCos, welche das Vorhandensein einer GNU-Umgebung zwingend voraussetzen.

4.1. Konfigurierbarkeit durch Metaprogrammierung

Compiler-Abhängigkeiten der Kertasarie-Quellen sind soweit nicht bekannt (mit einer Ausnahme, siehe Kapitel 4.2.1), bislang wurden folgende Compiler für die Übersetzung genutzt:

- GCC in verschiedensten Versionen von 2.95 bis 4.1,
- ICC von Intel,
- Embedded Visual C++ von Micosoft,
- Metrowerks Codewarrior für PalmOS,
- CAD-UL C-Compiler für Motorola 68000, sowie der
- Tasking C-Compiler für Infineon 80C167-Prozessoren.

Die Abhängigkeiten zur C-Bibliothek sind ebenfalls so gering wie möglich gehalten, da sich die Laufzeiteigenschaften einer Bibliotheksfunktion typischerweise nicht ermitteln lassen, wenn sie nicht im Quelltext vorliegt. Insbesondere ist dieser Aspekt bei der Nutzung des Green-Thread-Modells (siehe Kapitel 2.3) wichtig, da während des Aufrufs einer Bibliotheksfunktion kein Rescheduling möglich ist.

Wenn die Kertasarie VM ohne Unterstützung für Netzwerk-Sockets und Dateien übersetzt wird, werden genau 34 Bibliotheksfunktionen benötigt, die meisten davon im plattformspezifischen Code. Den größten Block machen mit neun Funktionen String-Behandlungsroutinen (`strcpy`, `strcat`, `strrchr` etc.) aus. Diese lassen durch die Ummantelung dieser Funktionen mittels Makros innerhalb der VM auch durch eigene Implementierungen ersetzen. Der zweitgrößte Block mit acht Funktionen betrifft unter der Linux-Plattform die Signalbehandlung, die für das asynchrone I/O und die Timeout-Verwaltung zuständig ist (siehe dazu Kapitel 4.5). Vier Bibliotheksfunktionen werden für das Datei-I/O benötigt und vom plattformspezifischen Teil des Klassenladers verwendet. Vorrangig von diesem und dem GC werden auch die Speicherverwaltungsfunktionen (`malloc`, `calloc`, `free`) genutzt. Die restlichen verwendeten Bibliotheksfunktionen (`gettimeofday`, `getchar`, `puts` etc.) werden vor allem von nativen Methoden benötigt. Insgesamt ist die Anzahl der verwendeten C-Bibliotheksfunktionen erfreulich niedrig und ließe sich durch eigene Implementierungen sogar noch drücken.

4.1.3. Unterstützung für segmentierte Speicher

Bestimmte Kombinationen aus Prozessor und Compiler stellen besondere Anforderungen an die Übersetzung der Kertasarie VM. Ein Beispiel ist der in PalmOS-Geräten verwendete MC68328 in Verbindung mit dem GCC[S148]. Hier wird als Sprungzeiger für

4. Eine konfigurierbare Java-Umgebung für eingebettete Systeme

relative Sprünge ein vorzeichenbehafteter 16-Bit-Wert verwendet, was zu einer maximalen Sprungweite von 32 KByte führt. Bei größeren Programmen erfordert der Compiler daher eine manuelle Aufteilung in mehrere Code-Bereiche. Der GCC erwartet für jeden Funktionsprototyp ein spezielles Attribut, welches beispielsweise für den Code-Bereich des Klassenladers folgendermaßen aussieht: `__attribute__ ((section ("cloader")))`. Da dieses Attribut bislang nur für die PalmOS-Plattform benötigt wird, ist es über ein Makro gekapselt, welches auf den anderen Zielplattformen zu einer leeren Zeichenkette expandiert. Quelltext 4.1 verdeutlicht die Nutzung des Makros:

```
void cl_printClassTable(void) SECTION(cloader);
void cl_printClassTable(void) SECTION(cloader) {
    [...]
}
```

Quelltext 4.1: Verwendung des `SECTION`-Makros

4.2. Bytecode-Abarbeitung

In Anlehnung an die Erkenntnisse aus Kapitel 2.2 wurden in der Kertasarie VM verschiedene Arten der Bytecode-Abarbeitung implementiert, jeweils mit unterschiedlichen Ergebnissen bezüglich des Speicherbedarfs und Abarbeitungsgeschwindigkeit. Diese werden im Folgenden vorgestellt und miteinander verglichen.

4.2.1. Java-Bytecode-Interpreter

Wie im Kapitel 2.2.1.1 bereits erläutert wurde, ist die Interpretation von Java-Bytecodes bezüglich des Portierungsaufwands und des Code-Umfangs die günstigste Variante für die Implementierung in einer JVM. Hinzu kommt die sehr einfache Integrationsmöglichkeit in ein Green-Thread-Modell. Aus diesem Grund ist die Interpretation immer noch das Standardverfahren zur Bytecode-Ausführung in der Kertasarie VM.

Um auf eine möglichst einfache Weise die Realisierung über ein *Computed Goto* oder mittels einer `while`-Schleife mit `switch/case`-Blöcken zu ermöglichen, sind die dafür relevanten Konstrukte über Präprozessormakros gekapselt. Das Code-Beispiel 4.2 auf der nächsten Seite zeigt einen Ausschnitt aus der aktuellen Implementierung der Kertasarie VM; die dazu gehörenden Makrodefinitionen sind im Code-Beispiel 4.3 auf Seite 94 zu finden.

Durch Setzen des Makros `USE_LUT` kann eine Umschaltung zwischen der `switch/case`-Variante und der *Computed Goto*-Variante erreicht werden. Es ist allerdings zu beachten,

```
SWITCH(currentBytecode)
    CASE NOP:
    /* no operation */
    {
    }
    END_CASE

    CASE ACONST_NULL:
    /* pushes a null reference onto the stack */
    {
       PUT_INC_WORD(p_topOfStack, (jword_t)NULL);
    }
    END_CASE
    [...]
ENDSWITCH
```

Quelltext 4.2: Interpretationsschleife der Kertasarie VM

dass die Realisierung mittels *Computed Goto* nicht ANSI-C-konform ist, was die Übersetzung mit einigen Compilern verhindert[2], von anderen hingegen ohne Probleme akzeptiert wird[3]. Die switch/case-Variante kann jeder ANSI-konforme Compiler übersetzen. Tabelle 7.2 auf Seite 152 im Kapitel 7.3 zeigt einen Geschwindigkeitsvergleich der beiden Varianten. Der durchschnittliche Geschwindigkeitsgewinn der *Computed-Goto*-Variante liegt mit einer Ausnahme je nach Architektur zwischen 3 % und 18 % bei ca. 40 % größerem Code-Umfang.

Da die Abarbeitungsgeschwindigkeit des Kertasarie-Interpreters im Anfangsstadium alles andere als zufriedenstellend war, wurde eine genaue Inspektion des vom Compiler erzeugten Maschinencodes vorgenommen. Dabei kam es zum Teil zu erstaunlichen Ergebnissen.

- Änderung von b = *p; p++; auf b = *p++;. Gewinn: 5 %

- Zusammenfassung des Bytecode-Zählers und des Flags zum Anzeigen des Reschedulings. Gewinn: 5 %

- Implementierung eines neuen Frame-Formats für den Methodenaufruf. In der ersten Variante wurden die Methoden-Informationen getrennt von den lokalen Varia-

---
[2] Ein Beispiel ist der C-Compiler aus der Embedded Visual C++ (EVC)-Serie von Microsoft.
[3] Beispiele sind der GCC und der ICC.

```
#if USE_LUT
#define CASE
#define END_CASE { \
        if (  (ex_timeToReschedule- == 0) ) { \
                goto interpret_end; \
        } \
        currentBytecode = *p_programCounter++; \
        goto *lut[currentBytecode]; \
}

#define DEFAULT
#define SWITCH(x) goto *lut[(x)];
#define ENDSWITCH

#else

#define CASE case
#define DEFAULT default:
#define END_CASE break;
#define SWITCH(x) switch((x)){
#define ENDSWITCH }

#endif
```

Quelltext 4.3: Makrodefinitionen für die Interpretation

blen und dem Methoden-Stack verwaltet, inzwischen sind Verwaltungsinformationen, lokale Variablen sowie Stack vereint, siehe dazu Kapitel 4.4. Gewinn: 15 %

- Nutzung der GCC-Optimierung -Os statt -O2. Gewinn: 8 %
- Nutzung des Intel ICC-Compilers statt des GCC-Compilers. Gewinn: 29 %

Alle Messungen für die obige Liste fanden auf einem Pentium III mit 1 GHz Taktfrequenz unter Nutzung des GCC in der Version 3.0.2 und des ICC in der Version 7.1 statt.
Mit diesen Änderungen ist die Kertasarie in der Geschwindigkeit absolut vergleichbar mit anderen JVMs für eingebettete Systeme. Tabelle 7.1 auf Seite 151 in Kapitel 7.2 verdeutlicht das.

4.2.2. Kompilation des Bytecodes

Am Anfang von Kapitel 2.2.1.2 wurden die Nachteile einer Stack-orientierten Architektur bei der Abarbeitung auf modernen RISC-Prozessoren mit vielen Registern erläutert. Insbesondere wird statt der schnellen Register immer der Hauptspeicher für die Ablage von Zwischenergebnissen genutzt. Es ist also naheliegend, eine Abbildung von Stack-Positionen und lokalen Variablen auf die internen Register vorzunehmen. Abbildung 4.1 stellt das Unterfangen dar.

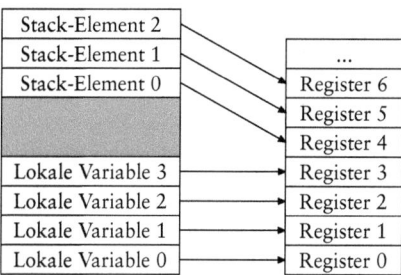

Abbildung 4.1.: Abbildung von Stack und lokalen Variablen auf Register

Für jede Java-Methode ist in der Java-Klassendatei gespeichert, wie viele lokale Variablen und Stack-Positionen die Methode maximal benötigt. Mit Hilfe dieser beiden Werte ist also die Obergrenze an nötigen Registern für eine Methode festgelegt. Bei dieser einfachen Abbildung stellt sich natürlich die Frage, wie viele Methoden man ohne besondere Vorkehrungen mit einer feststehenden Anzahl von Registern übersetzen kann. Zu diesem Zweck wurde das gesamte API der Kertasarie VM sowie das des JDK-1.4.2 untersucht, insgesamt etwa 12 500 Methoden. Abbildung 4.2 zeigt das Ergebnis.

4. Eine konfigurierbare Java-Umgebung für eingebettete Systeme

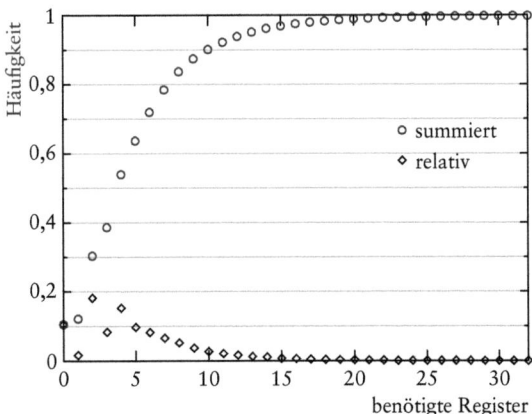

Abbildung 4.2.: Häufigkeitsverteilung von benötigten Registern in Methoden

Es ist gut zu sehen, dass bereits mit zehn Registern etwa 90 % aller Methoden übersetzbar sind. Typische RISC-Prozessoren enthalten deutlich mehr Register, sodass sich die Menge an übersetzbaren Methoden noch erhöht[4]. Die komplette Tabelle mit allen Zahlen ist im Anhang A zu finden. Diese Menge von übersetzbaren Methoden ist allerdings immer noch eine sehr konservative Schätzung. Alle modernen RISC-Architekturen sind Drei-Address-Maschinen, man kann also Quell- und Zielregister frei wählen. Im Endeffekt bedeutet das, dass das ständige Kopieren von Operanden auf die Spitze des Stacks entfallen kann, was also zusätzlich Register-Positionen spart. Ein weiterer sehr willkommener Nebeneffekt ist, dass dadurch auch die Anzahl von auszuführenden Befehlen um ca. 30 % sinkt[122] (siehe dazu auch die allgemeinen Diskussionen bezüglich JIT-Kompilation in Kapitel 2.2.1.2). Abbildung 4.3 auf der nächsten Seite verdeutlicht die mögliche Einsparung anhand einer einfachen Addition von zwei Werten.

4.2.2.1. Register-Interpreter

Die Probleme mit der Portierbarkeit von JIT-Compilern führten dazu, als Alternative eine registerorientierte Interpretation durchzuführen. Grundsätzlich funktioniert diese wie in Abbildung 4.4 dargestellt.
Diese Art der Bytecode-Verarbeitung hat prinzipiell einige interessante Vorteile. Die vir-

---

4 Bei einem ARM-Prozessor mit 15 frei verfügbaren Registern sind es knapp 97 %, beim PowerPC mit 32 Registern mehr als 99 %.

4.2. Bytecode-Abarbeitung

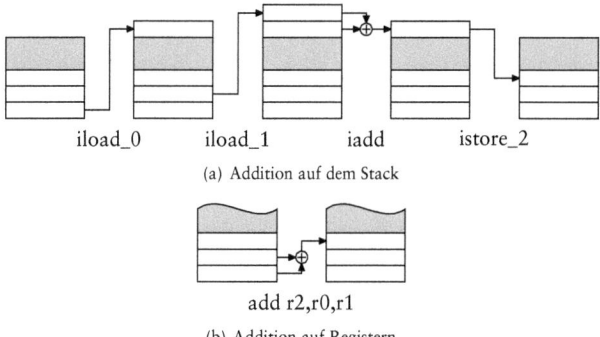

(a) Addition auf dem Stack

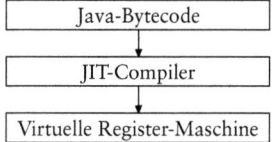

add r2,r0,r1

(b) Addition auf Registern

Abbildung 4.3.: Operandenadressierung auf Stack und Registern

```
Java-Bytecode
     ↓
 JIT-Compiler
     ↓
Virtuelle Register-Maschine
```

Abbildung 4.4.: Übersetzung auf eine virtuelle Register-Maschine

tuelle Register-Maschine kann nach wie vor in einer höheren Programmiersprache implementiert werden. Viele Funktionen, die bereits für die Stack-Maschine vonnöten waren, können zudem sehr einfach nachgenutzt werden[5]. Durch geeignete Implementierung der virtuellen Register-Maschine lässt sich zusichern, dass die virtuellen Register durch den Compiler auf echte Maschinenregister abgebildet werden. Gerade auf dem letzten Fakt begründet sich die Hoffnung für eine Geschwindigkeitssteigerung.

Bei der Ausgestaltung der virtuellen Register-Maschine hat man viele Freiheiten bezüglich der Anzahl an Registern, der Kodierung der Befehle und des Zugriffs auf die Operanden. Die erste gewählte Aufteilung zeigt Abbildung 4.5 auf der nächsten Seite.

Der Register-Interpreter wurde ebenfalls unter Verwendung von *Computed Goto* implementiert und war insofern radikal, als dass für jeden Befehl jede mögliche Register-Kombination in jeweils einem Opcode kodiert wurde. Der Hauptvorteil dieser Lösung ist, dass sofort nach dem Sprung zu einer Befehlsmarke klar ist, welche Register Quell-

---

[5] Beispiele sind die Hilfsfunktionen für alle INVOKE-Bytecodes zum Aufbau eines neuen Frames für die aufzurufende Methode oder die Allokation von Objektspeicher.

4. Eine konfigurierbare Java-Umgebung für eingebettete Systeme

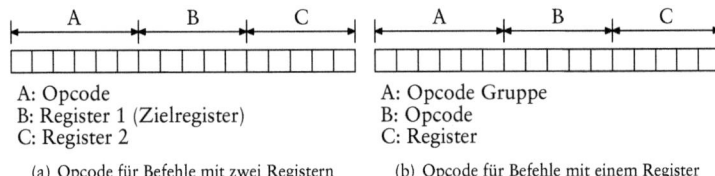

A: Opcode
B: Register 1 (Zielregister)
C: Register 2

(a) Opcode für Befehle mit zwei Registern

A: Opcode Gruppe
B: Opcode
C: Register

(b) Opcode für Befehle mit einem Register

Abbildung 4.5.: Register-JIT mit 16-Bit-Befehlswort

und Zieloperand sind. Nachteilig ist, dass dadurch die Anzahl der Opcodes stark ansteigt[6]. Die Kodierung der Befehle ist so gewählt, dass immer eine Sprungtabelle ohne Lücken entsteht.

Unterschiedliche Prozessorarchitekturen haben auch eine unterschiedliche Anzahl von freien Registern. Entsprechend variiert die Menge an Sprungmarken und letztendlich die Größe des Register-Interpreters. Tabelle 4.2 verdeutlicht den Sachverhalt. Besonders interessant sind die Zahlen des Blocks mit 49 2-Register-Befehlen und 80 1-Register-Befehlen, da mit diesen der komplette Java-Bytecode abgedeckt werden kann. Man beachte die allerdings sehr hohe Anzahl an Sprungmarken.

	Register-Zahl der Zielplattform			
	5	10	20	32
10 2-Register-Befehle	250	1 000	4 000	10 240
20 1-Register-Befehle	100	200	400	640
49 2-Register-Befehle	1 225	4 900	19 600	50 176
80 1-Register-Befehle	400	800	1 600	2 560

Tabelle 4.2.: Anzahl von Opcodes in Abhängigkeit von der Register-Anzahl

Die Größe der Sprungtabelle und dadurch der gesamte Umfang des Register-Interpreters machen eine Laufzeitverbesserung von Java-Programmen allerdings extrem abhängig von der Cache-Größe des verwendeten Prozessors. Da Prozessoren für eingebettete Systeme typischerweise recht kleine Caches im Bereich von 1 KByte bis 16 KByte haben, ist je nach Anzahl der verwendeten virtuellen Register sogar eine Verschlechterung der Abarbeitungsgeschwindigkeit zu sehen. Benchmark-Daten und eine genauere Diskussion zu diesem Thema sind im Kapitel 7.4 zu finden. An dieser Stelle bleibt festzuhalten, dass eine virtuelle Register-Maschine mit dieser Befehlskodierung für eingebettete Systeme ungeeignet ist.

---

6 Für einen einfachen IADD sind bei 6 vorhandenen Registern allein 36 Opcodes nötig.

4.2. Bytecode-Abarbeitung

A: Opcode
B: Register 1 (Zielregister) oder Parameter
C: Register 2 oder Parameter
Bit 7 = 1: Opcode nutzt zwei Register
Bit 6 = 1: Opcode nutzt ein Register

Abbildung 4.6.: Register-JIT mit 8-Bit-Befehlswort

Durch eine andere Form der Befehlskodierung und -abarbeitung lässt sich der Nachteil der großen Sprungtabelle eliminieren. Dazu wird, wie in Abbildung 4.6 zu sehen, wieder auf einen 8-Bit breiten Opcode zurückgegriffen. Dadurch hat die Sprungtabelle wieder nur 256 Einträge. Als Nachteil handelt man sich jedoch ein, dass nun der Zugriff auf die einzelnen Register aufwändiger ist, da die betroffenen Register in zusätzliche Operandenregister geladen werden müssen. Um das möglichst effizient gestalten zu können, ist aus den obersten zwei Bit-Positionen des Opcodes ersichtlich, ob der Befehl keine, einen oder zwei Operanden benötigt. Mit Hilfe von C lässt sich das Laden der Operanden wie in Quelltext 4.4 auf der nächsten Seite beschreiben realisieren.
Bis zu einer gewissen Register-Zahl (im angegebenen Beispiel sechs) ist die Realisierung mittels geschachtelter `if-then-else`-Konstrukte effizienter als eine `switch/case`-Anweisung. Leider ist das Laden der Register mittels des angegebenen C-Quelltextes so ineffizient, dass sich insgesamt wieder ein Verschlechterung des Laufzeitverhaltens ergibt. Aus diesem Grunde wurde der C-Code-Abschnitt mit Hilfe eine deutlich effizienteren[7] Assembler-Routine für PowerPC ersetzt. Mit dieser Änderung erreicht die virtuelle Register-Maschine wieder ziemlich genau die Geschwindigkeit der Stack-Maschine.
In einer studentischen Arbeit[S146] wurde untersucht, wie groß der Gewinn durch Optimierungen (Peephole-Optimierungen, Zusammenfaltung von mehreren Opcodes zu einem einzelnen) des Register-Codes ausfallen kann. Der Performance-Gewinn liegt bei der Nutzung des UCSD-Benchmarks (siehe Kapitel 7.1) bei 11 %. Wird dieser jedoch so umgeschrieben, dass anstelle von Objektfeldern lokale Variablen verwendet werden, so liegt der Gewinn bei 35 %. Die Einsparungen bei der Code-Größe lagen zwischen 6 und 12 %.
Als Fazit lässt sich ziehen, dass die Versuche mit der registerorientierten Interpretation alles im allem als nicht tragfähig bezeichnet werden müssen. Der Aufwand an eingesetztem Programm-Code steht leider in keinem Verhältnis zum erzielten Gewinn. Der mögliche

---
[7] Beim Laden eines Opcodes ohne zusätzliche Register werden zwei Maschinenbefehle benötigt, beim Laden eines Befehls mit einem Register 14 Maschinenbefehle und beim Laden eines Opcodes mit zwei Registern 24 Maschinenbefehle. Im Gegensatz dazu benötigt der C-Code im schlimmsten Fall 3, 18 oder 29 Maschinenbefehle.

```
if ((currentBytecode & ONE_REG) != 0x00) {
  regNumA = (currentBytecode >> 8) & 0xff;
  if(regNumA == 0) operand_a = r0; else
  if(regNumA == 1) operand_a = r1; else
  if(regNumA == 2) operand_a = r2; else
  if(regNumA == 3) operand_a = r3; else
  if(regNumA == 4) operand_a = r4; else
  if(regNumA == 5) operand_a = r5;

  if ((currentBytecode & TWO_REG) != 0x00) {
    regNumB = (currentBytecode >> 16) & 0xff;
    if(regNumB == 0) operand_b = r0; else
    if(regNumB == 1) operand_b = r1; else
    if(regNumB == 2) operand_b = r2; else
    if(regNumB == 3) operand_b = r3; else
    if(regNumB == 4) operand_b = r4; else
    if(regNumB == 5) operand_b = r5;
  }
}
```

Quelltext 4.4: Laden der Operanden in einer virtuellen Register-Maschine

4.2. Bytecode-Abarbeitung

Gewinn speist sich im Wesentlichen zudem aus Optimierungen, die zum Teil auch für einen echten JIT-Compiler möglich sind, welcher im folgenden Kapitel vorgestellt wird. Es existieren einige wenige Veröffentlichungen zum Thema der virtuellen Registermaschinen[28, 42]. Gemeinsam ist diesen jedoch, dass keine Zahlen zu gemessenen Geschwindigkeitsverbesserungen dargelegt werden. Die Begründung für ein besseres Verhalten wird dadurch postuliert, dass durch die Befehlsersparnis von Register-Architekturen weniger Sprünge zu den Befehlsmarken im Interpreter nötig sind und eben diese Sprünge einen wesentlichen Anteil an der Ausführungszeit eines einzelnen Befehls haben. Aufgrund eigener Messungen haben jedoch Cache-Größen und die Lokalität des Interpreter-Codes zumindest auf aktuellen Prozessoren für eingebettete Systeme einen deutlich stärkeren Einfluss.

4.2.2.2. Just-In-Time-Compiler

Die enttäuschenden Ergebnisse der virtuellen Register-Architekturen führten zu der Entwicklung[S154] eines echten JIT-Compilers für die Kertasarie-VM in Ergänzung zum bestehenden Java-Bytecode-Interpreter. Folgende Ziele sollten bei der Entwicklung des JIT-Compilers erreicht werden:

- Geschwindigkeitssteigerungen, die den Code-Aufwand des JIT-Compilers rechtfertigen,
- eine möglichst einfache Portierung auf verschiedenste RISC-Prozessoren,
- Erhalt der Echtzeitfähigkeit. Da die Kertasarie VM das sogenannte Green-Thread-Modell unterstützt (siehe Kapitel 2.3), ist diesem Punkt besonderes Augenmerk zu widmen.

Der gesamte JIT-Compiler ist bis auf wenige zusätzliche native Methoden komplett in Java geschrieben. Diese Tatsache führt zum einen zu einer hervorragenden Portierbarkeit des JIT-Compilers selbst[8], zudem führen lang andauernde Übersetzungen nicht zu einem Verlust der Echtzeitfähigkeit der Kertasarie VM, da diese bislang ausschließlich das Green-Thread-Modell unterstützt.
In Abbildung 4.7 auf der nächsten Seite ist die prinzipielle Vorgehensweise des entwickelten JIT-Compilers zu sehen.
Der erste Übersetzungsschritt wird für eine bislang nicht übersetzte Methode immer dann vorgenommen, wenn die Methode hinreichend oft genug aufgerufen wurde[9]. Während

---
8 Bei der Portierung des JIT-Compilers auf eine andere Prozessorarchitektur müssen nur einige wenige zusätzliche Klassen zur Maschinencode-Erzeugung neu geschrieben werden.
9 Dieser Parameter lässt sich per Kommandozeile einstellen und ist standardmäßig auf zehn gesetzt.

4. Eine konfigurierbare Java-Umgebung für eingebettete Systeme

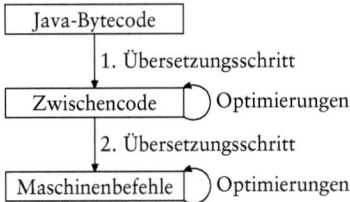

Abbildung 4.7.: Prinzipielle Arbeitsweise des JIT-Compilers

des ersten Übersetzungsschrittes wird ein kompletter Kontrollflussgraph der Methode erstellt. Das Ziel der Kontrollflussanalyse ist es im Wesentlichen, die Grundblöcke[10] der Methode zu ermitteln. Diese Grundblöcke sind später für verschiedenste Aktionen des JIT-Compilers wichtig, vor allem jedoch zur Anpassung von Sprungmarken bei der Erzeugung des Maschinencodes.

Am Kontrollflussgraphen entlang wird der Zwischencode erzeugt. Durch diese Vorgehensweise kann die Größe des Operanden-Stacks ermittelt und insbesondere die Abbildung von Stack-Elementen auf virtuelle Register des Zwischencodes vorgenommen werden. Die eigentliche Erzeugung des Zwischencodes geschieht mittels eines großen `switch/case`-Blocks. In einigen wenigen Fällen wird bei bestimmten Java-Bytecodes auch gar kein Zwischencode erzeugt, sondern nur die Größe des Operanden-Stacks verändert, was in Quelltext 4.5 auf der nächsten Seite am Beispiel des `POP`-Bytecodes deutlich wird. Durch selektives Vorauslesen von weiteren Bytecodes ist während der Zwischencode-Erzeugung auch die Faltung von mehreren Java-Bytecodes zu einem einzelnen Zwischencode möglich, was exemplarisch auch bereits implementiert wurde. Bei der Faltung muss jedoch beachtet werden, dass diese nicht über die Grenzen eines erweiterten Grundblocks hinaus geht.

Der Zwischencode ist das Bindeglied zwischen dem Java-Bytecode und den Befehlen der Zielarchitektur. Da sich der Zwischencode stark an verbreiteten RISC-Architekturen orientiert, ist eine einfache Umsetzung auf andere Zielplattformen möglich, da diese typischerweise auch RISC-artig sind. Der gesamte Zwischencode besteht momentan aus 27 Befehlen. Diese lassen sich in die folgenden Gruppen aufteilen:

- arithmetisch/logische Befehle,

- Vergleiche und Verzweigungen,

---

10 Ein Grundblock ist eine Folge von Befehlen, die über genau einen Pfad betreten und verlassen werden. Der JIT-Compiler der Kertasarie VM arbeitet eigentlich mit erweiterten Grundblöcken, die genau einen Eintritts-, aber mehrere Austrittspunkte haben können.

```
switch(code[pc]) {

    // [...]

    case BIPUSH: {
        int immediate = code[pc+1];
        top += 1;
        instructions.add(new LoadImmediate(top,
            new ConstImmediate(immediate), top+1));
    }
    break;

    // [...]

    case POP:
        top -= 1;
    break;

    // [...]
}
```

Quelltext 4.5: Erzeugung des Zwischencodes aus Java-Bytecode

4. Eine konfigurierbare Java-Umgebung für eingebettete Systeme

- Register-Transfer,
- Speicherzugriff,
- Laden von Konstanten,
- Metabefehle.

Bis auf die Befehle der letzten Gruppe werden die Zwischencode-Befehle der anderen Gruppen in nur einen oder sehr wenige Befehle der Zielarchitektur umgewandelt. Bei der Definition der Zwischencode-Befehle wurde darauf geachtet, immer eine möglichst allgemeingültige Form zu verwenden. Als Beispiel sei hier der Zwischencode `LoadByteIndexed` aus der Gruppe der Speicherzugriffsbefehle genannt. Dieser erwartet neben der Basisadresse einen echten Index, welcher dann entsprechend um die Breite des Basisdatentyps skaliert die eigentliche Speicheradresse ergibt. Durch eine ähnliche Art der Adressierung bei ARM-Prozessoren lässt sich dieser Zwischencode mit einem Maschinencode umsetzen, andere Architekturen, die das nicht ermöglichen, implementieren diesen Zwischencode durch eine kurze Befehlssequenz.

Die Metabefehle des Zwischencodes stellen eine Besonderheit dar. Diese Gruppe umfasst vor allem Befehle, die Java-spezifische Funktionen ausüben. Als Beispiele seien hier die Befehle `InvokeVirtual` und `CheckNull` genannt. Diese werden typischerweise durch eine einfache Expansion in mehrere einfache Zwischencode-Befehle umgesetzt. So wird beispielsweise `CheckNull` in die Sequenz `CompareImmediate()`, `BranchImmediate()` umgesetzt. Das muss allerdings nicht zwangsläufig so geschehen. Viele Prozessoren bieten die Möglichkeit, Zugriffe auf bestimmte Speicherbereiche an bestimmte Ausnahmebehandlungsroutinen weiterzuleiten. Damit könnte diese Art der Prüfung komplett entfallen[62] und `CheckNull` würde im Expansionsschritt wegfallen. Eine ganz ähnliche Argumentation gilt für die Sinnhaftigkeit des Zwischencode-Befehls `InvokeVirtual`. Normalerweise wird dieser in der Expansionsphase in eine Reihe von einfachen Zwischencode-Befehlen expandiert, die den Aufruf der Methode abwickeln. Genauso gut kann durch einen Optimierungsschritt entschieden werden, dass die aufzurufende Methode komplett eingebettet werden soll, um den Aufwand für den Methodenaufruf zu sparen.

Momentan ist die einzige Optimierung auf der Zwischencode-Ebene die Entfernung von redundanten `Move`-Befehlen. Weitere Optimierungen auf der Zwischencode-Ebene sind denkbar, bislang allerdings nicht implementiert. Dazu gehören die Eliminierung von Ausnahmeprüfungen oder das Inlining von Methoden[53].

Die eigentliche Maschinencode-Erzeugung ist aus dem Zwischencode relativ einfach zu bewerkstelligen. Für jeden Zwischencode ist eine Sequenz von Maschinenbefehlen definiert, die beim Besuch des entsprechenden Zwischencodes emittiert werden. Das geschieht in jedem Fall mehrstufig. Zuerst wird die Größe des Speicherbereichs für die übersetzte Methode ermittelt, anschließend der Speicherbereich allokiert und letztlich der Maschinencode erzeugt. Diese Reihenfolge ist nötig, da für absolute Sprünge innerhalb der erzeugten Befehlssequenz die Startadresse des Speicherbereichs bekannt sein muss. Momentan ist die Code-Erzeugung für PowerPC-Prozessoren implementiert, in Arbeit sind die Anpassungen für ARM7- und x86-Prozessoren.

Wie bereits in Kapitel 2.3.1 erwähnt, stellt sich bei der Verwendung des Green-Thread-Modells bei der Implementierung eines JIT-Compilers das Problem des Verlusts der Echtzeitfähigkeit, da die regelmäßige Threadwechselprüfung nach jedem Java-Bytecode nicht mehr möglich ist. Die Idee ist, den Code zur Prüfung eines Thread-Wechsels durch den JIT-Compiler in »regelmäßigen« Abständen in den erzeugten Maschinencode einflechten zu lassen. Da Methoden aber selten linear abgearbeitet werden sondern oftmals auch Schleifen enthalten sind, kann der Prüfcode nicht einfach linear in den Maschinencode eingefügt werden. Hier bietet es sich an, wieder die ermittelten Grundblöcke zu nutzen. Es existieren zwei Kriterien, wann der Prüfcode eingefügt werden soll:

- zu Beginn eines jeden Grundblocks,
- nach einer bestimmten, vorab festgelegten Anzahl an Maschinenbefehlen.

Das Einfügen solcher Synchronisationspunkte ist ebenfalls durch Siebert[97] beschrieben, allerdings werden diese Punkte vor allem dazu genutzt, den GC ausschließlich an diesen Stellen laufen zu lassen, der Fokus liegt nicht auf dem Erhalt der Echtzeitfähigkeit im Zusammenhang mit einem JIT-Compiler. Ein ähnlicher Ansatz in Hardware ist in Transputern vorhanden[52]. Hier ist das Rescheduling eines Prozesses auch nur bei bestimmten Befehlen möglich (beispielsweise jump).

Der Kertasarie-JIT-Compiler erreicht im Vergleich zur Interpretation einen Geschwindigkeitszuwachs um den Faktor 10, bei eingeschalteter Thread-Wechselprüfung ist gegenüber der Kompilation ohne Prüfung eine Degradation um etwa 10 % festzustellen. Bei einer Code-Größe von ca. 180 KByte für den JIT-Compiler ist das insgesamt ein sehr erfreuliches Ergebnis. Die genauen Daten zur Geschwindigkeitsmessung sowie ein Vergleich mit anderen JIT-Compilern ist in Kapitel 7.5 zu finden.

4.3. Objektmodell

Java-Objekte in einer JVM brauchen neben dem Speicherplatz für die Instanzfelder Platz für weitere Informationen. Da bei einem Methodenaufruf typischerweise erst zur Laufzeit entschieden wird, welche Methode aufgerufen wird, sind also Typinformationen für jedes Objekt notwendig. Zudem kann über jedes Java-Objekt ein Monitor betreten werden (siehe dazu Kapitel 2.4.2.1), es ist also in jedem Objekt auch die Information notwendig,

4. Eine konfigurierbare Java-Umgebung für eingebettete Systeme

wie der Monitor erreicht werden kann. Je nach Art des GC wird auch Speicherplatz zum Abspeichern von GC-Zuständen gebraucht. Für jedes Java-Objekt kann außerdem immer ein Hash-Code berechnet werden. Im einfachsten Fall ist das immer die Speicheradresse des Objekts. Wenn jedoch durch einen kompaktierenden GC die Objekte im Heap bewegt werden, ist auch das nicht mehr möglich. In diesem Fall wird typischerweise ein weiteres Wort zur Abspeicherung des Hash-Codes benötigt.

Objekte in der Kertasarie VM benötigen in der jetzigen Implementierung entweder zwei oder drei 32-Bit-Wörter zum Halten der Verwaltungsinformationen. Abbildung 4.8 zeigt beide Varianten. Die linke kommt zum Einsatz, wenn kein echtzeitfähiger GC eingesetzt werden muss, die rechte Variante entsprechend bei Nutzung des echtzeitfähigen GC.

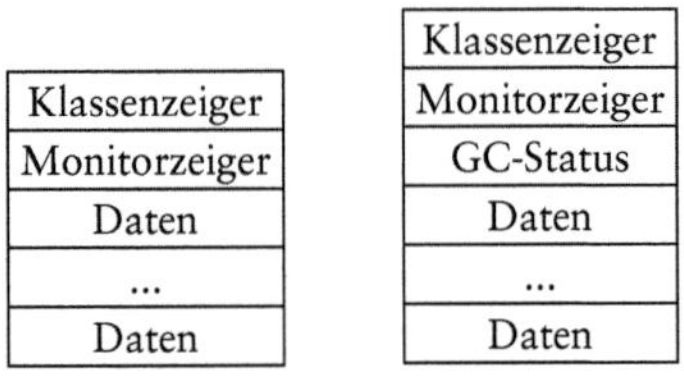

Klassenzeiger
Monitorzeiger
Daten
...
Daten

Klassenzeiger
Monitorzeiger
GC-Status
Daten
...
Daten

Abbildung 4.8.: Objektmodell der Kertasarie VM

Selbstverständlich sind auch andere Objektmodelle denkbar. Bacon et al.[12] haben ausführlich verschiedene Modelle diskutiert und bewertet. Aus Sicht der Autoren reicht in den meisten Fällen ein einziges 32-Bit-Wort für die Verwaltungsinformationen aus. In diesem Wort steht ein Verweis auf die Typinformation des Objekts und außerdem werden mittels *bit-stealing* die GC-Zustandsinformationen untergebracht. Ein Verweis auf einen Monitor fehlt komplett. Beim Laden oder Kompilieren einer Klasse wird diese untersucht, ob sie synchronized-Methoden oder -Blöcke enthält. Für diesen Fall wird ein zusätzliches Wort für ein Thin Lock (siehe Kapitel 2.4.2.1) reserviert. Monitor-Operationen auf Objekten *ohne* Thin Lock müssen aufwändig über eine Hash-Tabelle abgewickelt werden. Es ist also ersichtlich, dass diese Variante des Objektmodells einen erheblichen Implementierungsaufwand nach sich zieht. Insgesamt wird durch diese Art der Header-Kompression eine Speicherplatzersparnis von 7 % im Mittel reklamiert.

Die Speicherverwaltung kann in vielen Fällen auch nicht beliebig kleine Speicherbereiche zur Verfügung stellen. Oft benötigt ein Speicherallokator drei Worte zur Verwaltung von freien Speicherblöcken: ein Markierungswort, ein Feld, das die Größe des freien Speicherbereichs angibt und einen Verweis auf den nächsten freien Speicherblock. Diese Restriktion wird durch Bacon et al.[12] leider nicht berücksichtigt.

Insgesamt bietet das Objektmodell der Kertasarie VM einen schnellen Zugriff auf alle zur Laufzeit wichtigen Daten bei recht geringen zusätzlichen Kosten. Falls eine echtzeitfähige Speicherverwaltung genutzt wird, ließen sich die drei 32-Bit-Worte des Headers auf zwei reduzieren, wenn eine Monitorimplementierung mit Thin Locks genutzt und die Zustandsinformationen für den GC ebenfalls im Thin Lock mit untergebracht werden würden.

4.4. Methodenaufrufe

Der Methodenaufruf ist durch die objektorientierte Natur von Java relativ kompliziert und damit prinzipiell recht zeitaufwändig. Erschwerend kommt hinzu, dass Methodenaufrufe in objektorientierten Sprachen im Vergleich zu anderen Programmiersprachen recht häufig vorkommen[11]. Es gilt also, den Methodenaufruf so effizient wie möglich zu gestalten. Wichtige Elemente sind dabei die Übergabe von Parametern und Rückgabewerten sowie ein schneller Aufbau und Zugriff auf die Verwaltungsstrukturen der Methoden. Aufgrund der Stack-Architektur der JVM werden Parameter und Rückgabewerte auf dem Stack übergeben. Die Parameter werden von der aufrufenden Methode auf den Stack gelegt. Die INVOKE_XXX-Bytecodes konsumieren diese Parameter vom Stack der aufrufenden Methode und machen die Parameter als lokale Variablen der aufgerufenen Methode verfügbar. Bei der Übergabe von Rückgabewerten liegt dieser auf dem Operanden-Stack der aufgerufenen Methode. Die XRETURN-Bytecodes konsumieren diesen und legen ihn als oberstes Element auf den Stack der aufrufenden Methode. Die exakte Spezifikation der INVOKE_XXX- und XRETURN-Bytecodes ist in der JVM-Spezifikation[74, §6.4] zu finden.

Durch geeignete Überlappung von Operanden-Stack der aufrufenden Methode und der lokalen Variablen der aufgerufenen Methode kann das zeitaufwändige Umkopieren der Parameter eingespart werden. Abbildung 4.9 auf der nächsten Seite zeigt diese Vorgehensweise, welche exakt so in der Kertasarie VM verwirklicht wurde.

In dieser Abbildung ist neben Stack und lokalen Variablen auch die Verwaltungsstruktur für Methoden zu sehen. Ein Frame besteht aus vier Komponenten: Methodenzeiger, Program-Counter, Zeiger auf die lokalen Variablen sowie dem Zeiger auf die oberste Stack-Position. Es ist zu beachten, dass die in einem Methoden-Frame gespeicherten Daten immer auf die Elemente der *aufrufenden* Methode verweist. Für die gerade aktuelle Methode eines Java-Threads werden diese Informationen in der Thread-Struktur abgelegt.

Selbstverständlich ist auch eine Realisierung mit getrennten Stacks für die Operanden nebst lokalen Variablen sowie die Frames denkbar. Diese Vorgehensweise führt in der Kertasarie VM jedoch zu einer langsameren Bytecode-Abarbeitung (siehe Kapitel 4.2.1). Die Ursache ist auch hier wieder in einem besseren Cache-Verhalten der kombinierten

---

11 Das klassische Beispiel sind Getter- und Setter-Methoden für den Zugriff auf Daten eines Objekts.

4. Eine konfigurierbare Java-Umgebung für eingebettete Systeme

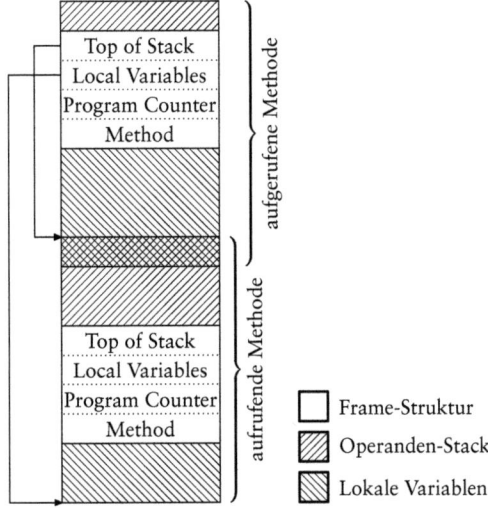

Abbildung 4.9.: Parameterübergabe beim Methodenaufruf

Variante zu suchen, da an vielen Stellen des Interpreters gleichzeitig auf lokale Variablen, Stack und Frame-Daten zurückgegriffen werden muss, insbesondere natürlich bei Methodenaufrufen.

4.4.1. Constant-Pool-Resolution

Eine wichtige Rolle beim Aufruf von Methoden spielt die Auflösung von symbolischen Referenzen mit Hilfe des Constant Pool. Damit Java-Class-Files möglichst plattformunabhängig sind, nutzen verschiedene Instruktionen symbolische Informationen, die im Constant Pool eines Java-Class-Files gespeichert sind. Diese symbolischen Verweise spielen nicht nur beim Methodenaufruf eine Rolle, analog werden sie auch bei Feldzugriffen oder bei der Instanziierung von Objekten genutzt. In Abbildung 4.10 auf der nächsten Seite ist der Bytecode für einen statischen Methodenaufruf samt dazugehörigen Constant-Pool-Informationen zu sehen.

Beim Laden von Klassen durch die Kertasarie VM wird selbstverständlich auch der Constant Pool mitgeladen. Alle Strings[12] aus dem Constant Pool werden jedoch mit Hilfe eines B-Baumes nur einmalig in den internen Strukturen der VM gespeichert. Diese Vor-

---
12 Also alle UTF8_info-Einträge.

4.4. Methodenaufrufe

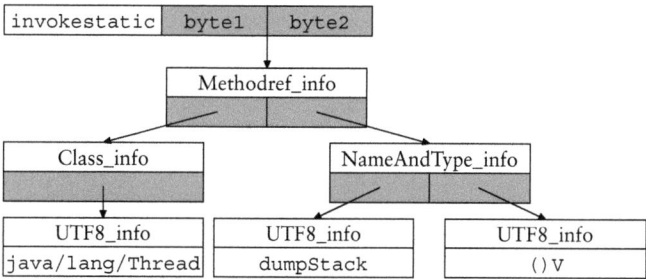

Abbildung 4.10.: Constant-Pool-Resolution beim Methodenaufruf

gehensweise erhöht zwar die Zeit des Ladens einer Klasse, allerdings sind bei der Abarbeitung von Bytecodes anstelle von String-Vergleichen nur noch Adressvergleiche nötig. Trotz der Verwendung eines B-Baumes ist die Resolution immer noch ein sehr zeitaufwändiger Vorgang, da nach der eigentlichen Constant-Pool-Resolution immer noch die Methodentabellen einer Klasse linear nach der gewünschten Methode durchsucht werden müssen. Dieser Vorgang kann dramatisch beschleunigt werden, indem der originale Bytecode (im Bild 4.10 beispielsweise ein INVOKE_STATIC) durch einen _QUICK-Bytecode ersetzt wird (im Beispiel INVOKE_STATIC_QUICK). Die Parameter, die dem _QUICK-Opcode folgen, sind nun frei wählbar, solange sie nicht die originale Länge überschreiten. In der Kertasarie VM folgen dem INVOKE_STATIC_QUICK zwei Parameter mit jeweils 8 Bit Länge. Der erste Parameter ist ein Index in die globale Klassentabelle der Kertasarie VM, der zweite Parameter ist ein Index in die Methodentabelle der Klasse. Somit ist zum Auffinden der für den INVOKE nötigen Methodeninformationen nur noch das Nachschlagen in zwei Tabellen nötig. Diese Vorgehensweise ist für alle Java-Bytecodes möglich, die Verweise in den Constant Pool als Parameter enthalten. Insgesamt lässt sich durch die Nutzung der _QUICK-Opcodes eine Beschleunigung des Methodenaufrufs um den Faktor 100 erreichen. Falls der Wertebereich der 8-Bit-Parameter nicht ausreichen sollte, kann durch die Einführung eines zweiten _QUICK-Befehls der Wertebereich sehr einfach erweitert werden.

Die komplette Constant-Pool-Resolution mit _QUICK-Opcodes kann entweder direkt beim Laden einer Klasse erfolgen oder erst beim Ablauf der zu resolvenden Methode. Entsprechend nennt man die Varianten Early- und Late-Resolution. In der Kertasarie VM sind beide Varianten möglich, welche zum Einsatz kommt, wird zur Compile-Zeit ausgewählt.

4.4.2. Anbindung nativer Methoden

Der Java-Bytecode bietet keinerlei Möglichkeit, bestimmte Funktionen des Betriebssystems aufzurufen. Dies ist allerdings nötig, um so elementare Dinge des Java-API wie Socket-Kommunikation, Datei-I/O etc. bereitzustellen. Sogenannte native Methoden können in anderen Programmiersprachen verfasst sein (in der Kertasarie VM ist es C) und sind so in der Lage, das Bindeglied zwischen der JVM und dem Betriebssystem herzustellen. Mit Hilfe des Schlüsselwortes native kann eine Java-Methode entsprechend gekennzeichnet werden; sie hat dann konsequenterweise auch keinen Methodenrumpf. Das Schlüsselwort native findet sich nach der Kompilation der Java-Klasse als spezielles Flag im Methoden-Deskriptor der nativen Methode wieder[13]. Durch die Auswertung dieses Flags kann die JVM während der Abarbeitung der INVOKE-Befehle spezielle Vorkehrungen beim Aufruf einer nativen Methode treffen. Die Kertasarie VM nutzt zur Implementierung nativer Methoden wie die CLDC *nicht* das JNI, sondern muss alle für eine Applikation nötigen nativen Methoden innerhalb der JVM bereitstellen (siehe dazu auch Kapitel 2.1.1.3). Der Hauptgrund ist auch hier die erheblich geringere Komplexität, was sich in einer deutlich schlankeren Implementierung niederschlägt.

Verhalten müssen sich native Methoden exakt genauso wie normale Bytecode-Methoden. Das bedeutet insbesondere, dass auch eine native Methode ihre Parameter vom Stack der aufrufenden Methode erhält und den Rückgabewert auf diesem wieder ablegen muss. Zudem muss eine native Methode prinzipiell auch in der Lage sein, eine Ausnahmebehandlung anstoßen zu können. Eine native Methode hat in der Kertasarie VM immer folgenden C-Funktionsprototypen:

```
object_t *nameOfMethod(register thread_t *t);
```

Quelltext 4.6: Funktionsprototyp für native Methoden

Über die Thread-Struktur hat die native Methode Zugriff auf den Operanden-Stack und kann demzufolge ihre Parameter lesen sowie einen eventuell vorhandenen Rückgabewert wieder ablegen. Der Rückgabewert ist ein Zeiger auf die interne Repräsentation eines Java-Objektes. Eine native Methode ist damit in der Lage, selbst ein Ausnahmeobjekt zu erzeugen und als Rückgabewert an den Bytecode-Interpreter zurückzugeben, welcher sich dann um die weitere Behandlung der Ausnahme kümmert.

Alle benötigten nativen Methoden sind innerhalb der Kertasarie VM über eine Tabelle erreichbar, der Schlüssel in die Tabelle ist eine Zeichenkette bestehend aus dem korre-

---

13 Den genauen Aufbau von Java-Klassendateien findet man unter anderem in der JVM-Spezifikation[120, 74].

spondierenden Java-Namen der nativen Methode sowie deren Deskriptor[14], der zweite Eintrag ist dann der C-Funktionszeiger auf die C-Implementierung. Während des Klassenladens wird beim Laden einer nativen Methode die Tabelle nach dem passenden Eintrag durchsucht und der gefundene Funktionszeiger in die interne Repräsentation einer Java-Methode geschrieben. Die Anzahl der zu unterstützenden nativen Methoden kann relativ schnell recht hoch werden, weshalb jede einzelne native Methode von der Aufnahme in das JVM-Binary ausgeschlossen werden kann. Falls eine Applikation beispielsweise keine Socket-Kommunikation benötigt, so kann bei der Kompilation der Kertasarie VM diese gesamte Komponente mittels eines Schalters komplett außen vor gelassen werden.

In Kapitel 2.3.1 wurde die Problematik nativer Methoden im Zusammenhang mit dem Green-Thread-Modell näher erläutert. Kurz gefasst, führt das Blockieren einer nativen Methode zum Stillstand der gesamten JVM, ein Zustand, der sich so nicht einstellen darf. Eine native Methode muss also vorab prüfen, ob der Aufruf einer Betriebssystemfunktion möglicherweise blockiert; typischerweise ist das ein I/O-Funktionsaufruf. Je nach Art des von der Kertasarie VM genutzten Betriebssystems wird ein spezielles I/O-Modell genutzt, welches sich um eine asynchrone Behandlung des I/O-Aufrufs kümmert. Die verschiedenen Arten von I/O-Modellen werden in Kapitel 4.5 detailliert beschrieben. Gemeinsam ist allen Modellen aus Sicht der nativen Methoden, dass die native Methode im blockierenden Fall mit einem speziellen Rückgabewert an den Bytecode-Interpreter zurückkehrt. Dieser blockiert dann den gerade aktuellen Java-Thread, nachdem der Befehlszähler so zurückgestellt wurde, dass bei einer Reaktivierung des Threads die native Methode wieder neu aufgerufen wird. Die Reaktivierung erfolgt dann wieder unterschiedlich je nach I/O-Modell.

Insgesamt ist die Entwicklung neuer nativer Methoden ein relativ fehleranfälliger Prozess. Aus diesem Grund wurden Tools entwickelt, um die Erstellung nativer Methoden so weit wie möglich zu automatisieren. So ist es möglich, aus einer Java-Datei mit nativen Methoden automatisch den C-Funktionsrumpf zu erstellen. Dieser beinhaltet zugleich die Operationen für die Übernahme eventuell vorhandener Parameter vom Operanden-Stack und die Übergabe des Rückgabewertes an die aufrufende Methode. Eine korrekte Stack-Bilanz ist so immer gewährleistet.

4.5. Thread-Modell und I/O-Verarbeitung

Das Problem nativer Methoden im Zusammenspiel mit dem Green-Thread-Modell wurde bereits im Kapitel 2.3.1 erläutert. Abbildung 4.11 auf der nächsten Seite verdeutlicht das Problem noch einmal grafisch.

---

14 Ein Methoden-Deskriptor beschreibt in einer Zeichenkette Parameter und Rückgabewerte einer Methode.

4. Eine konfigurierbare Java-Umgebung für eingebettete Systeme

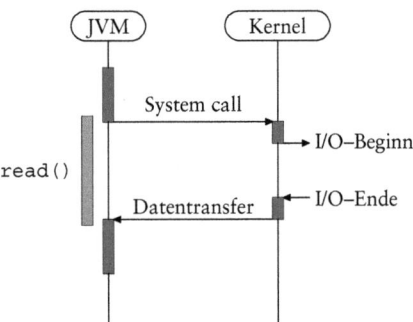

Abbildung 4.11.: Synchrones I/O

Sobald die JVM ohne besondere Vorkehrungen direkt den Lesezugriff durchführt, wird die gesamte JVM vom Betriebssystem solange schlafen gelegt, bis Daten für den Lesezugriff vorhanden sind. Obwohl nur *ein* einzelner Java-Thread die Leseoperation aufgerufen hat, werden *alle* Java-Threads in der JVM aufgrund des Green-Thread-Modells[15] ebenfalls schlafen gelegt. Da dieses Verhalten nicht akzeptabel ist, müssen solche I/O-Aufrufe durch die JVM ummantelt werden.

In den folgenden Abschnitten werden Lösungsmöglichkeiten für diese Ummantelungen skizziert. Die angegebenen Beispiele sind im Folgenden immer Lesezugriffe und orientieren sich in ihrer Nomenklatur an Unix-artigen Betriebssystemen, wobei die Mechanismen problemlos auf andere Betriebssysteme übertragbar sind. Gemeinsam ist allen Vorgehensweisen, dass sie ein asynchrones I/O-Verhalten ermöglichen.

Erlaubt das Betriebssystem, I/O-Operationen auf nicht blockierend zu setzen sowie die Signalisierung des Prozesses, falls der I/O-Transfer möglich ist, so ist die in Abbildung 4.12 auf der nächsten Seite angegebene Vorgehensweise möglich.

Die native Methode ruft die read()-Funktion auf und für den Fall, dass keine Daten zum Lesen vorhanden sind, wird der Leseaufruf mit einem Fehler-Code beendet. Anschließend kehrt die native Methode mit einem speziellen Rückgabewert zum Bytecode-Interpreter zurück. Dieser blockiert dann den gerade aktuellen Java-Thread, nachdem der Befehlszähler so zurückgestellt wurde, dass bei einer Reaktivierung des Java-Threads die native Methode erneut aufgerufen wird. Die Reaktivierung geschieht durch ein externes Ereignis (in Unix/Linux beispielsweise ein Signal), welches anzeigt, dass die I/O-Operation nun ausgeführt werden kann. Dieses Verfahren wird von der Kertasarie VM unter Linux

---

15 Zur Erinnerung: Beim Green-Thread-Modell werden alle Java-Threads innerhalb der JVM erzeugt und verwaltet, die JVM stellt gegenüber dem Betriebssystem nur ein Prozess dar.

4.5. Thread-Modell und I/O-Verarbeitung

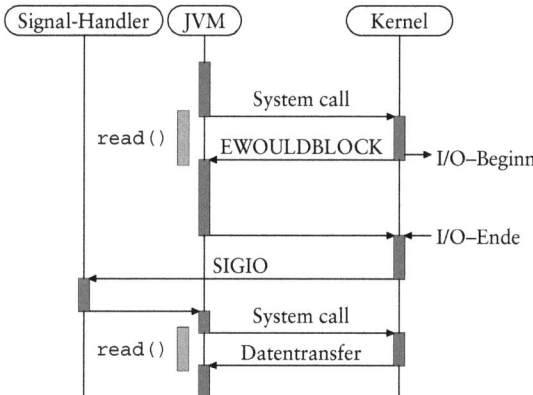

Abbildung 4.12.: Asynchrones I/O mit Signalen

genutzt.

Das eben beschriebene Verfahren zur Ummantelung blockierender Funktionen wird als asynchrones I/O oder Signal-Driven-I/O[102] bezeichnet. Manche Betriebssysteme unterstützen diese Betriebsart jedoch nicht. In diesem Fall muss mit Hilfe von Threads ein andere Art der Ummantelung implementiert werden.

Eine Möglichkeit ist die Nutzung eines Betriebssystem-Threads pro blockierenden Aufruf. Abbildung 4.13 auf der nächsten Seite stellt diese Variante dar. Die native Methode signalisiert dem I/O-Thread zu erledigende Arbeit, welcher diese dann mit Hilfe synchroner Funktionsaufrufe[16] absolvieren kann. Anschließend markiert der I/O-Thread den Java-Thread mit der nativen Methode wieder als lauffähig, worauf dieser eventuell übermittelte Daten übernimmt. Dieses Verfahren wurde in der Kertasarie VM bei der Portierung auf Windows CE sowie eCos[33] implementiert. Nachteilig ist zum einen die möglicherweise recht hohe Thread-Last im System, zudem ist die Implementierung in der JVM komplizierter und damit inhärent fehleranfälliger.

In Abbildung 4.13 auf der nächsten Seite blockiert der I/O-Thread in der select()-Funktion, die eigentlichen Lesezugriffe werden durch den JVM-Prozess vorgenommen. Denkbar ist auch eine optimierte Vorgehensweise, bei welcher der I/O-Thread einen blockierenden Lesezugriff durchführt und die Daten bereits aus dem Kernel übernimmt. In diesem Falle würde immerhin ein Aufruf in den Kernel eingespart werden.

Eine weitere Variante ist die Nutzung eines einzigen Betriebssystem-Threads für die Ab-

---

16 Der in Abbildung 4.13 auf der nächsten Seite dargestellte select()-Aufruf blockiert so lange, bis Daten für den I/O-Kanal vorliegen.

4. Eine konfigurierbare Java-Umgebung für eingebettete Systeme

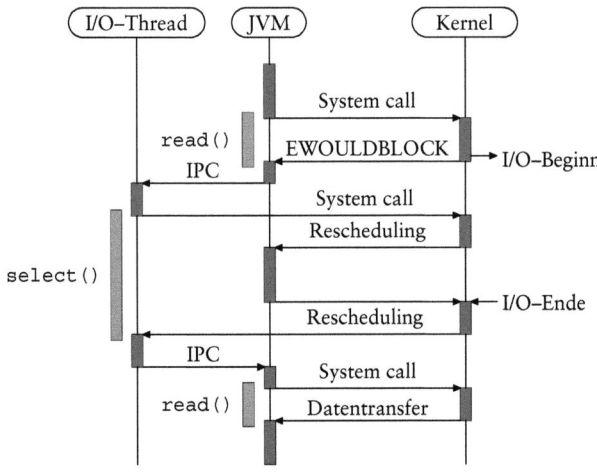

Abbildung 4.13.: Asynchrones I/O mit Threads

handlung *aller* blockierenden Funktionsaufrufe. Abbildung 4.14 auf der nächsten Seite skizziert auch hier wieder das Verhalten. Dieser I/O-Thread wartet dann in einer Funktion auf die Beendigung von möglicherweise blockierenden Funktionsaufrufen. In Unix-artigen Betriebssystemen ist das beispielsweise die Funktion select(). Falls ein gewünschter Aufruf möglich ist, wird der dazu gehörende Java-Thread als lauffähig markiert. Problematisch ist nur der Fall, dass der I/O-Thread im select() steht und die JVM einen weiteren Auftrag an den I/O-Thread übergeben möchte. Es ist für diesen Fall ein Mechanismus nötig, um das select() durch den JVM-Thread zu unterbrechen. Beispielsweise müssen in POSIX-konformen Betriebssystemen die select()-Aufrufe durch Signale unterbrechbar sein. Eine weitere Variante wäre es, wenn der JVM-Prozess mit dem I/O-Thread mittels einer Socket-Verbindung kommunizieren würde, wodurch der select()-Aufruf des I/O-Threads ebenfalls beendet werden kann[102].

4.6. Speicherverwaltung

Die Speicherverwaltung spielt eine zentrale Rolle innerhalb einer JVM und ist oftmals zu großen Teilen dafür verantwortlich, ob eine JVM-Implementierung echtzeitfähig ist oder nicht. Die Speicherverwaltung einer JVM lässt sich unterteilen in den Speicher-Allokator und den Garbage Collector (GC). Während letzterer für das automatische Auffinden nicht

4.6. Speicherverwaltung

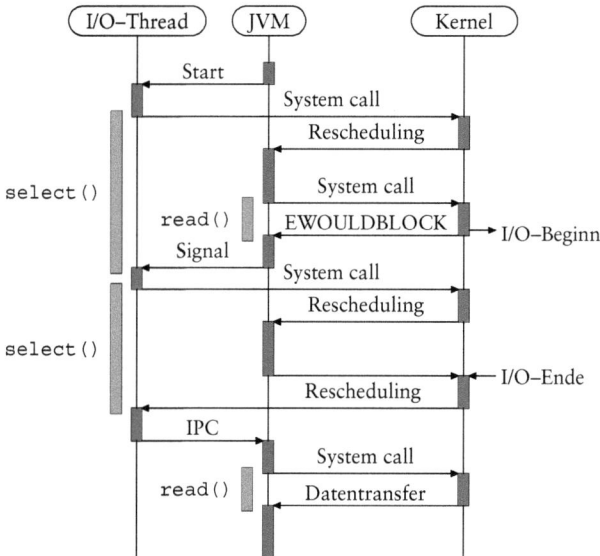

Abbildung 4.14.: Asynchrones I/O mit einem exklusiven I/O-Thread

mehr genutzter Java-Objekte zuständig ist, ist ersterer ganz allgemein für die Speicherverwaltung zuständig, also das Bereitstellen von Speicher für Java-Objekte und auch die Rücknahme des Speichers, falls Objekte nicht mehr benötigt werden. Beide Teile der Speicherverwaltung der Kertasarie VM werden in den folgenden zwei Abschnitten auch getrennt beschrieben. Weiterführende Informationen zum Allokator und zum implementierten Garbage-Collector sind in [S145] zu finden.

4.6.1. Speicher-Allokator

Eines der wesentlichen Probleme eines Allokators ist die Fragmentierung des Speichers. Fragmentierung liegt vor, wenn freier Speicher vorhanden ist, dieser aber durch den Allokator nicht genutzt werden kann, da er in vielen kleinen Fragmenten vorliegt. Fragmentierung unterteilt man in interne und externe Fragmentierung (siehe Kapitel 2.4.1.2). Externe Fragmentierung kann vermieden werden, indem eine Kompaktierung des Speichers vorgenommen wird. Das bedeutet im konkreten Fall einer JVM jedoch, dass Java-Objekte auf dem Heap verschiebbar sein müssen. Eine Möglichkeit ist, nach dem Ver-

115

4. Eine konfigurierbare Java-Umgebung für eingebettete Systeme

schieben eines Objektes alle Referenzen auf dieses Objekt auf die neue Adresse umzusetzen. Dies entspricht dem Aufwand zum kompletten Scannen des Heaps bei jeder Verschiebung eines Java-Objektes, ist also extrem hoch. Mit Hilfe sogenannter forwarding-Referenzen lässt sich dieser Prozess zwar unterbrechbar gestalten, ein Objektzugriff hingegen wird teurer[17]. Eine andere Lösungsmöglichkeit ist die Verwendung von Objekt-Handles, die im Zusammenhang mit dem Copying-GC-Algorithmus in Kapitel 2.4.1.1 vorgestellt wurden. Diese verlangsamen jedoch ebenfalls den Zugriff auf Objekte, da nun mindestens zwei Speicherzugriffe notwendig sind.

Aus den erwähnten Nachteilen verzichtet die Kertasarie VM auf das Verschieben von Objekten im Speicher. Die einzige Stelle zur Vermeidung von Fragmentierung ist nun allerdings der Speicher-Allokator.

Um den Grad der Fragmentierung einschätzen zu können, muss diese jedoch erst einmal gemessen werden. Johnstone stellt eine Methode vor, die nur die Speichermenge der allokierten Objekte und die Menge des vom Allokator verwalteten Speichers miteinander in Beziehung setzt[57]. Diese liefert jedoch vergleichbare Ergebnisse nur auf Systemen, bei denen der Heap während der Laufzeit wachsen kann. Für die Messung der Fragmentierung wurde daher von Burchardt[S145] die Formel in Abbildung 4.15 entwickelt, die auch hier verwendet werden soll.

$$Fragmentierung = \frac{Anzahl\ freier\ Blöcke - 1}{Anzahl\ allokierter\ Objekte}$$

Abbildung 4.15.: Messung der Fragmentierung

Der Allokator in der Kertasarie VM verwaltet eine Liste von Freispeicherblöcken (segregated free lists, siehe Kapitel 2.4.1.2 und [27]). Abbildung 4.16 zeigt so eine Liste mit vier Kategorien.

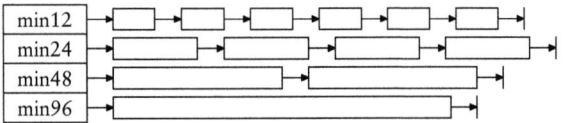

Abbildung 4.16.: Objektallokation mit Freispeicherlisten

Speicherblöcke einer Kategorieliste haben eine Mindestgröße, beispielsweise sind in der Liste *min24* nur Speicherblöcke enthalten, die mindestens 24 Byte groß sind. Die Allokation eines Speicherbereichs für ein Java-Objekt ist nun recht einfach. Es wird die Liste her-

---

17 Bei Nutzung von forwarding-Referenzen muss bei jedem Objektzugriff geprüft werden, ob sich an der Adresse das Objekt befindet oder die forwarding-Referenz.

ausgesucht, deren Elemente gleich oder größer sind als die Anforderung. Listen, die keine Elemente enthalten, werden einfach übersprungen. Ist nun die passende Liste gefunden, wird das erste Listenelement verwendet. Je nach Größe des gefundenen Speicherbereiches sind drei Fälle zu unterscheiden:

1. Die angeforderte Größe entspricht exakt der Größe des freien Speicherbereichs; in diesem Fall wird der Speicherbereich einfach verwendet.

2. Die Größe des freien Speicherbereichs ist größer oder gleich der angeforderte Größe plus der Größe der Verwaltungsinformationen. In diesem Fall wird der Speicherbereich aufgespaltet, der vordere Bereich für das Java-Objekt verwendet und der hintere Bereich in die entsprechende Kategorie vorn eingestellt.

3. Die Größe des freien Bereichs ist etwas größer als für das Objekt nötig, reicht aber nicht mehr für die Verwaltungsinformationen des abzuspaltenden Teils. In diesem Fall muss der erste freie Speicherbereich der nächstgrößeren Kategorie verwendet werden.

Der Algorithmus ist echtzeitfähig, da eine obere Schranke für die Allokation eines Objekts angegeben werden kann. Diese hängt von der Anzahl der verwendeten Kategorien ab. Eine Worst-Case Execution Time (WCET)-Analyse steht bislang noch aus, Messungen auf einem ARM7TDMI-System mit 50 MHz zeigen aber, dass die Objektallokation nach maximal 64 µs abgeschlossen ist. Bei dieser Messung wurden zehn Speicherkategorien verwendet. Die Fragmentierung beträgt nach der Formel aus Abbildung 4.15 auf der vorherigen Seite 30 % beim Ablauf eines speicherintensiven Testprogramms, wobei die Fragmentierung natürlich stark von der laufenden Applikation abhängig ist[18].

4.6.2. Garbage-Collector

Der in der Kertasarie VM eingesetzte GC arbeitet nach dem Mark-Sweep-Prinzip, wobei dieser Algorithmus mit Hilfe der Tricolor-Markierung (siehe Kapitel 2.4.1.1) echtzeitfähig gestaltet wurde. Als Barriere wird je nach GC-Phase eine Schreibbarriere zur Einhaltung der starken oder schwachen Invariante eingesetzt. Auf einem ARM7TDMI-System mit 50 MHz Taktfrequenz kann der GC so eingestellt werden, dass jeder inkrementelle Schritt nicht länger als 175 µs benötigt. Dabei beträgt das Laufzeitverhältnis von GC und laufender Applikation etwa eins zu fünf. Der Applikation wird also maximal ein sechstel der zur Verfügung stehenden Rechenleistung durch den GC entzogen.

---

18 Ein vormals in der Kertasarie VM vorhandener Allokator arbeitete nach dem first-fit-Verfahren. Dieses zeigte eine Fragmentierung von nur 15 %, ist aber im Gegensatz zum jetzigen Verfahren in keinster Weise echtzeitfähig.

4. Eine konfigurierbare Java-Umgebung für eingebettete Systeme

Wesentliche Problemstellungen der beiden Phasen des GC werden im Folgenden dargestellt, die verwendete Nomenklatur und eine allgemeine Beschreibung dieses Verfahrens steht im Kapitel 2.4.1.1. Die kompletten Details des implementierten GC sind in [S145] nachzulesen.

4.6.2.1. Die Mark-Phase

Die Mark-Phase ist in der Kertasarie VM in zwei Sub-Phasen unterteilt. In der ersten Phase wird das Root Set ermittelt, in der zweiten der Erreichbarkeitsgraph erstellt.

Ermittlung des Root Set Der erste Teil der Mark-Phase ist dafür verantwortlich, das Root Set zu ermitteln. Dazu gehören insbesondere Referenzen auf Objekte innerhalb von statischen Klassenfelder, in lokalen Variablen und auf dem Operanden-Stack. In der Kertasarie VM werden Klassen, die einmal geladen wurden, nicht wieder aus der JVM entfernt. Das macht die Unterbrechbarkeit bei der Durchsuchung nach Objektreferenzen von Klassenfeldern sehr einfach, da nur ein Verweis auf die gerade untersuchte Klasse sowie das aktuelle statische Feld bei der Unterbrechung abgespeichert werden müssen. Wieviele statische Felder pro GC-Zyklus untersucht werden, wird zur Übersetzungszeit der JVM durch eine Konstante festgelegt.
Erheblich schwieriger gestaltet sich die Durchsuchung der einzelnen Java-Threads inklusive der dazu gehörenden Stacks, da während einer Unterbrechung ein Java-Programm die Stacks stark verändern kann. Die Liste der verketteten Frames (siehe Kapitel 4.4) wird von oben nach unten durchsucht[19]. Während dieser Suche kann der GC unterbrochen werden. Dann sind zwei Fälle zu unterscheiden:

1. Es werden Frames abgebaut, die Verschachtelungstiefe der Methoden nimmt ab. In diesem Fall setzt der GC seine Suche bei dem dann aktuellen, tieferen Frame fort. Eventuell zuviel markierte Objekte werden beim nächsten Durchlauf des GC freigegeben; der GC macht an dieser Stelle also konservative Annahmen.

2. Es kommen neue Frames hinzu, die Verschachtelungstiefe der Methoden nimmt zu. Der GC setzt seine Arbeit an der ursprünglichen Stelle fort, die neu hinzugekommenen Frames werden nicht untersucht. Diese Methodik funktioniert aus dem Grund, da in dieser Phase des GC alle neu hinzukommenden Objekte immer grau gefärbt werden. Alle anderen über die neuen Frames referenzierten Objekte sind über den Erreichbarkeitsgraphen von einer Referenz aus erreichbar, die sich im untersuchten oder noch zu untersuchenden Teil des Frame-Stacks befinden.

---

19 Anders ausgedrückt, werden zuerst die jüngeren, dann die älteren Frames untersucht.

4.6. Speicherverwaltung

Die gleiche Argumentation gilt im Übrigen auch für den Fall, dass während der Unterbrechung des GC neue Java-Thread hinzukommen oder Java-Threads beendet werden. Neue Objekte werden in dieser GC-Phase grau gefärbt, alle anderen Objekte in den neuen Threads sind über die bereits vorhandenen Threads erreichbar.

Innerhalb eines Methoden-Frames sind die lokalen Variablen und die Einträge auf dem Operanden-Stack nach Objektreferenzen zu durchsuchen. Der Operanden-Stack wird dabei von unten nach oben untersucht. Wird während dieser Untersuchung der GC unterbrochen und so viele Elemente vom Operanden-Stack abgebaut, dass die Spitze des Stacks unter dem letzten untersuchten Stack-Element sinkt, so wird die Untersuchung des Operanden-Stacks abgebrochen. Wird der Operanden-Stack während der Unterbrechung vergrößert, müssen keine Vorkehrungen getroffen werden; die neuen Elemente werden auf Objektreferenzen untersucht.

Die lokalen Variablen werden ebenfalls von unten nach oben durchsucht. Hier gibt es jedoch einen Spezialfall zu beachten. Zu Beginn eines GC-Zyklus' sind alle Objekte weiß gefärbt. Es ist zudem denkbar, dass die einzige Referenz auf ein Objekt auf dem Operanden-Stack liegt. Der GC wird nun unterbrochen, nachdem die lokalen Variablen des Frames untersucht wurden, der Operanden-Stack jedoch noch nicht. Diese Situation ist in Abbildung 4.17(a) dargestellt.

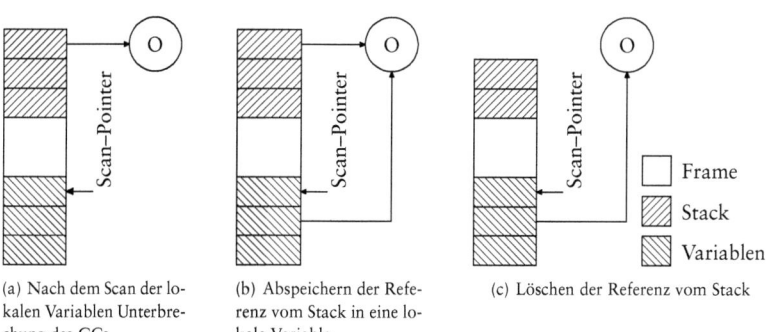

(a) Nach dem Scan der lokalen Variablen Unterbrechung des GCs

(b) Abspeichern der Referenz vom Stack in eine lokale Variable

(c) Löschen der Referenz vom Stack

Abbildung 4.17.: Untersuchung lokaler Variablen durch den GC

Während der Unterbrechung wird die Referenz nun in eine lokale Variable geschrieben und der Operanden-Stack danach abgebaut (Abbildungen 4.17(b) und 4.17(c)). Ohne Vorkehrungen bliebe das referenzierte Objekt fälschlicherweise weiß gefärbt und der GC entfernt es. Um das zu verhindern, wird in dieser Suchphase eine Schreibbarriere einge-

4. Eine konfigurierbare Java-Umgebung für eingebettete Systeme

setzt, die das Objekt grau färbt[20].

Ob ein Element der lokalen Variablen oder des Operanden-Stacks eine Objektreferenz ist oder nicht, wird auf folgende Weise bestimmt: Die (mögliche) Referenz muss auf eine Adresse innerhalb des Speicherbereichs zeigen, der von der JVM als Objekt-Heap reserviert ist. Ist dem so, wird untersucht, ob der Klassenzeiger des vermeintlichen Objekts auf eine gültige Klasse verweist. Damit ist natürlich nicht ausgeschlossen, dass das Element auf dem Operanden-Stack oder in den lokalen Variablen doch keine Referenz auf ein Objekt ist[21]. Der GC arbeitet deswegen nicht fehlerhaft, er markiert nur Objekte als lebendig, die es möglicherweise gar nicht sind.

Traversierung des Erreichbarkeitsgraphen Der zweite Teil der Markierungsphase traversiert ausgehend vom Root Set den Erreichbarkeitsgraphen. Diese Phase gestaltet sich erheblich einfacher als die Ermittlung des Root Sets. Dazu wird ein Objekt aus der Liste der grauen Objekte entnommen. Dieses wird auf möglicherweise enthaltene Referenzen auf weitere Objekte untersucht. Diese werden grau gefärbt für den Fall, dass sie vorher weiß waren. Das Objekt, welches gerade auf Nachfolger untersucht wird, wird zudem schwarz gefärbt.

Java-Objekte unterteilen sich im Prinzip in echte Objekte und Arrays. Diese werden vom GC auch leicht unterschiedlich behandelt. Bei Arrays ist die Handhabung besonders einfach. Nur Referenz-Arrays müssen überhaupt auf Nachfolger untersucht werden; dann aber alle Elemente des Arrays. Bei echten Objekten ist es aufgrund der in der Klasse enthaltenen Informationen einfach zu entscheiden, ob es sich bei einem Feld im Objekt um eine Referenz handelt oder nicht.

Etwas schwieriger gestaltet sich die Behandlung von Objekten mit Finalizern und von Referenz-Objekten (siehe Kapitel 2.4.1). Referenz-Objekte, deren referenzierte Objekte nicht mehr erreichbar sind, müssen in eine Warteschlange eingefügt werden. Während der Markierungsphase werden die gefundenen Referenz-Objekte in eine eigene Liste eingefügt, sodass auf diese Objekte einfach zugegriffen werden kann. Ein eigener Java-Thread kümmert sich anschließend um die Einstellung in die Warteschlange.

Nachdem die Markierungsphase einmal abgeschlossen wurde, wird der Speicher der VM nach nicht erreichbaren Objekten mit Finalisierern durchsucht und diese als erreichbar markiert. Ein separater Java-Thread kümmert sich um den Aufruf der `finalize()`-Methode. Durch die `finalize()`-Methode ist es möglich, dass das eigentlich freizugebende Objekt und andere von diesem referenzierte Objekte wieder lebendig werden. Aus diesem Grund muss nach Abarbeitung der Finalisierer die Markierungsphase nochmals

---

20 Stellt man sich den kompletten Frame als ein Objekt vor, so ist der Frame grau gefärbt, da er gerade untersucht wird. Aus diesem Blickpunkt sichert die Schreibbarriere also die schwache Invariante zu (siehe Kapitel 2.4.1.1).

21 Der GC macht hier also konservative Annahmen.

komplett durchlaufen werden. Da bereits einmal finalisierte Objekte nicht ein zweites Mal finalisiert werden dürfen, werden diese Objekte in einer zusätzlichen Liste verwaltet.

Die Unterbrechbarkeit der Mark-Phase ist einfach zu bewerkstelligen, da nur das Objekt und das aktuelle Feld der Traversierung gesichert werden muss. Wieviele Felder maximal während der Markierungsphase untersucht werden, lässt sich bei der Übersetzung der Kertasarie VM festlegen. Die Korrektheit des Traversierungsgraphen wird während der Unterbrechung durch die Schreibbarriere, welche die starke Invariante zusichert, sichergestellt.

4.6.2.2. Die Sweep-Phase

In der Sweep-Phase werden alle nicht mehr erreichbaren Objekte freigegeben. Um das zu erreichen, wird der komplette Java-Heap durchsucht. Am Anfang dieser Phase sind alle Objekte entweder schwarz oder weiß gefärbt. Weiß markierte Objekte sind nicht mehr durch das Java-Programm erreichbar. Der Speicherbereich dieser Objekte wird auf 0x00 gesetzt und durch den Speicherallokator (siehe Kapitel 4.6.1) mit eventuell angrenzenden, ebenfalls freien Speicherbereichen vereinigt und in die entsprechend passende Speicherkategorie eingefügt. Dabei wird darauf geachtet, dass der freigegebene Speicher möglichst gleichmäßig auf alle Kategorien verteilt wird. Das ist wichtig, da sich das auf den Start eines GC-Zyklus' auswirkt.

Schwarz markierte Objekte sind lebendig, sie werden während der Sweep-Phase wieder weiß markiert.

Um die Unterbrechbarkeit dieser Phase zu gewährleisten, werden während der Sweep-Phase angelegte neue Objekte grau gefärbt und nicht weiter betrachtet. Da durch die Graufärbung diese Objekte in eine Liste eingefügt werden, wird mit Beendigung der Sweep-Phase diese Liste durchlaufen und die enthaltenen Objekte ebenfalls wieder weiß gefärbt. Mit Abschluss der Sweep-Phase sind damit alle Java-Objekte weiß gefärbt.

4.6.2.3. Start eines Garbage-Collection-Zyklus'

Der Start eines neuen GC-Zyklus' kann in den meisten Fällen nicht erst erfolgen, wenn ein so großer Speichermangel besteht, dass keine neuen Objekte mehr allokiert werden können, da eine solche Implementierung nicht mehr echtzeitfähig wäre. Aus diesem Grund wurde in der Kertasarie VM ein anderes Kriterium gewählt. Falls die Anzahl der freien Speicherblöcke in einer Kategorie des Allokators unter eine bestimmte Schwelle fällt (in der aktuellen Implementierung ein Drittel) wird wieder ein kompletter GC-Zyklus angestoßen.

4.6.2.4. Exakte Garbage Collection

Der GC der Kertasarie VM macht im Normalfall konservative Annahmen, ob ein Element auf dem Operanden-Stack oder in den lokalen Variablen eine Referenz ist oder nicht. Im Kapitel 2.4.1.1 wurde angesprochen, dass sich durch eine genaue Information über den Typ der Stack-Elemente nicht unerheblich Speicher sparen lässt. Sobald diese Typinformationen vorhanden ist, entfallen die Unwägbarkeiten und der GC wird zu einem *exakten* GC.

Durch ein zusätzliches Programm lassen sich vorab die verwendeten Klassen untersuchen. Genauer gesagt, wird für alle in einer Klasse vorhandenen Methoden ein Kontrollflussgraph aufgebaut, anhand dessen sofort die Typung der einzelnen Stack-Positionen und lokalen Variablen für jeden Abarbeitungsschritt ablesbar wird. Da nur die Information, ob ein Element eine Referenz ist oder nicht, vonnöten ist, wird auch nur diese in die Java-Class-Datei übertragen. Dazu werden pro Methode zwei neue Attribute[22] in die Class-Datei eingefügt: `KertasarieLocalMap` und `KertasarieStackMap`. Beide Attribute haben einen identischen Aufbau, der im Quelltext 4.7 beispielhaft für die `KertasarieStackMap` angegeben ist.

```
KertasarieStackMap {
    u2 attribute_name_index;
    u4 attribute_length;
    u2 max_stack_depth;
    {
        u4 stack_position_pointer;
    } stack_pointer_table[max_stack_depth];
    {
        u2 number_of_bc_intervals;
        {
            u2 interval_start;
            u2 interval_end;
        } bc_interval[number_of_bc_intervals];
    } stack_position_table[max_stack_depth];
}
```

Quelltext 4.7: Aufbau des StackMap-Attributs

Die in der Tabelle `stack_pointer_table` enthaltenen Elemente `stack_positi-`

---

[22] Den genauen Aufbau einer Class-Datei kann man in der Spezifikation[74, §4] nachlesen. Die hier verwendete Nomenklatur entspricht der dort angegebenen.

on_pointer sind Verweise auf Einträge innerhalb der stack_position_table. In letzterer werden für jede einzelne Stack-Position die Bytecode-Intervalle angegeben, in der die angegebene Stack-Position eine Referenz enthält.

Der Klassenlader der Kertasarie VM interpretiert diese neu hinzugekommenen Attribute und wandelt diese in äquivalente Strukturen in der JVM um. Der GC der Kertasarie VM ist nun in der Lage, beim Untersuchen der Frame-Strukturen in der Mark-Phase auf diese Informationen zuzugreifen und färbt dadurch nicht mehr fälschlicherweise Objekte als lebendig, die es eventuell gar nicht mehr sind. Leider fehlen zum jetzigen Zeitpunkt noch Messungen bezüglich der dadurch erreichten Speicherersparnis, um die Zahlen aus Kapitel 2.4.1.1 zu verifizieren.

4.7. Klassenlader

Das Laden von Klassen ist in einer JVM mit einigen Schwierigkeiten verbunden. Das liegt insbesondere an der Tatsache, dass zwischen mehreren Java-Class-Dateien zirkuläre Verweise existieren können[23]. Der initiale Klassenlader löst das Problem, indem eine Klasse, sobald die wesentlichen Teile wie Constantpool und Klassenname ausgelesen und gesetzt sind, in die internen Strukturen der Kertasarie VM übernommen wird. Die Klasse ist damit nicht vollständig geladen, aber innerhalb der JVM bereits referenzierbar. Diese Vorgehensweise ist korrekt, da beim Start der JVM in jedem Fall die wesentlichen Teile des Java-API über den initialen Klassenlader geladen werden. Zudem kann man davon ausgehen, dass das für eine Applikation benötigte API komplett zugreifbar im eingebetteten System vorliegt.

Sobald jedoch ein nutzerdefinierter Klassenlader[24] zum Einsatz kommt, führt diese Vorgehensweise nicht mehr zum Erfolg. Falls eine Klasse beispielsweise über ein Netzwerk geladen wird und diese Klasse weitere Klassen zum Laden benötigt, so müssen diese, sofern sie nicht bereits geladen wurden, über den gleichen Klassenlader geladen werden, sprich über das Netzwerk. Nun ist es durchaus denkbar, dass dies aufgrund von Netzwerkproblemen einfach nicht möglich ist. Würden die nutzerdefinierten Klassenlader nach dem gleichen Prinzip arbeiten wie der initiale Classloader, so würde eine »halbfertige« Klasse in die Kertasarie VM eingefügt.

Um das zu verhindern, wird bei jeder über einen selbstdefinierten Classloader geladenen Klasse der Constantpool auf Einträge untersucht, die andere Klassen referenzieren. Diese Klassen werden dann im Bedarfsfall nachgeladen. Erst nachdem *alle* benötigten Klassen in einem Puffer vorliegen, werden sie von der Kertasarie VM in die internen Strukturen übernommen.

---

23 Bereits die Klasse java.lang.Object benutzt java.lang.Class, welche als Superklasse wiederum java.lang.Object hat.
24 Ein nutzerdefinierter Klassenlader ist eine Klasse, die von java.lang.ClassLoader abgeleitet ist.

4.8. Alternatives Sicherheitskonzept

Viele Java-Anwendungen (z. B. Client/Server-Systeme mit RMI) nutzen die Möglichkeit des dynamischen Nachladens von Klassen. Das eröffnet jedoch potenzielle Sicherheitsrisiken. Der AccessController im JDK von Sun entscheidet anhand von Policies, ob einer Anwendung bestimmte Aktionen erlaubt werden oder nicht, so z. B. das Öffnen eines Sockets. Dazu wird vor dem eigentlichen Methoden-Aufruf der AccessController gefragt, der die Aktion dann unter Umständen blockiert. Diese Vorgehensweise erzeugt einen zusätzlichen Performance-Verlust und zudem sind der AccessController und die vielen Abfragen in den API-Klassen durch die Größe nicht unbedingt für eingebettete Systeme geeignet. Das Anlegen von unterschiedlichen Policies für mehrere Nutzer ist für Applikationen in eingebetteten Systemen in nahezu allen Fällen auch unnötig, da nur eine Applikation mit einer ganz bestimmten, scharf umrissenen Aufgabe ausgeführt wird.

Für die Kertasarie VM wurde ein alternatives Sicherheitskonzept entwickelt. Dazu wird eine Klasse bereits während des Ladevorgangs überprüft. Insbesondere wird der Constantpool nach Klassen, Methoden und Feldern durchsucht, die von der Klasse benutzt werden. Die gefundenen Einträge können dann entweder mit einer Black- oder White-List verglichen werden. Entsprechend wird die geladene Klasse zugelassen oder als unsicher zurückgewiesen.

Nun ist es allerdings nicht immer sinnvoll, bestimmte Methodenaufrufe komplett zu blockieren oder vollständig zuzulassen. Beispielsweise könnte es einer Klasse durchaus erlaubt werden, eine Socket-Verbindung zu einer ganz bestimmten IP-Adresse zu ermöglichen. Dazu müssen die Parameter der Methoden zur Laufzeit überprüft werden. Dies wird dadurch erreicht, dass beim Laden der Klassen die Methodenaufrufe so umgepatcht werden, dass diese Aufrufe zuerst auf eine Wrapper-Klasse umgeleitet werden. Diese entscheidet dann, ob ein Aufruf an die originale Klasse weitergereicht wird oder ob der Aufruf abgebrochen werden muss.

4.9. Kertasarie Package Builder

Java-Class-Dateien werden typischerweise aus einem Dateisystem geladen. Manche eingebetteten Systeme verfügen allerdings nicht über ein solches, andere hingegen haben ein Dateisystem, welches Beschränkungen unterliegt, die ein normales Abspeichern von Java-Class-Dateien verhindern[25]. Um die Kertasarie VM dennoch auf solchen Systemen laufen lassen zu können, wurde ein spezielles Paketformat (cls) definiert, um beliebig viele Class-Dateien in einem Paket zusammenzufassen.

---

25 In prominentes Beispiel ist sicher das MS-DOS-FAT-Dateisystem. Die Namensbeschränkung auf 8+3 Zeichen erlaubt es nicht, mit den relativ langen Dateinamen von Java-Class-Dateien umzugehen.

Im Prinzip besteht eine cls-Datei aus einer Aneinanderreihung der enthaltenen Class-Dateien plus Verwaltungsinformationen. Ein binärer Suchbaum dient zum schnellen Auffinden der Class-Dateien anhand ihrer Namen. Bei der Erstellung des Suchbaumes muss selbstverständlich auf eine gute Ausbalancierung geachtet werden. Zudem enthält eine cls-Datei noch eine Aufzählung von startbaren Java-Class-Dateien[26]. Das ist insbesondere für Systeme wichtig, bei denen eine Anwendung nicht über eine Shell oder Eingabezeile gestartet wird, beispielsweise beim Echtzeitbetriebssystem eCos. Ein anderes Beispiel ist Windows CE (Windows Mobile), wo Anwendungen oftmals per Stifteingabe gestartet werden. Hier lässt sich dann unter einer Anzahl von startbaren Java-Applikationen wählen.

Eine solchermaßen erstellte cls-Datei kann problemlos in den ROM- oder Flash-Speicher eines eingebetteten Systems transferiert werden. Der Klassenlader der Kertasarie VM kann zur Übersetzungszeit so konfiguriert werden, dass er Klassen-Dateien nicht aus einem Dateisystem lädt, sondern direkt von einer Speicheradresse. Bei dieser Vorgehensweise wird dann kein Dateisystem mehr zum Abspeichern und Laden von Class-Dateien im eingebetteten System benötigt. Diese Variante des Ladens von Klassen wurde in der Kertasarie VM bei der Portierung auf die Betriebssysteme eCos und Windows CE genutzt. In den Standard-Java-Editionen existiert mit dem Java-Archiv (jar) ein Paketformat, welches ähnlich eingesetzt werden kann wie die cls-Archive. Jar-Dateien haben auf den ersten Blick zudem den Vorteil, dass die Inhalte des Archivs komprimiert werden. Die daraus resultierende Komplexität ist aber auch der Grund, weshalb es keine Unterstützung für jar-Dateien in der Kertasarie VM gibt. Der Vorteil der Komprimierung schwindet zudem, wenn die Archive in einem in eingebetteten Systemen häufig anzutreffenden, komprimierenden Dateisystem wie JFFS2 oder CRAMFS abgelegt werden.

Mit Hilfe eines grafischen Werkzeugs können die cls-Dateien einfach und komfortabel erstellt werden. Zudem bietet das Tool die Möglichkeit, die Java-Klassen außer in cls-Pakete auch in sogenannte prc-Dateien zu schreiben, wie sie für die PalmOS-Plattform verwendet werden.

4.10. API-Tailoring und Vorladen von Klassen

An vielen Stellen wurde bereits erwähnt, dass der Speicher in eingebetteten Systemen ein knappes Gut ist. Neben der JVM selbst stellt das API einen nicht zu vernachlässigenden Anteil am Speicherbedarf dar. Durch zwei Maßnahmen lässt sich dieser zum Teil erheblich reduzieren, das applikationsspezifische Zusammenstellen des API und das Vorladen von Klassen.

---

26 Also Klassen, die eine Methode `public static void main(String[] args)` enthalten.

4.10.1. API-Tailoring

In eingebetteten Systemen läuft in fast allen Fällen nur eine ganz bestimmte Applikation, die den vollen Funktionsumfang des kompletten API nur zu einem Bruchteil nutzt. Mit Hilfe eines Werkzeugs ist es möglich, das API der Kertasarie VM exakt auf die Bedürfnisse einer speziellen Applikation abzustimmen[S152].

Dabei werden ausgehend von einer Startmethode[27] alle von dieser Methode aus benutzten Klassen und Methoden in ein neu erstelltes API übernommen. Bei der Zusammenstellung eines solchen angepassten API sind einige Sonderfälle zu beachten, da nicht alle eventuell benötigten Methoden von der Startmethode aus referenziert werden.

1. Der Standard-Konstruktor `<init()V>` darf aus einer Klasse nicht entfernt werden, wenn diese Klasse das Interface `java.io.Serializable` implementiert, da der Standard-Konstruktor zwingend für die Objektserialisierung gebraucht wird.

2. Gleiches gilt für eventuell vorhandene Methoden (`<clinit()V>`) zur statischen Klasseninitialisierung[28].

3. Bei Klassen, welche die Methode `finalize()V` selbst implementieren, muss diese Methode ebenfalls in das neue API mit aufgenommen werden, da typischerweise nur der GC diese Methode aufruft.

4. Implementierte Schnittstellen einer Klasse werden zunächst als leere Klassen mit in das neue API aufgenommen. Im Verlauf des Zuschneidens des API wird bei Methoden überprüft, ob sie ursprünglich durch eine Schnittstelle definiert wurde.

5. Ganz ähnlich wie Schnittstellen werden die Superklassen einer Klasse behandelt. Sie werden ebenfalls zunächst als leere Klasse in das neue API aufgenommen. Durch den Aufruf ererbter Methoden können sie im Verlauf des Prozesses noch mit Methoden gefüllt werden.

6. Exception-Klassen und zwar sowohl solche, die durch eine Methode geworfen oder gefangen werden, werden ebenfalls in das neue API aufgenommen.

Durch das im Punkt 4 der obigen Liste erwähnte Auffüllen von Schnittstellen mit Methoden ist es denkbar, dass im Verlauf der Zusammenstellung des API Klassen entstehen, die nicht mehr der Spezifikation entsprechen. Ein kleines Beispiel mag das verdeutlichen. Zwei Klassen implementieren das gleiche Interface, welches zwei Methoden definiert. Eine Klasse nutzt eine Methode aus dem Interface, die andere Klasse die andere Methode der Schnittstelle. Durch die Neuzusammenstellung des API enthalten beide Klassen nur

---

[27] Das ist typischerweise die Methode `public static void main(String[] args)`.
[28] Genauere Informationen zu diesen Methoden sind bei Venners[120] nachzulesen.

4.10. API-Tailoring und Vorladen von Klassen

noch die verwendeten Methoden, das Interface definiert jedoch nach wie vor beide Methoden. Diese Tatsache ist allerdings nur dann von Nachteil, wenn die verwendete virtuelle Maschine auf die Existenz aller durch eine Schnittstelle definierten Methoden in einer Klasse angewiesen ist. Das ist bei der Kertasarie VM nicht der Fall. Mittels eines Schalters im Werkzeug lässt sich allerdings auch ein API erstellen, welches die Kompatibilität zum Standard sichert.

4.10.2. Vorladen von Klassen

Ein weiterer Schritt zur Reduktion des Speicherbedarfs durch die Klassen des Java-API kann durch das sogenannte Vorladen von Klassen (Preloading) erreicht werden. Mit Hilfe dieses Verfahrens werden die Java-Klassen, die für eine bestimmte Applikation verwendet werden, in die interne Repräsentation der Kertasarie VM überführt. Die interne Repräsentation sind ANSI-C-Strukturen, die übersetzt und mit der Kertasarie VM zu einer Binärdatei gelinkt werden. Dieses Vorgehen spart zum einen den Speicherplatz, der für die Ablage der Java-Class-Dateien nötig wäre. Da die interne Klassenrepräsentation nun nicht mehr zur Laufzeit aus den Class-Dateien aufgebaut werden muss, können die Klassen vom RAM in das ROM verlagert werden. Diese Vorgehensweise ist in vielen Fällen sinnvoll, da ROM in vielen Fällen aufgrund der geringeren Kosten reichlicher vorhanden ist als RAM. Ausführlichere Informationen zu dem für diese Zwecke entwickelten Werkzeug sind ebenfalls in [S152] nachzulesen.

Werden alle für eine Applikation benötigten Klassen vorgeladen und die Applikation ist nicht darauf angewiesen, dynamisch zur Laufzeit Klassen nachzuladen, ist es zudem möglich, sogar auf den ansonsten immer vorhandenen Klassenlader in der Kertasarie-VM zu verzichten[29].

Um die zu einer Klasse gehörenden Methoden auch mit in das ROM verlagern zu können, ist es notwendig, dass die Constantpool-Resolution durch das Werkzeug zum Erstellen von vorgeladenen Klassen gleich mit abgehandelt wird. Unter Constantpool-Resolution versteht man den Prozess des Auflösens von symbolischen Verweisen des Constantpools durch direkte Referenzen. Der entsprechende Java-Bytecode wird dann durch eine sogenannte _QUICK-Variante ersetzt. Genauere Informationen zur Constantpool-Resolution sind in Kapitel 4.4.1 zu finden. In einigen Fällen lässt sich der in den Class-Dateien enthaltene Constantpool durch die Resolution auch komplett einsparen.

Eine Java-Klasse kann beim Laden mit Hilfe eines statischen Initialisierers initialisiert werden. Der statische Initialisierer ist eine normale Java-Methode mit dem reservierten Name <clinit>. Diese Methode muss vor der ersten Benutzung einer Klasse ausgeführt worden sein. Typischerweise wird diese Methode genutzt, um die statischen Felder

---

[29] Auf einem x86-System beträgt diese Ersparnis ca. 8 KByte.

einer Klasse mit Anfangswerten zu belegen[30]. Mögliche Abhängigkeiten zwischen den <clinit>-Methoden mehrerer Klassen erkennt das Werkzeug und erstellt aus diesen Informationen die korrekte Initialisierungsreihenfolge beim Start der VM.

4.11. Debugging

In Kapitel 2.5 wurde die von Sun entwickelte Debug-Architektur kurz vorgestellt. In der Kertasarie VM ist eine Debug-Schnittstelle ebenfalls implementiert. Diese genügt aus historischen Gründen und auch aufgrund der damit verbundenen Komplexität nicht dem dort skizzierten Quasi-Standard.

Die Debug-Schnittstelle in der Kertasarie VM wurde aus der Notwendigkeit heraus implementiert, während der Entwicklung einer komplexen Anwendung in einer Telefonanlage Details über den internen Zustand der JVM erhalten zu können. Eine komplette Debug-Schnittstelle ist erst später daraus entstanden. Aus dieser Gegebenheit heraus ist das Protokoll der Debug-Schnittstelle im Klartext lesbar. Es ist also unter Zuhilfenahme eines einfachen Telnet-Programms möglich, die Kertasarie VM anzuhalten, Haltepunkte zu setzen, Threads, Klassen und Methoden abzufragen sowie Objekte zu inspizieren.

Diese Art der Fehlersuche über eine Kommandozeilenschnittstelle ist für viele Anwender allerdings nicht akzeptabel. Aus diesem Grund wurde zusätzlich ein grafischer Debugger entwickelt[S147]. Dieser ist vollständig in Java geschrieben, also auf jedem Host-System lauffähig, für das ein Java Runtime Environment (JRE) verfügbar ist. Der Debugger kommuniziert über die gerade erwähnte Debug-Schnittstelle mit der Kertasarie VM. Damit sind Java-Programme zur Laufzeit im eingebetteten System komfortabel untersuchbar. Abbildung 4.18 auf der nächsten Seite zeigt einen Screenshot, um einen Eindruck von der Debug-Anwendung zu bekommen.

4.12. Kertasarie-GUI

Mit der Portierung der Kertasarie VM auf PalmOS wurde es zwingend erforderlich, auch ein einfaches GUI für die Kertasarie VM zu entwickeln, da diese Geräte ausschließlich über die grafische Schnittstelle gesteuert werden können. Da diese grafische Schnittstelle auch auf anderen Betriebssystemen genutzt werden sollte, wurde das GUI so generisch wie möglich entwickelt. Um den Aufwand für die GUI-Klassen möglichst gering zu halten, werden dazu die nativen Controls des verwendeten Betriebssystems genutzt. Unter PalmOS wird das dort vorhandene GUI-Toolkit verwendet, außerdem gibt es die Anpassung an Windows CE und das GIMP Toolkit (GTK). Letzteres ist insbesondere auf

---

30 Die für eine VM einfachere Variante mit Hilfe des ConstantValue-Attributs wird von neueren Java-Compilern leider nicht mehr genutzt.

4.12. Kertasarie-GUI

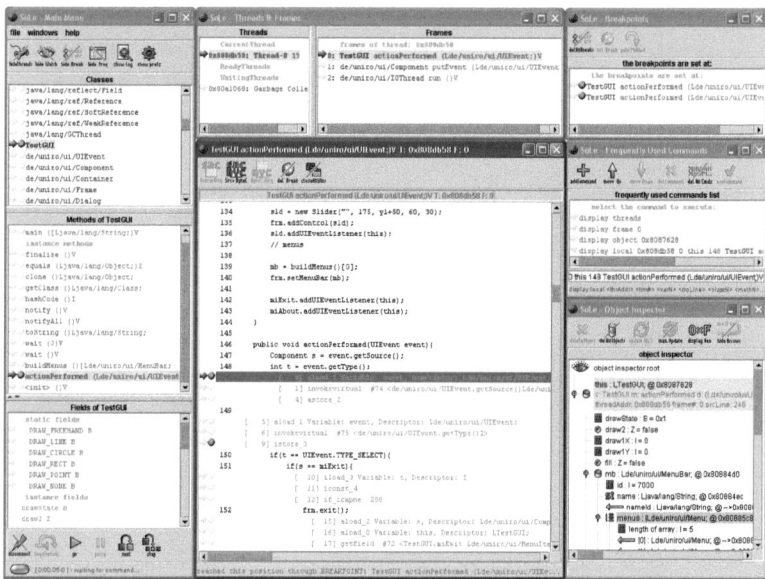

Abbildung 4.18.: Grafischer Debugger der Kertasarie VM

Unix-Systemen fast immer verfügbar, zudem gibt es GTK-Anpassungen, die direkt auf einem Framebuffer arbeiten, womit ein besonders ressourcenschonender Betrieb möglich ist. Genauere Informationen zum entwickelten Kertasarie-GUI sind in [S148] nachzulesen.

Im Umfeld von Java in eingebetteten Systemen gibt es verschiedene GUI-APIs. Das in Kapitel 2.1.1.4 kurz vorgestellte lcdui der MIDP-Spezifikation bietet nur sehr mäßige grafische Möglichkeiten. So gibt es zum einen nur eine sehr eingeschränkte Anzahl von GUI-Elementen und außerdem fehlt jede Einflussmöglichkeit zur Positionierung dieser.

Am anderen Ende der Skala von Java-GUI-Systemen liegen die aus dem Desktop-Umfeld bekannten Toolkits AWT und Swing. Diese bieten eine fast unüberschaubare Anzahl von GUI-Elementen sowie einen sehr komplexen Mechanismus zur Behandlung von Ereignissen. Zur Anordnung der GUI-Elemente gibt es Layout-Manager, die sich automatisch um die Positionierung der Elemente kümmern.

Das entwickelte GUI liegt in der Leistungsfähigkeit zwischen diesen angesprochenen Toolkits. Als Elemente stehen dem Anwender Buttons, Labels, Slider, Checkboxen und Radio-

4. Eine konfigurierbare Java-Umgebung für eingebettete Systeme

buttons, Textfelder und Textboxen, Dropdown-Listen, Menüs sowie ein Canvas zur Verfügung. Mit Hilfe des letzteren ist es dem Anwender auch möglich, eigene GUI-Elemente zu zeichnen. Abbildung 4.19 zeigt das Aussehen einer Beispielanwendung, in der viele der angesprochenen GUI-Elemente genutzt werden.

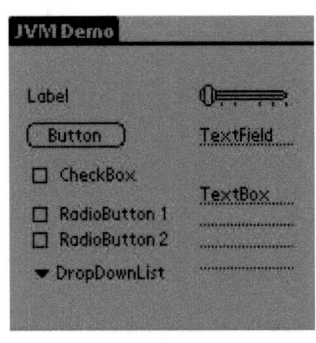
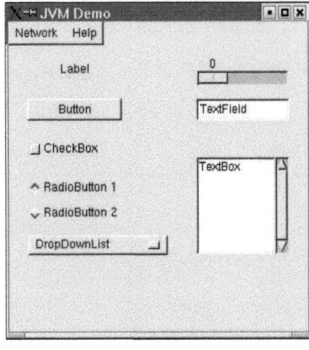

(a) PalmOS (b) Linux/GTK

Abbildung 4.19.: GUI-Elemente unter PalmOS und GTK

Auf eine automatische Positionierung der GUI-Elemente mit Hilfe von Layout-Managern wurde aus Gründen der Komplexität verzichtet. Zudem wird auch eine grafische Schnittstelle oft speziell für ein eingebettetes System erstellt, eine 1:1-Portierung auf ein anderes Betriebssystem ist nur in sehr wenigen Fällen überhaupt sinnvoll. Die GUI-Elemente werden im Kertasarie-GUI also absolut positioniert.

Die Behandlung von GUI-Ereignissen erfolgt ganz ähnlich der des AWT. Durch Ereignisse werden Event-Objekte erzeugt, die durch die einzelnen GUI-Elemente weiterverarbeitet werden. Jedes GUI-Element kann mehrere sogenannte Listener registrieren. Beim Eintreffen eines Event-Objektes wird dann die Methode actionPerformed() in den einzelnen Listenern aufgerufen. Diese Arte der Ereignisbehandlung ist für den Anwender sehr komfortabel. Da für jedes GUI-Ereignis jedoch ein neues Event-Objekt erzeugt wird, werden im Vergleich zum lcdui der MIDP-Spezifikation deutlich mehr kurzlebige Objekte erzeugt.

4.13. Zukünftige Weiterentwicklungen

Die weiteren Entwicklungen der Kertasarie VM liegen sicher auf dem Gebiet der JIT-Kompilation. Hier sollten insbesondere Optimierungen auf der Ebene des Zwischencodes

und Anpassungen für weitere Zielprozessoren vorgenommen werden.
Die Implementierung der Monitore wird in absehbarer Zeit auf die in Kapitel 2.4.2.1 vorgestellten Thin Locks umgestellt. Sicher werden auch andere GC-Verfahren, insbesondere kompaktierende GCs implementiert.
Eher experimenteller Art ist die Nutzung von sogenannten Bytecode-Traces in der VM. Ein Bytecode-Trace ist ein Bytecode-Abschnitt, der eine ausgeglichene Stack-Bilanz hat. Solche Traces sind oftmals voneinander unabhängig und können demzufolge parallel abgearbeitet werden. Es existiert bereits ein Werkzeug [S153], mit dem solche Traces ermittelt und als Attribut in eine Java-Klasse geschrieben werden können.

4.14. Trivia

Die Arbeiten an der Kertasarie VM begannen im April 2000. Der ursprüngliche Hintergrund der Entwicklung war eine Machbarkeitsstudie für Web-basiertes Management in einer Telefonanlage. Die Randbedingungen für die Integration waren sehr hart: Die gesamte Anwendung inklusive API-Klassen, JVM und Objektspeicher durfte nicht mehr als 500 KByte Laufzeitspeicher beanspruchen, wobei die Kommunikation zwischen Telefonanlage und Web-Browser objektorientiert per Remote Method Invocation (RMI) erfolgen musste. Ein ganz wesentliches Entwicklungsziel war daher der minimale Speicherverbrauch, der notfalls sogar auf Kosten der Abarbeitungsgeschwindigkeit zu gehen hatte. Inzwischen hat sich diese Präferenz etwas in Richtung Geschwindigkeit verlagert (siehe auch Kapitel 4.2.2.2).
Der Name Kertasarie bezeichnet ein Gebiet im Hochland von Java. Es ist zudem der Name einer aromatischen Teesorte.

4. Eine konfigurierbare Java-Umgebung für eingebettete Systeme

5. Objektorientierte Kommunikation in eingebetteten Systemen

5.1. Einführung

Die Vorteile einer objektorientierten Middleware im Umfeld eingebetteter Systeme wurden in den Kapiteln 1.3 und 3.3 bereits ausführlich diskutiert. Die RMI-Implementierung von Sun ist für viele eingebettete Systeme schon aufgrund ihrer Größe ungeeignet, was zu einem gewissen Teil auch daran liegt, dass sie Funktionalitäten anbietet, die im angesprochenen Umfeld kaum eine Rolle spielen. Ein weiteres Manko ist die kaum vorhandene Abstraktion von der Kommunikationsschicht, was die Nutzung auf nicht TCP-basierten Netzwerken stark erschwert oder gar unmöglich macht.
Mit TinyRMI wurde eine eigene RMI-Variante entwickelt[S151, E141], die speziell für den Einsatz in eingebetteten Systemen konzipiert wurde. Die Schonung von knappen Speicherressourcen stand auch hier wieder im Vordergrund. Diese Platzersparnis sollte jedoch nicht mit nennenswerten Geschwindigkeitsverlusten erkauft werden. Weitere Ziele waren eine möglichst vollständige funktionale Kompatibilität zur Standard-RMI-Implementierung von Sun sowie eine starke Modularisierung, um die Kommunikationsschicht so einfach wie möglich austauschbar zu gestalten. Die Messungen bezüglich Größe und Geschwindigkeit sind wieder separat und kompakt in Kapitel 7.7 nachzulesen.

5.1.1. Weitere RMI-Varianten

Es gibt einige wenige Ansätze, die Standard-RMI-Implementierung von Sun durch Neuentwicklungen zu ersetzen oder zu erweitern. Diese sollen in den folgenden Abschnitten kurz vorgestellt werden. Gemeinsam ist allen Varianten jedoch, dass sie nicht speziell für das Umfeld eingebetteter Systeme entwickelt wurden.

5.1.1.1. KaRMI

KaRMI[78] wurde als Teil des JavaParty-Projekts entwickelt. JavaParty selbst ist eine Java-Spracherweiterung, die einen effektiven Einsatz von Java in Cluster-Umgebungen mit Hochgeschwindigkeitsnetzen ermöglichen soll. Dazu werden mehrere JVMs zu einer verteilten JVM zusammengefasst. Mittels eines Meta-Compilers werden JavaParty-

5. Objektorientierte Kommunikation in eingebetteten Systemen

Programme in reines Java plus RMI übersetzt. KaRMI abstrahiert von der konkreten Netzwerktechnologie, es ist daher auch möglich, andere Kommunikationstechniken wie z. B. MyriNet einzusetzen. Außerdem besteht die Möglichkeit, die Standard-Objektserialisierung durch eine eigene Form zu ersetzen. KaRMI ist weder protokoll- noch funktionskompatibel[1] zum Standard-RMI von Sun.

5.1.1.2. NexusRMI

NexusRMI[19] ist wie KaRMI als Teil eines größeren Projektes (Globus Project) entwickelt worden. Auch hier lag der Fokus speziell auf dem Einsatz in High-Performance-Umgebungen. Es ist mit NexusRMI ebenso möglich, eine eigene Form der Objektserialisierung einzusetzen, für die aber ein eigener Meta-Compiler notwendig ist. Ein besonderes Merkmal ist, dass NexusRMI mit nativen C++-Applikationen zusammenarbeiten kann. Alle verwendbaren Kommunikationsprotokolle werden durch eine spezielle Bibliothek[38] bereitgestellt. Dadurch ist auch diese RMI-Variante weder protokoll- noch funktionskompatibel zum Standard-RMI.

5.1.1.3. NinjaRMI

NinjaRMI[124] ist eine RMI-Variante, die insbesondere die Funktionalität der Standard-Implementierung erweitern soll. Dazu gehören:

- die Untersützung verschiedener Kommunikationsprotokolle wie TCP, UDP sowie Multicasts,

- uni- und bidirektionale, gesicherte und ungesicherte Kommunikationsmöglichkeiten,

- eine API-Erweiterung, um den Status von verbundenen Clients zu erfragen,

- eine Art Event-System, bei dem mit Hilfe von Callback-Methoden serverseitig auf bestimmte Ereignisse reagiert werden kann, so z. B. bei der Erstellung einer Socket-Verbindung.

Durch diese Änderungen ist NinjaRMI weder protokoll- noch funktionskompatibel zum Standard-RMI.

5.2. Architektur der Referenzimplementierung

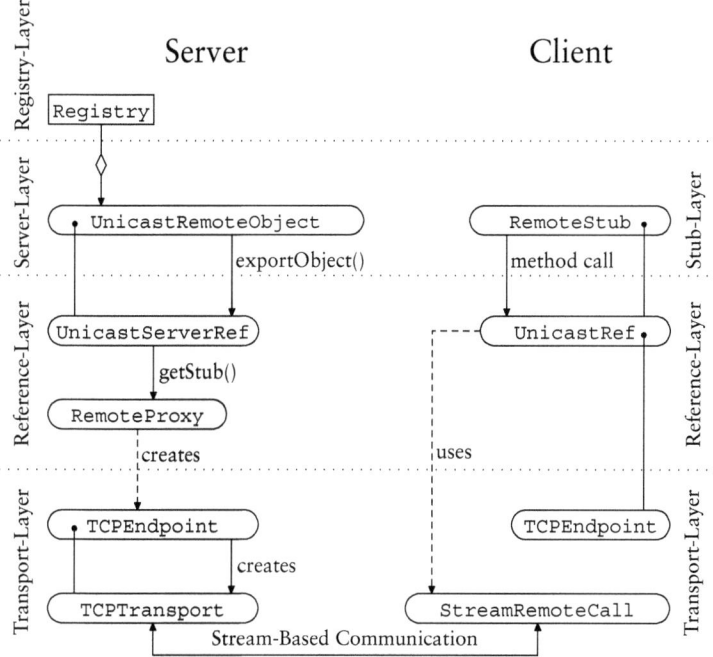

Abbildung 5.1.: Struktur der Sun-RMI-Implementierung

5.2. Architektur der Referenzimplementierung

Die Struktur der Referenzimplementierung ist in Abbildung 5.1 zu sehen. Die gesamte Architektur besteht aus insgesamt vier Schichten, von denen die Registry-Schicht sowie die Stub/Server-Schicht für den Anwendungsprogrammierer sichtbar sind. Die Server-Seite der Referenzschicht wird durch Klassen aus dem Paket sun.rmi.server.* realisiert. Alle Klassen aus diesem Paket sind jedoch nicht einsehbar und liegen nur in kompilierter Form vor. Jedes Objekt auf der Server-Seite erstellt pro Client-Verbindung ein Objekt vom Typ TCPEndpoint. Falls ein Client mehrere Endpunkte nutzt[2], so teilen sich alle diese

---
[1] Mit funktionskompatibel ist gemeint, dass für Entwickler die Schnittstellen einer RMI-Variante identisch zum Original von Sun sind.
[2] Dieser Fall ist recht häufig, da eine Client-Anwendung oftmals mehrere entfernte Objekte zur Erledigung einer Aufgabe benötigt.

5. Objektorientierte Kommunikation in eingebetteten Systemen

Endpunkte eine einzelne Socket-Verbindung, die in der `TCPTransport`-Klasse gehalten wird.

Auf der Client-Seite nutzt der Programmierer ein Stub-Objekt. Dieses Stub-Objekt enthält alle die Methoden, die das Remote-Objekt auf der Server-Seite exportiert. Die Klassen für Stub-Objekte sind von der Klasse `RemoteStub` abgeleitet. Alle entfernten Methoden werden auf eine spezielle Methode abgebildet, die den entfernten Methodenaufruf im Wesentlichen durch Übermittlung eines Hash-Codes für die Methoden sowie die Parameter für den Methodenaufruf realisiert. Der Stub selbst enthält einen Verweis auf ein Objekt vom Typ `UnicastRef` welches wiederum ein `TCPEndpoint`-Objekt zur Kommunikation mit dem Server nutzt.

In der Referenzimplementierung von Sun sind die Referenz- und Transportschicht stark miteinander verwoben, was es sehr schwer macht, andere Transportprotokolle zu entwickeln. Mittels Socket-Factories ist es zwar möglich, eigene Server- und Client-Sockets zu implementieren, jedoch ist die Kommunikation *immer* datenstrombasiert.

Die Registry ist ein Verzeichnisdienst für Server und Clients. Ein Server, der Zugriff auf seine Methoden erlauben möchte, registriert sich selbst mit einem Namen bei der Registry. Dieser Prozess wird *binding* genannt. Ein Client, der die Methoden eines entfernten Objekts nutzen will, fragt mit Hilfe des Namens nach dem Server-Objekt und bekommt von der Registry den entsprechenden Stub geliefert. Die Registry selbst ist wiederum ein entferntes Objekt mit dem Methoden `bind()`, `rebind()` und `lookup()`.

5.3. Architektur von TinyRMI

Da TinyRMI funktionskompatibel zur Referenzimplementierung gestaltet wurde, ist die Architektur, wie in Abbildung 5.2 auf der nächsten Seite zu sehen, dem Sun-RMI recht ähnlich. Die Umstellung einer Standard-RMI-Anwendung auf TinyRMI ist so sehr einfach möglich. Dazu müssen nur die entsprechenden `import`-Anweisungen auf die Paketnamen von TinyRMI sowie die alle Vorkommnisse von `UnicastRemoteObject` auf `RemoteObject` im Quelltext verändert werden.

Auch hier stellt die Server/Stub-Schicht die Schnittstelle zum Anwendungsprogrammierer dar. TinyRMI bietet mit dem `TinyRMIC` ebenso wie die Referenzimplementierung ein Tool, mit dessen Hilfe die Stub-Klassen automatisch aus den `RemoteObject`-Klassen erzeugt werden können.

Neu ist jedoch die Einführung einer abstrakten Transportschicht, die zwischen der Referenzschicht und der konkreten Transportschicht liegt. Durch diese Maßnahme ist es relativ einfach möglich, verschiedene Kommunikationsmedien zu nutzen. Die abstrakte Transportschicht enthält die Funktionalität, welche die Referenzschicht benötigt, um einen entfernten Methodenaufruf auszuführen. Die Anzahl der Methoden ist dabei er-

5.3. Architektur von TinyRMI

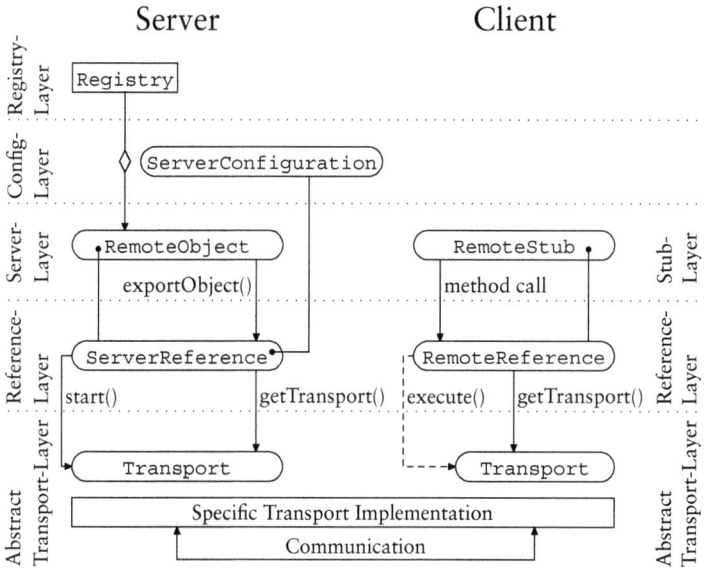

Abbildung 5.2.: Struktur von TinyRMI

freulich gering. Auf der Client-Seite sind dies:

createMethodCall() In dieser Methode wird der Methoden-Header zum Server übertragen. Der Header enthält unter anderem Informationen über das referenzierte Objekt, den Hash-Code der aufzurufenden Methode sowie die benötigten Parameter.

executeMethodCall() Diese Methode ist dafür verantwortlich, den eigentlichen Methodenaufruf auszuführen und auf das Ergebnis des Aufrufs zu warten.

finishMethodCall() Mit Hilfe dieser Methode können eventuell temporär genutzte Ressourcen wieder freigegeben werden.

Auf der Server-Seite sind sogar nur zwei Methoden der Transportschicht vorhanden.

getRemoteReference() Mit dieser Methode wird eine Remote-Referenz geliefert. Eine Remote-Referenz enthält alle nötigen Informationen, um sich mit einem Remote-

Objekt zu verbinden und mit diesem zu kommunizieren. Jeder Stub nutzt so eine Remote-Referenz, um mit ihr einen entfernten Methodenaufruf auszulösen.

getTransportThread() Diese Methode gibt den erzeugten Transport-Thread zurück, welcher auf der Server-Seite für die komplette Abwicklung der Kommunikation verantwortlich ist.

Eine Konfigurationsschicht ist ebenfalls zusätzlich in TinyRMI enthalten. Mit Hilfe von Konfigurationsobjekten können bei der Instanziierung von Remote-Objekten gewisse Parameter der Transportschicht wie beispielsweise die Portnummer eingestellt werden. Zusätzlich bieten sie aber auch die Möglichkeit, ein komplett anderes Transportprotokoll für die Kommunikation zu verwenden. Das Konfigurationsobjekt wird nur auf der Server-Seite benötigt, auf der Client-Seite sind alle nötigen Informationen in der Remote-Referenz des Stubs vorhanden. Der Anwendungsprogrammierer kommt mit Konfigurationsobjekten nicht in Berührung, wenn er das Standard Transportprotokoll von TinyRMI nutzt.

5.4. Transportschichten

Wie erwähnt, ist einer der großen Vorteile von TinyRMI gegenüber der Referenzimplementierung von Sun die einfache Austauschbarkeit der Transportschicht. Momentan sind drei Transportprotokolle verfügbar, davon nutzen zwei TCP für die Kommunikation, eins basiert auf UDP.

5.4.1. Das Single-Connect-Protokoll

Das Single-Connect-Protokoll von TinyRMI ist das historisch älteste der drei. Ein wesentliches Kriterium bei der Erstellung war vor allem die Einfachheit der Implementierung. Das Protokoll nutzt auf Client-Seite zur Kommunikation mit einem Remote-Objekt *eine* Socket-Verbindung für *jedes* entfernte Objekt, die für jeden darauffolgenden Methodenaufruf auch wiederverwendet wird. Die vollständige Grammatik dieses Protokolls ist in [S15l] beschrieben. An dieser Stelle bleibt festzuhalten, dass dieses Protokoll verschiedene Arten von Nachrichtentypen unterstützt, wobei momentan allerdings nur einer implementiert ist, und zwar der Methodenaufruf. An dieser Stelle ließe sich das Protokoll recht einfach um weitere Funktionen wie Distributed Garbage Collection (DGC) erweitern. Nachteilig am Single-Connect-Protokoll ist, dass auf Server-Seite unter Umständen eine große Anzahl von Sockets zu öffnen sind. Das liegt zum einen daran, dass eine Client-Anwendung in den wenigsten Fällen nur ein Remote-Objekt zur Aufgabenbewältigung nutzt. Hinzu kommt, dass sich in vielen Fällen auch mehrere Clients mit dem Server verbinden, was die Anzahl an offenen Socket-Verbindungen auf Server-Seite rasch hochschnellen lässt.

5.4.2. Das Multiplex-Connect-Protokoll

Gerade in eingebetteten Systemen ist auch die Anzahl an nutzbaren Socket-Verbindungen eine sehr knappe Ressource. Das Multiplex-Protokoll verringert den Bedarf an dieser Stelle auf recht drastische Art und Weise. Im Gegensatz zum Single-Connect-Protokoll nutzen *alle* Stubs in einer Client-JVM für die Verbindung zu genau einem Server die *gleiche* Socket-Verbindung. Der Server muss also nur genau so viele Sockets öffnen, wie sich Client-Anwendungen mit ihm gleichzeitig verbinden. Dazu arbeitet das Remote-Objekt auf Server-Seite immer unter einer festgelegten Port-Nummer (standardmäßig 3939). Durch diese Vorgehensweise sind jedoch auch zwei Einschränkungen zu beachten:

1. Auf jedem Server kann nur genaue *eine* JVM Remote-Objekte erstellen.

2. Der Namensdienst (Registry) muss zwingend innerhalb des Servers gestartet werden. Diese Tatsache ist einfach aus dem vorherigen Punkt erklärbar, dass auf einem System nur eine JVM Remote-Objekte erstellen darf und der Namensdienst selbst als Remote-Objekt realisiert ist (siehe Kapitel 5.2).

Beide Einschränkungen sind in eingebetteten Systemen jedoch in den allermeisten Fällen nicht von Bedeutung, sodass das Multiplex-Protokoll inzwischen das Standard-Kommunikationsprotokoll von TinyRMI ist.

5.4.3. Das UDP-Protokoll

Zwei wesentliche Gründe führten zur Entwicklung der UDP-Kommunikationsschicht für TinyRMI. Einerseits lässt sich so der komplette TCP-Stack im eingebetteten System einsparen, andererseits bildet diese Implementierung die Grundlage, RMI auch auf anderen paketorientierten Kommunikationsmedien einzusetzen. Zudem bestand auch die Hoffnung, sowohl die Latenz als auch den Durchsatz bei Methodenaufrufen zu verbessern. Letzteres hat sich leider nicht erfüllt, mehr zu den Geschwindigkeitsmessungen, Code-Größen etc. ist in Kapitel 7.7 zu lesen. Die UDP-Variante für TinyRMI wurde ausführlich in [E142] dargestellt.

Da UDP kein zuverlässiges Protokoll ist, müssen sowohl auf Client- wie auf Server-Seite Vorkehrungen für eine Fehlererkennung sowie die Wiederholung einer fehlgeschlagenen Übertragung getroffen werden. Das Übertragungsprotokoll wird um zwei zusätzliche Felder erweitert, einen Wiederholungszähler und eine eindeutige ID für den Methodenaufruf. Der Wiederholungszähler zeigt an, wie oft der Client den Methodenaufruf an den Server

5. Objektorientierte Kommunikation in eingebetteten Systemen

übermittelt hat, die Methodenaufruf-ID ist nötig, um aufeinanderfolgende Methodenaufrufe auf dasselbe Remote-Objekt unterscheiden zu können. Für eine eventuelle Wiederholung des Methodenaufrufs wird dieser komplett, inklusive Methoden-Hash, Parameter etc., in einem Puffer zwischengespeichert. Nach dem Absetzen des Methodenaufrufs wartet der Client eine bestimmte Zeit auf eine Antwort vom Server. Falls diese in der Zeitspanne eintrifft, wird der zwischengespeicherte Methodenaufruf einfach gelöscht.

Wenn der Server einen Methodenaufruf empfängt, wird zuerst der Wiederholungszähler der Nachricht untersucht. Falls dieser noch auf null gesetzt ist, führt der Server den Methodenaufruf einfach aus und schickt das Ergebnispaket zum Client. Zusätzlich wird das Ergebnis noch in einem temporären Puffer gespeichert. Wenn der Server am Wiederholungszähler feststellt, dass der Client den Methodenaufruf schon früher einmal abgesetzt hat, wird der Ergebnispuffer nach einem eventuell vorhandenen Ergebnis durchsucht. Zwei Fälle sind dann zu unterscheiden.

- Das Ergebnis ist bereits im Puffer. Das bedeutet, dass die Antwortnachricht vom Server zum Client verloren gegangen ist. In diesem Fall wird das Ergebnis ein weiteres Mal an den Client übermittelt.

- Das Ergebnis ist nicht im Puffer vorhanden. Das wiederum bedeutet, dass der ursprüngliche Methodenaufruf vom Client zum Server verloren gegangen ist. In diesem Fall wird der Methodenaufruf ausgeführt und das Ergebnis zum Client geschickt sowie im Ergebnispuffer abgelegt.

Letztlich müssen die Ergebnisse im Puffer auch wieder gelöscht werden. Dazu schickt der Client eine spezielle Quittierungsnachricht an den Server, der beim Empfang dieser Quittung das Ergebnis aus dem Puffer löscht. Da natürlich auch diese Quittierungspakete verloren gehen können, durchsucht ein Java-Thread mit niedriger Priorität den Empfangspuffer nach alten Ergebnissen und löscht diese.

Mit Hilfe dieser Mechanismen kann eine korrekte Übertragung auf unsicheren Transportmedien zugesichert werden.

5.5. Zusammenfassung

TinyRMI hat seine Funktionalität und speziellen Vorteile bereits in einer Reihe von Projekten unter Beweis stellen können[E133, E132]. Auch in industriellen Umgebungen wurde es erfolgreich eingesetzt. TinyRMI bietet bei einem Viertel des Platzbedarfs der Referenzimplementierung von Sun eine in jedem Fall höhere Geschwindigkeit. Durch die Abstraktion vom konkreten Transportmedium ist eine einfache Anpassung an andere Kommunikationsnetze möglich, insbesondere Feldbussysteme wie CAN oder ProfiBus können mittels TinyRMI diese abstrakte und komfortable Art der Kommunikation nutzen.

5.5. Zusammenfassung

Interessant wäre zudem die Erweiterung von TinyRMI um eine weitere Transportschicht, die IIOP zur Kommunikation nutzt. Neben der Entwicklung der zusätzlichen Transportschicht[3] wäre es zudem nötig, den `TinyRMIC` zu erweitern, damit dieser die Interface-Spezifikationen in CORBA-IDL ausgeben kann. Diese Erweiterung von TinyRMI würde es auch Client-Applikation, die nicht in Java geschrieben sind, erlauben, auf Java-Objekte im eingebetteten System zuzugreifen. Voraussetzung dafür ist natürlich das Vorhandensein eines entsprechenden CORBA-ORBs auf der Client-Seite.

TinyRMI implementiert nicht alle Merkmale der Referenzimplementierung, da diese in eingebetteten Systemen nur wenig oder keine Bedeutung haben. Distributed Garbage Collection (DGC) ist ein Verfahren, das mit Hilfe des Reference-Countings (siehe Kapitel 2.4.1.1) ein Remote-Objekt dem GC einer JVM übergibt, wenn keine entfernten Referenzen auf das Remote-Objekt existieren[4]. In eingebetteten Systemen sind die Remote-Objekte jedoch typischerweise sehr langlebig oder gar unsterblich, sodass dieses Feature in eingebetteten Systemen eigentlich keine Rolle spielt.

Für Server-Systeme mit großen Mengen von Remote-Objekten bietet das Activation-API eine Möglichkeit, die Speicherlast durch ungenutzte Remote-Objekte zu verringern. Mit Hilfe eines speziellen Daemon-Prozesses kann bei einem Methodenaufruf das dazu gehörende Remote-Objekt bei Bedarf instanziiert werden.

Seit der Version 1.5 des JDK kann mit Hilfe dynamischer Proxy-Klassen der Stub automatisch generiert werden. Als Vorteil wird bei dieser Methode insbesondere herausgestellt, dass damit Änderungen an Remote-Objekten erfolgen können, ohne das eine Vielzahl von Client-Anwendungen neu installiert oder verändert werden muss. Das Problem relativiert sich jedoch stark, da die Verteilung der Stubs an Client-Anwendungen typischerweise zur Laufzeit von einer zentralen Instanz aus erfolgt, nämlich von der Registry.

Die erste Version von RMI arbeitete auch auf Server-Seite mit einem Stellvertreterobjekt, einem sogenannten Skeleton. Stub und Skeleton kommunizierten miteinander und das Skeleton übernahm auf Server-Seite den Aufruf der entsprechenden Methoden. Durch die Einführung von Hash-Werten für die aufzurufenden Methoden sowie unter Nutzung des Reflection-API zum Methodenaufruf auf Server-Seite ist das Skeleton überflüssig geworden. Da Hash-Berechnung, Hash-Vergleich sowie insbesondere der Methodenaufruf per Reflection-API recht zeitaufwändig sind, ist für eingebettete Systeme der »Schritt zurück« zu Skeletons möglicherweise diskutabel. TinyRMI ist momentan jedoch nicht in der Lage, mit Skeletons zu arbeiten.

---

[3] Die Implementierung dieser Schicht ist allerdings vergleichsweise aufwändig, da unter anderem die Serialisierung von Objekten dem IIOP-Standard entsprechend neu entwickelt werden muss.

[4] Das heißt nun natürlich nicht automatisch, dass das Remote-Objekt nicht später doch noch durch einen Client benötigt wird. Es ist Client-seitig bei der Programmierung also damit zu rechnen, dass Remote-Objekte »verschwinden« können.

5. Objektorientierte Kommunikation in eingebetteten Systemen

6. Dynamische Webseiten-Erzeugung in eingebetteten Systemen

6.1. Einführung

In Kapitel 3.1.1 wurde dargelegt, dass die Administration von eingebetteten Systemen über das WWW ein wesentlicher Grund ist, um Java auch in diesen Systemen einzusetzen. Erschwerend kommt an dieser Stelle jedoch hinzu, dass bei ernsthaften Anwendungen die Ausgabe von HTML-Seiten dynamisch gestaltet werden muss, um Messwerte, Systemstatus etc. immer aktuell an den darstellenden Browser zu übermitteln. Weiterhin werden mit Hilfe von HTML-Formularelementen Einstellungen am eingebetteten System vorgenommen, wobei idealerweise die Nutzereingaben auf Sinnhaftigkeit überprüft werden sollten, *bevor* sie übernommen werden.

Für die dynamische Erzeugung von Web-Seiten werden im Java-Umfeld meist Java Server Pages (JSP) verwendet. Diese bieten jedoch keine Unterstützung zur automatisierten Verarbeitung von HTML-Formularen an, wodurch deren Behandlung unübersichtlich und fehleranfällig ist. Verfügbare JSP-Engines wie der Apache Tomcat sind für große Server-Systeme ausgelegt und bezüglich ihres Code-Umfangs und der benötigten API-Klassen für eingebettete Systeme gänzlich ungeeignet. Um diese für eingebettete Systeme gravierenden Nachteile zu umgehen, wurden die Kertasarie Server Pages (KSP) entwickelt. Ausführliche Informationen zu KSP sind der Studienarbeit von Andreas Hübner zu entnehmen[S150].

6.2. Kurzbeschreibung

KSP-Dateien sind nach dem gleichen Grundprinzip wie JSP-Dateien aufgebaut. Das zentrale Merkmal ist die Verschachtelung von HTML-Sequenzen mit Java-Code, welcher für die dynamischen Inhalte verantwortlich zeichnet. Hinzu kommen einige Meta-Tags, welche zur allgemeinen Steuerung und Strukturierung vorhanden sind. Code-Beispiel 6.1 auf der nächsten Seite zeigt eine einfache KSP-Datei.

Sobald die KSP-Datei übersetzt wurde, wird alles, was nicht in spezielle KSP-Tags geschachtelt ist, in einer speziellen Methode[1] mit Hilfe eines PrintStreams über den Web-

---

1 Diese Methode hat folgende Signatur: `void generateForm(HTTPPrintStream out, Parameter param, Session session, boolean checkValidator, Mapping oldMapping)`

```
<html>
  <body>
    <ksp:code>
import java.util.Date;
Date today = new Date();
    </ksp:code>
    <p>
      Heute ist der <ksp:exp>today</ksp:exp> !
    </p>
  </body>
</html>
```

Quelltext 6.1: Ein einfaches KSP-Beispiel

Server der Kertasarie VM an den anfordernden Client ausgegeben. Zwei wesentliche Tags sind in dem Beispiel auch zu erkennen; alles was zwischen einem `<ksp:code>`-Tag steht, wird 1:1 in der Methode `generateForm()` an der entsprechenden Stelle als Java-Code eingefügt, auf alles, was zwischen einem `<ksp:exp>`-Tag steht, wird die Java-Methode `toString()` angewendet und das Ergebnis über den PrintStream ausgegeben.

Da alles, was zwischen `<ksp:code>`-Tags steht, direkt in einer Methode erscheint, kann innerhalb eines `<ksp:code>`-Blocks keine Java-Methode definiert werden. Zur besseren Strukturierung einer KSP-Datei ist das jedoch oft nötig, sodass mit Hilfe eines weiteren Tags (`<ksp:method>`) dieses ermöglicht wird.

Bis zu dieser Stelle ähneln die Kertasarie Server Pages den Java Server Pages noch sehr stark. Ein wichtiger Unterschied sei hier allerdings schon genannt. KSP- und JSP-Dateien werden durch einen Übersetzer in Java-Code transformiert, welcher anschließend mit Hilfe eines Java-Compilers in Java-Bytecode übersetzt wird. Bei KSP-Dateien erfolgt die komplette Umwandlung jedoch *immer* offline, es wird also nur die komplett übersetzte Seite auf dem eingebetteten System vorliegen. JSP-Dateien hingegen werden typischerweise dynamisch, also bei Anforderung der JSP-Datei im laufenden System übersetzt[2]. Wenn KSP-Dateien genutzt werden sollen, muss also kein Laufzeit- und Speicher-intensiver KSP-Übersetzer und Java-Compiler im System vorhanden sein.

Augenfälliger werden die Unterschiede, wenn die automatische Formularbehandlung von KSP ins Spiel kommt.

---

2 Beim populären JSP-Server Tomcat ist es möglich, auch vorab übersetzte Seiten auszuliefern. Die Standardvorgehensweise ist das jedoch nicht.

6.3. Formularbehandlung in KSP-Seiten

Mit der automatischen Formularbehandlung spielen KSP-Dateien ihre eigentliche Stärke aus. Wesentliches Ziel an dieser Stelle war es, die Verwaltung von HTML-Formularen zu vereinfachen, beispielsweise muss sich ein Entwickler weniger mit eigentlich überflüssigen Details wie Formularnamen auseinandersetzen. Die Formularbehandlung erfolgt durch zusätzliche Tags, die sich stark an die vorhandenen HTML-Formularelemente anlehnen:

- Eingabefelder für Textzeilen (`<ksp:text>`) und Passwörter (`<ksp:password>`),
- mehrzeilige Eingabefelder (`<ksp:textarea>`),
- Auswahllisten (`<ksp:select>`),
- Check-Boxen (`<ksp:checkbox>`),
- Radiobuttons (`<ksp:radiogroup>` und `<ksp:radiobutton>`),
- Buttons zum Abschicken sowie Zurücksetzen des Formulars (`<ksp:submit>` und `<ksp:reset>`).

Quelltext 6.2 zeigt eine KSP-Datei mit Verwendung von Formular-Tags; es wird ein Textfeld sowie ein Button zum Abschicken des Formulars erzeugt.

```
<html>
  <body>
    <ksp:code>
[...] // date und testObj holen
    </ksp:code>
    <ksp:text
      getter="date"
      setter="testObj.setValue(param, session)"
      validator="((TestObject)testObj).checkRange(param, out)">
    <ksp:submit value="Save">
  </body>
</html>
```

Quelltext 6.2: KSP-Beispiel mit Formularen

Alle KSP-Formular-Tags haben gemeinsame Attribute, die aber in jedem Fall optional sind. Die wichtigsten werden hier kurz beschrieben. Zusätzlich können als Attribute auch

6. Dynamische Webseiten-Erzeugung in eingebetteten Systemen

alle HTML-Attribute angegeben werden, die im Zusammenhang mit dem korrespondierenden HTML-Formularelement gültig wären.

Das Getter-Attribut liefert die Vorbelegung für ein Formularelement. Als Wert muss ein Java-Ausdruck angegeben werden, auf den die Methode toString() angewendet werden kann. Bei Check-Boxen macht das natürlich wenig Sinn, hier muss der Ausdruck ein boolescher Wert sein. Auswahllisten und Radiobuttons haben ein zusätzliches Attribut selected, mit dessen Hilfe das ausgewählte Element festgelegt werden kann.

Eingegebene Formulardaten müssen häufig auf ihre Korrektheit überprüft werden. Zu diesem Zweck gibt es das Attribut validator. Hier muss als Wert ein Ausdruck angegeben werden, der entweder true oder false zurückgibt. Ersteres bedeutet eine positive Validierung, letzteres eine negative. Wenn die Validierung *aller* Eingaben positiv ausging, werden die Setter der KSP-Formularelemente aufgerufen. Bei fehlgeschlagener Validierung wird die HTML-Seite mit dem Formular wieder aufgebaut, wobei der Validator die Möglichkeit hat, direkt nach dem Formularelement eine Fehlermeldung auszugeben.

Mit dem Setter-Attribut kann nach erfolgreicher, optionaler Validierung die Aktion festgelegt werden, die durch das Formularelement ausgelöst werden soll, der Wert des Attributs ist also eine Java-Methode. Die Signatur muss dabei folgendermaßen aussehen: (Cast)object.method(param, session). Der Inhalt des Formularelements wird im Parameter param gespeichert, session ist ein Objekt, welches die gerade aktuelle HTML-Session abbildet. Auftretende Ausnahmen bei der Abarbeitung der Methode werden abgefangen und im Client angezeigt. Die ausführliche Beschreibung der weiteren, weniger gebräuchlichen Parameter sowie eine exakte Ablaufbeschreibung ist [S150] zu entnehmen.

Das Beispiel von Quelltext 6.2 auf der vorherigen Seite ist zur Gegenüberstellung in Quelltext 6.3 auf der nächsten Seite mit Hilfe von Java Server Pages realisiert. Wie deutlich zu sehen ist, sind JSP-Dateien erheblich schlechter strukturiert als die entsprechende KSP-Datei. Ein wesentlicher Grund dafür ist, dass zum Anfang der JSP-Datei geprüft werden muss, ob das Formular abgeschickt wurde oder ausgegeben werden muss. Selbstverständlich ließe sich der Code auch auf zwei getrennte JSP-Dateien verteilen, was die Wartbarkeit allerdings auch nicht erhöht. Ein weiteres Beispiel für die schlechte Änderbarkeit von JSP-Dateien ist die explizite Namensvergabe für HTML-Formularelemente durch den Programmierer. Mit Hilfe dieses Namens wird an gänzlich anderer Stelle auf den Inhalt des Formularelements zugegriffen. Eine Änderung des Namens muss daher sehr wohlüberlegt und sorgfältig geschehen, da beim Zugriff auf nicht vorhandene Namen nicht einmal ein Fehler generiert wird, was die Fehlersuche deutlich erschwert.

Aus dem JSP-Beispiel wird deutlich, dass die Vermischung von HTML-Code mit Java-Code-Sequenzen bei größeren Seiten die Lesbarkeit stark beeinträchtigt. Dieses Problem trifft selbstverständlich auch KSP-Dateien. Je mehr konditionaler Code oder Schleifen benötigt werden, um so mehr einzelne öffnende und schließende Klammern müssen durch

```
<%@ page language="java" %>
<%@ page import="java.util.*" %>
<%
String sDate;
Date date;
boolean isCorrect;
// Wenn das Formular abgeschickt wurde
if (request.getParameter("date") != null) {
   sDate = request.getParameter("date");
   isCorrect = validate(sDate);
}
if (request.getParameter("date") != null && isCorrect) {
    testObj.setValue(date)
    // Eventuell Redirect auf andere Seite
} else {
%>
<html>
  <body>
    <form action="./test.jsp" method="post">
    <input type="text" name="date" value="<%= date %>">
<%
    if (!isCorrect) {
        out.print("<b>Eingabe nicht korrekt!</b>");
    }
%>
    <input type="submit" value="Save">
    </form>
  </body>
</html>
<%
}
%>
```

Quelltext 6.3: JSP-Beispiel mit Formularen

KSP- oder JSP-Tags umschlossen werden.

In einer Erweiterung von KSP wurden zur Abmilderung dieses Problems neue Tags eingeführt, um Kontrollfluss-Strukturen wie Schleifen, if/then/else-Konstrukte etc. abzubilden. Für JSP gibt es ähnliche Erweiterungen in der Java Server Pages Standard Tag Library (JSTL).

Für die automatische Formularbehandlung mit der Mächtigkeit von KSP gibt es im Umfeld von JSP-Tag-Libraries keine Entsprechung. Erst beim Einsatz von großen Web-Frameworks wie Apache Struts ist diese Funktionalität vorhanden.

7. Resultate

7.1. Der UCSD-Benchmark

Alle Messungen in diesem Kapitel wurden mit Hilfe des UCSD-Benchmarks[44] durchgeführt. Die Entscheidung für diesen Benchmark soll an dieser Stelle etwas näher begründet werden.

Während der Entwicklung der Kertasarie VM war es nicht so sehr entscheidend, die Abarbeitungsgeschwindigkeit mit der anderer JVMs für eingebettete Systeme (die es zu dem Zeitpunkt auch kaum gab) zu vergleichen. Viel wichtiger war die Identifikation von Schwachstellen bei der Bytecode-Ausführung, um diese dann entsprechend beschleunigen zu können. Für diese Evaluation kam also nur ein Benchmark in Frage, der zwei Kriterien erfüllst: er musste quelloffen und zudem recht Bytecode-orientiert sein. Diese Kriterien ließen viele populäre Benchmarks wie SpecJVM98[101], EEMBC-GrinderBench[34], Embedded CaffeineMark[84] als ungeeignet erscheinen. Andere Benchmarks wie die Java Grande Benchmark Suite[55] sind extrem gleitkommalastig, sodass die Aussagekraft bezüglich eingebetteter Systeme nicht sehr groß ist.

Ein weiteres Kriterium für die Auswahl des Benchmarks war die Anzahl und Art der Klassen, welche die Benchmark-Applikation für den Ablauf benötigt. So ruft ein Teiltest des SpecJVM98-Benchmarks den javac-Compiler auf, was eine erhebliche Menge Hilfsklassen nach sich zieht. Andere Benchmarks wie der EEMBC-GrinderBench sind explizit für die Messungen auf Java-fähigen Mobiltelefonen vorgesehen und setzen daher auch die Klassen für das MIDP-GUI (siehe Kapitel 2.1.1.4) voraus.

Anhand dieser Kriterien fiel dann die Wahl auf den UCSD-Benchmark, welcher an dieser Stelle kurz vorgestellt werden soll. Der Benchmark ist sehr auf einzelne Bytecode-Gruppen orientiert und besteht aus folgenden Teilen:

empty loop Dieser Test führt eine leere Schleife aus. Er ist insbesondere nützlich, um die Qualität des Interpreters zu evaluieren und für die folgenden Tests den Schleifen-Overhead zu ermitteln.

arithmetic In diesem Test werden vor allem 32-Bit-Integer-Multiplikationen und -Additionen durchgeführt.

array access Mit diesem Teiltest wird der Zugriff auf Arrays gemessen. In einer Schleife

7. Resultate

werden Werte in ein Array geschrieben.

object access Dieser Test misst die Geschwindigkeit des Zugriffs auf ein Objektfeld.

method invoke Dieser Test besteht aus zwei Teilen. Es werden virtuelle Methodenaufrufe in das gleiche und ein anderes Objekt ausgeführt.

exception handling In diesem Test wird die Geschwindigkeit der Ausnahmebehandlung ermittelt.

thread switch In diesem Test werden drei Threads instanziiert, die nichts anderes machen, als die Methode `yield()` aufzurufen, mit der ein Java-Thread ein Rescheduling auslösen kann.

Der UCSD-Benchmark hat natürlich auch Nachteile. Durch die geringe Verbreitung wird der unabhängige Vergleich mit anderen JVMs erschwert. Zudem werden nicht alle applikationsrelevanten Bytecodes untersucht (statische Methodenaufrufe, Aufruf von Interface-Methoden, die switch-Bytecodes etc.). Ein großer Nachteil, der auch irgendwann zur Abkehr von diesem Benchmark führen kann, sind Optimierungen, die ein JIT-Compiler durchführt. Insbesondere kann ein Optimierer im empty-loop-Test erkennen, dass die Schleife nichts sinnvolles bewirkt, gleiches gilt für den arithmetic-Test und die Methodenaufrufe.

Eine weitere Bemerkung sei an dieser Stelle angebracht. Alle Messungen, die in diesem Kapitel vorgenommen werden, sollten als Indikatoren für eine möglicherweise zu erreichende Geschwindigkeit verstanden werden. Diese Messungen ersetzen nicht eine zur Beurteilung des Echtzeitverhaltens nötige WCET-Analyse.

7.2. Geschwindigkeit der Bytecode-Interpretation

Tabelle 7.1 auf der nächsten Seite zeigt den Geschwindigkeitsvergleich verschiedener JVMs für eingebettete Systeme bei der Ausführung des UCSD-Benchmarks. Alle Messungen wurden auf einem 450 MHz Pentium III[1] unter Linux durchgeführt. Alle im Quelltext vorliegenden JVMs (Kertasarie, KVM, CVM, Kaffe) wurden mit dem GCC in der Version 3.4.4 und der Optimierung -O2 kompiliert.

Für die Messungen wurde die KVM aus der CLDC-Referenzimplementierung in der Version 1.1 verwendet, die J9 ist im WebSphere Everyplace Micro Environment der Version

---

[1] x86-Systeme sind im Bereich eingebetteter Systeme gar nicht so stark verbreitet. Dass die Messungen dennoch auf diesem Prozessor durchgeführt wurden, ist der Tatsache geschuldet, dass alle kommerziellen JVMs für eingebettete Systeme für Evaluationszwecke nur für x86-Prozessoren zur Verfügung stehen.

7.2. Geschwindigkeit der Bytecode-Interpretation

	Kertasarie	KVM	CVM	J9	Kaffe
empty loop in ms	327	472	259	187	1 632
integer add in ms	803	1 040	547	240	6 528
integer mul in ms	794	1 049	554	242	6 386
array access in ms	633	768	463	219	2 784
object access in ms	648	831	445	213	5 275
invoke same obj. in ms	659	909	578	401	5 325
invoke other obj. in ms	758	1 036	621	415	7 414
exceptions in ms	796	1 121	1 246	1 269	20 924
thread switch in ms	557	174	223	252	1 061
Gesamt in ms	5 998	7 417	4 957	3 481	58 028
Größe in Bytes	124 856	218 772	1 497 880	2 714 770	672 268

Tabelle 7.1.: Vergleich verschiedener JVMs für eingebettete Systeme

6.1 enthalten. Für die CVM wurde ebenfalls die aktuelle Version 1.0.2 verwendet, gleiches gilt für die Kaffe VM in der Version 1.1.7.

Für die Messungen wurde der JIT-Compiler der J9-JVM abgeschaltet, gleiches gilt für den JIT der Kaffe VM. Die J9-JVM stellt jedoch trotzdem eine Ausnahme dar, da sie die einzige virtuelle Maschine ist, die ausschließlich binär vorliegt. Aus diesem Grunde lassen sich keine Aussagen bezüglich der Art der Programmiersprache treffen, in welcher der Interpreter formuliert wurde.

Interessant sind einige Details aus Tabelle 7.1. Die KVM ist in allen Belangen langsamer als die Kertasarie VM mit Ausnahme des Thread-Switch-Tests. Das ist damit zu erklären, dass die Kertasarie VM aufgrund ihres Scheduling-Modells in Verbindung mit Priority Inheritance einen höheren Aufwand bei der Thread-Verwaltung hat.

Gut zu sehen ist ebenfalls, dass die CVM in allen Tests mit Ausnahme des exception handling schneller ist als die Kertasarie VM. Das ist auf die Tatsache zurückzuführen, dass die CVM native Threads nutzt und aus diesem Grunde nicht bei jedem Java-Bytecode die Prüfung für ein eventuelles Rescheduling unternehmen muss. Diese Messung steht im Kontrast zu der Aussage aus [116], nach der sogar ein Geschwindigkeitsvorteil der Green-Thread-Variante zu verzeichnen ist (siehe dazu auch Kapitel 2.3).

Die angegebenen Code-Größen sind mit Vorsicht zu betrachten, da hier natürlich ganz entscheidend die unterstützte Funktionalität mit eingeht. Die KVM unterstützt das MIDP in der Version 2.0, ebenso die J9 von IBM. Die CVM ist ein Vertreter der CDC und unterstützt das minimale Foundation Profile. Die Kertasarie VM wurde mit Unterstützung für Reflection, Serialisierung, Sockets und Datei-I/O kompiliert. Für eine Diskussion bezüglich der Konfigurationen und Profile innerhalb der J2ME kann im Kapitel 2.1 nachgelesen werden.

Zu erwähnen ist noch, dass diese Ergebnisse auf anderen Architekturen vollkommen anders aussehen können. So ist die Kertasarie VM unter PalmOS auf einem M68000-Prozessor schneller als die J9 und die KVM[E132].

7.3. Vergleich verschiedener Interpretervarianten

In diesem Kapitel wird der Unterschied zwischen den Interpretervarianten mit *Computed Goto* und switch/case betrachtet.

	PPC switch	PPC goto	x86 switch	x86 goto	ARM switch	ARM goto
empty loop in ms	218	172	365	327	3 220	3 830
integer add in ms	534	414	825	805	7 790	9 210
integer mul in ms	536	419	834	794	7 860	8 570
array access in ms	436	340	623	628	6 330	6 760
object access in ms	442	346	656	648	6 500	7 830
invoke same obj. in ms	476	397	686	659	7 730	8 250
invoke other obj. in ms	540	448	779	761	8 670	9 240
exceptions in ms	677	589	824	795	9 750	13 440
thread switch in ms	201	213	568	546	1 190	1 250
Gesamt in ms	4 184	3 459	6 182	5 985	59 330	68 670
Größe in Bytes	16 076	22 536	15 804	21 448	14 404	18 564

Tabelle 7.2.: Switch/Case im Vergleich mit Computed Goto

Die Messungen erfolgten auf einem mit 400 MHz getakteten PowerPC unter Linux und auf einem 450 MHz Pentium III, ebenfalls unter Linux. Die Messungen für den ARM-Prozessor fanden auf einem mit 50 MHz getakteten S3C4530 der Firma Samsung unter dem Betriebssystem eCos statt.

Aus den Zahlen ist gut zu erkennen, dass die PowerPC- und die Pentium-Architekturen von der Interpretervariante mit *Computed Goto* profitieren. Das gilt insbesondere für die PowerPC-Architektur, die einen durchschnittlichen Geschwindigkeitszuwachs von 18 % vorweisen kann, während sich die Geschwindigkeit auf dem Pentium nur um etwa 3 % erhöht.

Der Code-Umfang ist hier nicht für die gesamte Kertasarie VM angegeben, sondern ausschließlich für die C-Funktion, welche die Interpretationsschleife implementiert. Bemerkenswert ist, dass der Code-Umfang auf der PowerPC- und der x86-Architektur an-

7.3. Vergleich verschiedener Interpretervarianten

nähernd identisch ist[2], gleiches gilt für die Vergrößerung des Code-Umfangs bei der *Computed-Goto*-Variante, er liegt zwischen 30 % und 40 %.
Interessanterweise sieht das Geschwindigkeitsverhältnis auf der ARM-Architektur genau anders herum aus. Hier ist die switch/case-Variante deutlich schneller. Als erste Vermutung lag nahe, dass der interne Cache des ARM-Prozessors hier die entscheidende Rolle spielt. Aus diesem Grunde wurde der Benchmark nochmals mit ausgeschaltetem Cache auf dem ARM-Prozessor ausgeführt. Tabelle 7.3 zeigt die Ergebnisse.

	ARM switch, mit Cache	ARM goto, mit Cache	ARM switch, ohne Cache	ARM goto, ohne Cache
empty loop in ms	3 220	3 830	17 150	18 060
integer add in ms	7 790	9 210	41 140	43 760
integer mul in ms	7 860	8 570	41 180	43 490
array access in ms	6 330	6 760	33 350	35 070
object access in ms	6 500	7 830	34 340	36 650
invoke same obj. in ms	7 730	8 250	40 870	42 700
invoke other obj. in ms	8 670	9 240	45 750	48 020
exceptions in ms	9 750	13 440	49 580	51 540
thread switch in ms	1 190	1 250	4 990	5 080
Gesamt in ms	59 330	68 670	309 180	325 180

Tabelle 7.3.: Bytecode-Interpreter unter Berücksichtigung von Cache-Effekten

Es ist deutlich zu sehen, dass der prozentuale Unterschied bei der Ausführung ohne Cache nur bei etwa 5 % liegt, während er bei eingeschaltetem Cache bei etwa 16 % liegt. Eine genaue Code-Inspektion führt zu der Erkenntnis, dass die Anzahl der Instruktionen für einen Schleifendurchgang bei beiden Varianten exakt gleich ist[3]. Die switch/-case-Variante benötigt jedoch nur fünf Load/Store-Instruktionen, die *Computed-Goto*-Variante hingegen sechs. Da Speicherzugriffe bei ausgeschaltetem Cache überproportional teuer sind, ist das eine mögliche Erklärung für die bessere Performanz des switch/-case-Interpreters[4].
Die deutlich höhere Geschwindigkeit der switch/case-Variante bei eingeschalteten Cache ist ebenso auf Cache-Effekte zurückzuführen. Hierbei ist insbesondere zu berück-

---
[2] Die Erwartungshaltung war eine andere. Eine Funktion für einen x86-Prozessor sollte eigentlich aufgrund der CISC-Architektur eine geringe Code-Größe haben als auf einer klassischen RISC-Architektur.
[3] Es ist insbesondere festzustellen, dass die switch/case-Variante annähernd optimal konstruiert ist, die *Computed-Goto*-Variante hingegen ist verbesserungswürdig.
[4] Eine weitere Erklärung wäre eine unterschiedliche Anzahl von Pipeline-Konflikten zwischen beiden Varianten. Leider gibt es bezüglich eventuell vorhandener Bypässe keine Aussage in den entsprechenden ARM-Dokumenten.

7. Resultate

sichtigen, dass der Cache auf dem Messsystem nur 8 KByte groß ist, die gesamte Interpretationsschleife also keinesfalls in den Cache passt. Die Instruktionen, die für den `switch/case` erzeugt werden, liegen lokal an einer Stelle der Interpretationsschleife, die Wahrscheinlichkeit ist also relativ groß, dass dieser Code-Abschnitt im Cache liegt. Bei der *Computed-Goto*-Variante hingegen stehen die Instruktionen zur Berechnung des Sprungziels hinter jedem Abschnitt, der für die Interpretation eines Java-Bytecode verantwortlich ist. Während der Abarbeitung eines Programms wird dieser im Prinzip identische Code an sehr unterschiedlichen Stellen des Interpreters ausgeführt. Hier kann es also sehr viel leichter zum Verdrängen wichtiger Code-Abschnitte aus dem Cache kommen.
Als Fazit ist festzuhalten, dass die *Computed-Goto*-Variante nicht immer die schnellste ist und demzufolge die einfache Umschaltbarkeit zwischen beiden Varianten (siehe Kapitel 4.2.1) in jedem Fall von Vorteil ist.

7.4. Interpretation auf einer virtuellen Register-Maschine

In diesem Kapitel sollen die Ergebnisse der Geschwindigkeitsmessungen für die virtuelle Register-Maschine aus Kapitel 4.2.2.1 näher betrachtet werden.
Tabelle 7.4 zeigt die Ausführung des UCSD-Benchmarks auf einem PowerPC-System mit 66 MHz Taktfrequenz, 32 MByte Speicher unter Linux. Es wurde die Opcode-Variante mit 16-Bit-Befehlswort gewählt (siehe Kapitel 4.2.2.1). Alle Werte sind in Millisekunden angegeben.

	Stack	Anzahl Register				
		6	7	8	9	10	11
empty loop	163	164	166	177	191	191	213
integer add	3 239	3 214	3 213	3 450	3 844	3 987	3 958
integer mul	3 605	3 195	3 230	3 466	3 718	3 955	3 729
array access	3 768	3 387	3 268	7 111	3 766	3 974	9 372
object access	2 909	10 838	3 187	10 702	9 982	3 668	10 018
invoke same obj.	5 630	15 177	12 021	13 625	19 032	18 166	23 452
invoke other obj.| 5 645	14 618	12 040	13 370	19 203	19 052	28 093
thread switch	5 271	5 881	5 425	5 432	5 549	5 909	8 424
Gesamt	31 141	56 759	42 825	57 615	65 562	59 193	87 547

Tabelle 7.4.: Benchmarking der virtuellen Register-Maschine auf PowerPC

Die Ergebnisse sind auf den ersten Blick ernüchternd. Besonders schlecht fallen die beiden `INVOKE`-Tests aus, hier ist je nach Register-Anzahl der virtuellen Register-Maschine eine Verschlechterung um den Faktor drei zu erkennen. An dieser Stelle ist sicher noch einiges

7.4. Interpretation auf einer virtuellen Register-Maschine

an Optimierung möglich, da bislang bei einem INVOKE immer alle virtuellen Register der aufrufenden Methode auf den Stack gesichert werden und beim RETURN wieder geladen werden. Bis zu einer Register-Anzahl von sieben bis acht sind immerhin die beiden arithmetischen Tests etwas schneller als beim Original-Interpreter, allerdings nur marginal. Bestürzend sind zudem die stark oszillierenden Messwerte für den Array- und Objektzugriffe in Abhängigkeit von der Register-Zahl. Als allgemeine Tendenz lässt sich festhalten, dass die Laufzeit umso schlechter wird, je mehr Register die virtuelle Register-Maschine enthält. Erwarten würde man jedoch eher das Gegenteil.

Diese Ergebnisse führten zu einer genauen Untersuchung des Maschinen-Codes des Register-Interpreters. Die virtuellen Register wurden korrekt auf die internen Register des PowerPCs abgebildet. Ebenso bestand der Maschinen-Code zur Realisierung einer Addition zweier Zahlen aus nur einem Maschinenbefehl.

Die weiteren Überlegungen gründeten insbesondere auf der Tatsache, dass die Ergebnisse immer schlechter wurden, je mehr virtuelle Register vorhanden waren. Mit steigender Register-Zahl vergrößert sich die Sprungtabelle und natürlich auch der Umfang des Interpreters selbst (siehe dazu Tabelle 4.2 auf Seite 98 im Kapitel 4.2.2.1). Insbesondere auf die Sprungtabelle muss extrem oft zugegriffen werden, es ist also nötig, dass diese im Cache-Speicher des Prozessors liegt. Die Realisierung der virtuellen Register-Maschine mit Hilfe von *Computed Goto* hat zudem zur Folge, dass ständig zu verschiedenen Code-Bereichen gesprungen wird, was für einen Cache ebenfalls eher ungünstig ist. Aufgrund der Tatsache, dass im verwendeten PowerPC der Befehls-Cache nur 2 KByte und der Daten-Cache nur 1 KByte groß ist, ist das Laufzeitverhalten damit gut erklärbar. Insbesondere ist das oszillierende Verhalten einzelner Test bei unterschiedlicher Register-Zahl im Zusammenhang mit der Cache-Verdrängung plausibel.

Eine gewisse Analogie gibt es zudem zu den Ergebnissen auf der ARM-Plattform (siehe Tabelle 7.3 auf Seite 153 in Kapitel 7.3). Auch hier war die Stack-Interpreter basierend auf switch/case schneller als die Variante mit *Computed Goto*, da der gemeinsame Befehls- und Daten-Cache auf dem verwendeten ARM-Prozessor auch nur 8 KByte groß war. Die Sprungtabelle beim Stack-Interpreter enthält jedoch nur 256 Einträge, aus diesem Grund sind die Geschwindigkeitseinbußen dort nicht so extrem.

Um den Einfluss der Cache-Größe auf diese Art der Interpretation noch etwas näher zu beleuchten, wurde der gleiche Test auf einem Intel Xeon-Prozessor mit 2,4 GHz Taktfrequenz, 512 MByte Speicher, unter Linux durchgeführt. Der L1-Cache ist bei diesem Prozessor 512 KByte groß[5]. Tabelle 7.5 auf der nächsten Seite zeigt die Ergebnisse. Auch hier sind die Zeiten in Millisekunden angegeben.

Auch hier ist zu beobachten, dass die Laufzeit des Benchmarks mit zunehmender Register-

---

5 Die Cache-Bezeichnung von Intel ist allerdings etwas verwirrend. Intel bezeichnet den Execution Trace Cache für die dekodierten Mikroinstruktionen als L1-Cache und den normalerweise als L1-Cache genannten Speicher als L2-Cache.

7. Resultate

	Stack	Anzahl Register					
		6	7	8	9	10	11
empty loop in ms	3	3	3	4	3	3	2
integer add in ms	73	56	48	54	49	60	61
integer mul in ms	85	62	66	62	63	66	61
array access in ms	89	44	39	47	59	44	44
object access in ms	43	57	59	58	66	48	56
invoke same obj. in ms	52	64	63	60	78	65	67
invoke other obj. in ms	52	64	63	62	69	65	66
thread switch in ms	110	109	109	112	113	109	117
Gesamt in ms	509	462	455	464	504	465	480

Tabelle 7.5.: Benchmarking der virtuellen Register-Maschine auf Intel Xeon

Zahl immer mehr zunimmt, durch den großen Cache die negativen Effekte allerdings erst später auftreten.

Insgesamt lässt sich als Fazit ziehen, dass diese Form der Java-Bytecode-Verarbeitung aufgrund der in eingebetteten Systemen oft geringen Cache-Größen in den meisten Fällen zu keiner Geschwindigkeitssteigerung führt.

7.5. JIT-Kompilation

In diesem Kapitel sollen kurz die Ergebnisse der Geschwindigkeitsmessungen für den JIT-Compiler aus Kapitel 4.2.2.2 dargestellt werden. Tabelle 7.6 auf der nächsten Seite zeigt die Daten für verschiedene JIT-Compiler auf der PowerPC-Plattform. Die Messungen fanden auf einem PowerPC MPC7447A mit 1,2 GHz Taktfrequenz, jeweils 32 KByte Befehls- und Daten-Cache unter dem Betriebssystem Mac OS X 10.4 statt.

Für diese Messungen wurde *nicht* wie in den vorherigen Abschnitten der UCSD-Benchmark genutzt und zwar im Wesentlichen aus den folgenden zwei Gründen: zum einen werden die entsprechenden Messmethoden im UCSD-Benchmark nur einmalig aufgerufen, aus diesem Grund übersetzt der Kertasarie-JIT-Compiler diese Methoden gar nicht. Zum anderen verwendet der UCSD-Benchmark einige Bytecodes, die momentan durch den Kertasarie-JIT-Compiler nicht übersetzt werden. Der eigene Benchmark ist jedoch in seiner Struktur sehr stark an den UCSD-Benchmark angelehnt, der Quelltext ist im Anhang B zu sehen.

Gut zu sehen ist, dass der JIT-Compiler auf der Kertasarie VM zu einer Beschleunigung um etwa den Faktor 10 führt. Bei den einzelnen Test gibt es jedoch zum Teil erhebliche Unterschiede bezüglich des Performance-Gewinns. Methodenaufrufe etwa werden nur

7.5. JIT-Kompilation

	Kertasarie-Interpreter	Kertasarie-JIT	Kertasarie-JIT, TWP
empty loop	923 ms	26 ms	47 ms
integer add	1 709 ms	33 ms	60 ms
integer mul	1 702 ms	50 ms	55 ms
array access	2 725 ms	143 ms	183 ms
invokevirtual	1 923 ms	915 ms	940 ms
getfield	2 203 ms	67 ms	85 ms
getstatic	1 784 ms	80 ms	102 ms
Gesamt	12 969 ms	1 314 ms	1 472 ms
	CACAO 0.92	JDK-1.4.2	gcj
empty loop	50 ms	25 ms	17 ms
integer add	51 ms	25 ms	17 ms
integer mul	51 ms	26 ms	17 ms
array access	220 ms	84 ms	59 ms
invokevirtual	355 ms	25 ms	147 ms
getfield	118 ms	59 ms	17 ms
getstatic	171 ms	60 ms	17 ms
Gesamt	1 016 ms	304 ms	291 ms

Tabelle 7.6.: Vergleich verschiedener JIT-Compiler für PowerPC

etwa um den Faktor 2 beschleunigt, was an der Tatsache liegt, dass die aufwändigen Operationen wie der Aufbau eines neuen Frames auch im kompilierten Code erfolgen muss. Am stärksten profitiert mit Faktor 50 die Integer-Multiplikation, die allerdings auch mit wenigen Maschinenbefehlen sehr effizient umzusetzen ist.

In der dritte Spalte von Tabelle 7.6 wurde zusätzlich die Thread-Wechselprüfung (siehe Kapitel 4.2.2.2) eingeschaltet, im generierten Code wird also regelmäßig geprüft, ob ein Rescheduling durchgeführt werden muss. Erkauft wird der Erhalt der Echtzeitfähigkeit der Bytecode-Abarbeitung mit einem Geschwindigkeitsverlust von etwa 10 %, was als ein sehr akzeptabler Wert erscheint.

Zum Vergleich sind in Tabelle 7.6 noch die Benchmark-Ergebnisse anderer JIT-Compiler angegeben, um die Beschleunigung des Kertasarie-JIT-Compilers besser einordnen zu können. Der CACAO-JIT-Compiler[24] steht unter der GPL, ist also auch im Quelltext verfügbar. Bislang wurden Backends für ARM, MIPS, PowerPC und x86 implementiert. Insgesamt betrachtet ist CACAO etwas schneller als der Kertasarie-JIT-Compiler, allerdings auch nur, weil der Methodenaufruf deutlich effizienter ist. In allen anderen Test ist die Kertasarie VM schneller. Das obere Ende der Performance-Steigerungen markiert das JDK-1.4.2. Hier ist inbesondere der Methodenaufruf extrem beschleunigt. Solche Werte

7. Resultate

sind jedoch nur durch aggressives Inlining von Methoden zu erreichen. Möglicherweise erkennt der JIT-Compiler des JDK sogar, dass die Testmethoden nicht wirklich sinnvolle Berechnungen oder Datenzugriffe machen und führt diese unter Umständen gar nicht aus. Der gcj wurde zum Vergleich mit herangezogen, um die Qualität eines typischen AOT-Compilers beurteilen zu können. Das Geschwindigkeitsniveau liegt in etwa bei dem des JDK.

Aufgrund der Tatsache, dass der Kertasarie JIT-Compiler nur etwa 180 KByte groß ist und bislang keine ernsthaften Optimierungen vorgenommen werden, ist der Geschwindigkeitsgewinn bemerkenswert und zudem noch stark ausbaufähig.

7.6. I/O-Verhalten

Für viele Steuerungsaufgaben ist es von zentraler Bedeutung, dass eine Applikation so schnell wie möglich auf externe Stimuli reagieren kann. So ein externer Stimulus ist in vielen Fällen die Zustandsänderung eines Eingangspins am Prozessor, hervorgerufen durch einen externen Sensor. Die Reaktion erfolgt dann durch die Änderung des Zustandes eines entsprechenden Ausgangspins.

Interessant ist nun die Frage, welchen Einfluss das Betriebssystem auf die Reaktionszeit hat[E139]. Dazu wurden zwei Messungen mit Hilfe der Kertasarie VM unternommen. Zum einen wurde die maximale Schaltfrequenz an einem Ausgangspin bestimmt, zum anderen wurde die Zeit ermittelt, die vom Setzen eines Eingangspins bis zur Reaktion an einem Ausgangspin verging.

Um den Einfluss des Betriebssystems genauer beurteilen zu können, wurden die Messungen auf einem ARM7TDMI-System mit 50 MHz Taktfrequenz mit zwei unterschiedlichen Kertasarie-Varianten vorgenommen. In der ersten Variante lief die VM unter dem Betriebssystem µClinux, in der zweiten ohne jegliches Betriebssystem.

Der Verzicht auf ein Betriebssystem ist für eine virtuelle Maschine nicht so gravierend, wie es zuerst den Anschein haben mag, da die VM grundlegende Aufgaben wie Speicher- und Thread-Verwaltung sowieso übernimmt. Tabelle 7.7 zeigt die Ergebnisse, die Abbildungen 7.1, 7.2, 7.3 und 7.4 die entsprechenden Bilder vom Speicheroszilloskop.

	Kertasarie-Linux	Kertasarie-Standalone
Schaltfrequenz	24.15 kHz	56.82 kHz
Reaktionszeit	388 µs	94 µs

Tabelle 7.7.: I/O-Verhalten der Kertasarie VM

Um unter µClinux einen I/O-Pin abfragen bzw. setzen zu können, ist ein kompletter Treiber inklusive `ioctrl()` nötig, in der Kertasarie-Variante ohne Betriebssystem kann die

7.6. I/O-Verhalten

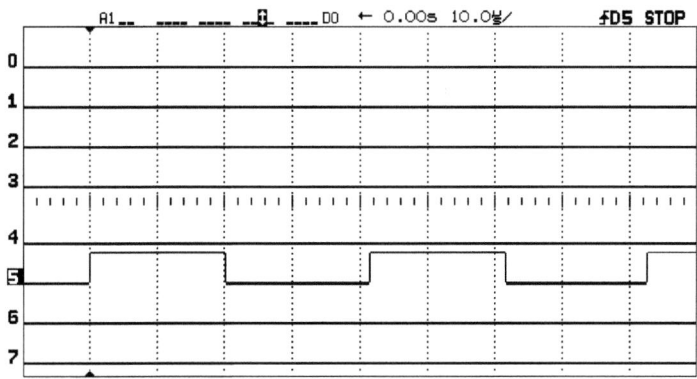

Abbildung 7.1.: Schaltfrequenz bei Verwendung der Kertasarie VM unter Linux

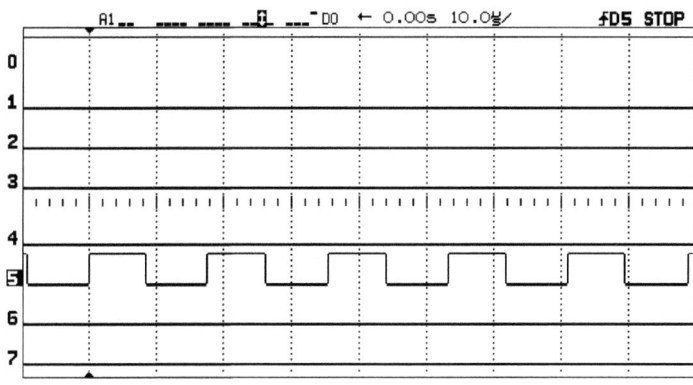

Abbildung 7.2.: Schaltfrequenz bei Verwendung der Kertasarie VM ohne Betriebssystem

7. Resultate

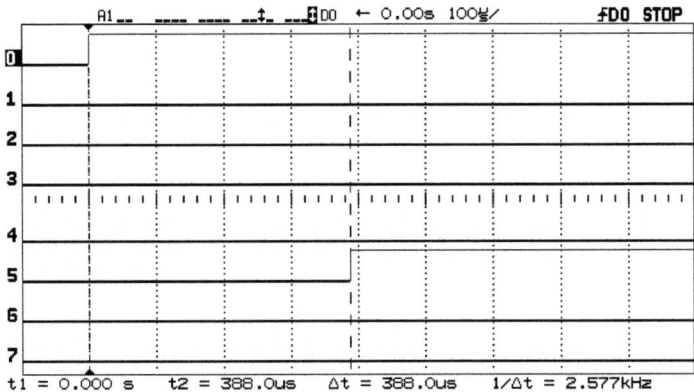

Abbildung 7.3.: Reaktionszeit bei Verwendung der Kertasarie VM unter Linux

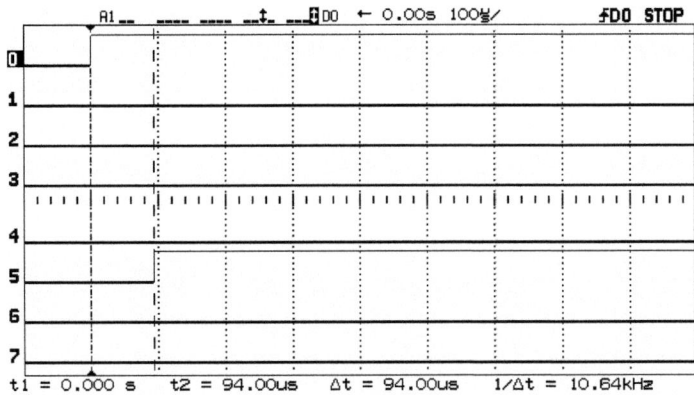

Abbildung 7.4.: Reaktionszeit bei Verwendung der Kertasarie VM ohne Betriebssystem

VM direkt auf die I/O-Register zugreifen. Die Ergebnisse zeigen deutlich das bessere Verhalten beim Verzicht auf ein Betriebssystem.

7.7. TinyRMI

Ein Hauptkriterium für die Entwicklung von TinyRMI war die Einsparung von Speicherplatz. Die folgenden Tabellen 7.8 und 7.9 zeigen, dass dieses Ziel sehr gut erreicht wurde.

Package	Anzahl		Größe
	Schnittstellen	Klassen	in Bytes
de.kertasarie.tinyrmi	1	8	9 511
de.kertasarie.tinyrmi.registry	1	3	7 549
de.kertasarie.tinyrmi.server	0	3	7 254
de.kertasarie.tinyrmi.transport	2	2	8 131
de.kertasarie.tinyrmi.transport.tcp	0	6	18 615
Summe	4	22	51 060

Tabelle 7.8.: Anzahl und Größe der Klassen von TinyRMI

Package	Anzahl		Größe
	Schnittstellen	Klassen	in Bytes
java.rmi	1	22	15 500
java.rmi.registry	1	2	8 859
java.rmi.server	9	27	27 284
sun.rmi.registry	0	5	13 430
sun.rmi.server	0	17	50 806
sun.rmi.transport	5	19	43 053
sun.rmi.transport.tcp	0	13	56 641
Summe	16	105	215 573

Tabelle 7.9.: Anzahl und Größe der Klassen des Sun-RMI

Zur Ermittlung der Zahlen für das Sun-RMI wurden die Klassen des Java Development Kit (JDK)-1.3-API genutzt. Um hier einen fairen Vergleich zu gewährleisten, wurden nur die Klassen berücksichtigt, deren Funktionalität ebenfalls in TinyRMI vorhanden ist. Also wurden insbesondere die Klassen für DGC und das Activation-API entfernt, da diese Technologien nicht in TinyRMI vorhanden ist (siehe dazu Kapitel 5.5). Zu erwähnen ist an dieser Stelle auch, dass die Messungen für die Code-Größe hier für die Multiplex-TCP-

7. Resultate

Variante von TinyRMI erfolgten. Zusammenfassend kann an dieser Stelle gesagt werden, dass TinyRMI nur ein Viertel des Speicherplatzes der Referenzimplementierung von Sun benötigt.

Nun ist dieser Vergleich insofern nicht ganz aussagekräftig, da bestimmte Funktionalitäten auch durch das Standard-Java-API implementiert sein könnten. Aus diesem Grunde ist es interessant zu wissen, welche Klassen aus dem Java-API von beiden RMI-Varianten benötigt werden. Diese Zahlen sind in Tabelle 7.10 zu sehen und wurden mit Hilfe der in Kapitel 4.10.1 vorgestellten Tools ermittelt, indem alle nicht genutzten Methoden aus den Klassen entfernt wurden.

Variante	Klassen	Gesamtgröße in Bytes
Sun-RMI mit JDK-1.3-API	254	703 836
TinyRMI(TCP) mit JDK-1.3-API	246	435 764
TinyRMI(UDP) mit JDK-1.3-API	242	431 248

Tabelle 7.10.: Anzahl und Gesamtgröße aller für RMI benötigten Klassen

Interessanterweise ist die Code-Ersparnis bei der UDP-Variante von TinyRMI nicht so groß, wie man vielleicht vermuten würde (ca. 4 KByte). Auf der anderen Seite ist es in eingebetteten Systemen oft möglich, den Platzbedarf für einen kompletten TCP-Stack einzusparen. Es ist nur ein kleiner UDP-Stack nötig, der erheblich weniger komplex ist. Für eine Abschätzung wurde die Code-Größe für den TCP-Stack von µClinux ermittelt, sie liegt bei etwa 100 KByte. Wenn man diese Zahl mit berücksichtigt, kann die UDP-Variante von TinyRMI sehr wohl zu einer Speicherplatzeinsparung im eingebetteten System beitragen.

Um die Geschwindigkeit der RMI-Varianten miteinander vergleichen zu können, wurden vier einfache Tests durchgeführt:

1. ein Methodenaufruf ohne Parameter und ohne Rückgabewert,

2. ein Methodenaufruf mit einem Parameter von Typ long und ohne Rückgabewert,

3. ein Methodenaufruf mit einem Parameter vom Typ long und einem Rückgabewert vom Typ long,

4. ein Methodenaufruf mit einem Array von 100 long-Werten sowohl als Parameter und als Rückgabewert.

Diese Tests sind aus Sicht einer Anwendung ganz sicher nicht typisch, da dort erheblich mehr mit Objekten als mit primitiven Datentypen oder großen Arrays gearbeitet wird.

Dennoch wurden die Tests mit Bedacht so gewählt, um den Einfluss der Objektserialisierung so gering wie möglich zu halten[6]. Alle Messungen fanden folgendermaßen statt. Der Server lief auf einem Pentium mit 133 MHz, der Client auf einem Pentium-III mit 866 MHz. Die Leistungsfähigkeit des Servers ist absichtlich so gering gewählt worden, um die Vergleichbarkeit zu einem typischen eingebetteten System zu gewährleisten. Auf beiden Systemen war ein RedHat Linux in der Version 7.3 installiert. Client und Server waren durch ein Cross-Over-Netzkabel miteinander verbunden, um ein möglichst unbeeinflusstes Netzwerk zu haben. Jeder Test wurde 1000-mal durchgeführt. Tabelle 7.11 zeigt die Ergebnisse, es ist sowohl das arithmetische Mittel als auch die Standardabweichung zu sehen.

Test	Sun-RMI		TinyRMI(TCP)		TinyRMI(UDP)	
	Mittel	Abweichung	Mittel	Abweichung	Mittel	Abweichung
1	1.243 ms	0.378 ms	0.816 ms	0.374 ms	0.958 ms	0.584 ms
2	1.246 ms	0.946 ms	0.851 ms	1.011 ms	0.925 ms	0.211 ms
3	1.228 ms	0.242 ms	0.830 ms	0.263 ms	0.950 ms	0.293 ms
4	3.365 ms	1.061 ms	2.979 ms	1.508 ms	3.227 ms	1.907 ms

Tabelle 7.11.: Kommunikationszeiten der RMI-Varianten

Es ist gut zu sehen, dass beide Varianten von TinyRMI immer schneller sind als das Original von Sun. Interessant ist jedoch, dass die UDP-Variante nicht schneller ist als die TCP-Variante von TinyRMI. Hier war die Erwartung bei der Entwicklung eine andere. Gerade die Tests mit keinen oder kleinen Parametern sollten durch die geringere Komplexität des UDP-Stacks schneller sein. Es gibt drei Stellen, die für dieses unerwartete Verhalten verantwortlich sein können:

1. eine ungünstige Verarbeitung von UDP-Paketen im Betriebssystem,

2. eine langsame Anbindung der JVM an das Betriebssystem,

3. die Paketierung der Daten innerhalb der UDP-Transportschicht von TinyRMI.

Um das etwas genauer zu untersuchen, wurden zusätzliche Tests entwickelt. Ein einfacher Client schickt Pakete an der Server, der ankommende Pakete an den Client zurückschickt. Diese Tests wurden jeweils für die TCP- und UDP-Kommunikation durchgeführt und sowohl in Java als auch in C implementiert. Drei unterschiedliche Tests wurden ausgeführt:

---

6 Bei RMI-Aufrufen hat die Objektserialisierung einen erheblichen Anteil an der benötigten Zeit für einen Methodenaufruf. In einem konkreten Szenario in einer Telefonanlage wurde ein Anteil von 60 % an der Abarbeitungszeit eines entfernten Methodenaufrufs ermittelt.

7. Resultate

1. Test 1 schickt genau ein Byte,
2. Test 2 schickt 100 Bytes und
3. Test 3 schickt 1024 Bytes.

	JDK1.3/TCP	JDK1.3/UDP	C/TCP	C/UDP	JDK1.2/TCP	JDK1.2/UDP
1	0.333	0.296	0.272	0.221	0.490	0.537
2	0.451	0.405	0.395	0.332	0.617	0.664
3	1.572	1.519	1.495	1.428	1.745	1.787

Tabelle 7.12.: Low-Level-Tests für TCP und UDP

In Tabelle 7.12 sind die Ergebnisse zu sehen, die Zeiten sind wieder in Millisekunden angegeben. Gut ersichtlich ist, dass das ältere JDK1.2 schlecht abschneidet, was die Netzwerkkommunikation angeht. An dieser Stelle ist zu vermuten, dass hier die Anbindung der JVM an das Betriebssystem nicht optimal gestaltet wurde. Wenn jedoch C oder das JDK1.3 verwendet wird, ist die UDP-Kommunikation in jedem Test schneller als die TCP-Verbindung. Daraus lässt sich schließen, dass hier weder die Anbindung an das Betriebssystem noch der Netzwerk-Stack im Betriebssystem für das Verhalten der UDP-Variante von TinyRMI verantwortlich sein kann.

Damit bleibt als einziger Engpass die Paketierung der Daten übrig. Bei der UDP-Variante von TinyRMI erfolgt das im User-Space, insbesondere sogar mittels Java. Wenn per TCP kommuniziert wird, erfolgt die Paketierung durch den Kernel, was erheblich effizienter als unter Java möglich ist.

8. Zusammenfassung

Diese Arbeit beschäftigte sich mit zwei Themengebieten: dem Einsatz von Java in eingebetteten Systemen sowie der Nutzung einer objektorientierten Middleware zur Kommunikation zwischen verteilten eingebetteten Systemen.

Java bietet auch in eingebetteten Systemen viele Vorteile, die von der Netzwerkzentrierung über Objektorientierung und automatischer Speicherverwaltung bis zur Unterstützung von nebenläufiger Programmierung reichen. Die ressourcenschonende Implementierung dieser für Entwickler sehr komfortablen Merkmale ist immer noch eine Herausforderung.

Die in dieser Arbeit vorgestellte Kertasarie VM ermöglicht durch ihre starke Konfigurierbarkeit den Einsatz in Systemen, denen Java bislang verschlossen blieb. Es gibt keine virtuelle Maschine für eingebettete Systeme, die bei der angebotenen Funktionalität eine so geringe Größe hat. Erfreulicherweise geht die geringe Größe nicht zulasten der Abarbeitungsgeschwindigkeit des Java-Bytecodes. Die Vielzahl an unterstützten Betriebssystemen und Prozessoren zusammen mit dem extrem geringen Anteil an plattformspezifischen Code-Anteilen unterstreicht die hervorragende Portierbarkeit der virtuellen Maschine. Die wichtigsten Merkmale seien an dieser Stelle nochmal plakativ benannt:

- extrem starke Konfigurierbarkeit der gesamten Java-Laufzeitumgebung,

- nur ca. 120 KByte groß,

- Unterstützung der wesentlichen Merkmale des Java-2-Sprachstandards, insbesondere des Netzwerk-API, Reflection, der generischen Objektserialisierung und von Java-RMI,

- echtzeitfähiges Scheduling von Java-Threads,

- echtzeitfähige Garbage-Collection,

- ein ausgereiftes Modulkonzept für alle API-Pakete,

- Unterstützung verschiedener Arten der Bytecode-Abarbeitung (Interpretation, JIT-Kompilation),

- ein eigenes, schlankes GUI speziell für eingebettete Systeme,

8. Zusammenfassung

- ausgereifte Remote-Debug-Fähigkeiten,
- Werkzeuge zum applikationsspezifischen Zusammenstellen eines Java-API.

Der Einsatz einer objektorientierten Middleware vereinfacht die Kommunikation zwischen verteilten eingebetteten Systemen erheblich. Bislang scheiterte der Einsatz dieser Technologien oftmals am erheblichen Ressourcenbedarf einer solchen Lösung. TinyRMI stellt eine hervorragende RMI-Variante dar, die speziell für eingebettete Systeme entwickelt wurde. Bei nur einem Viertel des Speicherbedarfs ist TinyRMI zudem schneller als die Original-Implementierung von Sun. Der Einsatz von TinyRMI zusammen mit der Kertasarie VM ermöglicht weitere Synergieeffekte insbesondere bezüglich der Speicherplatzersparnis. TinyRMI ist außerdem funktionskompatibel zum Standard-RMI, was die Anpassung bereits existierender Programme extrem vereinfacht. Ein weiteres herausragendes Merkmal von TinyRMI ist die starke Kapselung der Transportschicht, was eine einfache Anpassung von TinyRMI an verschiedenste Transportmedien ermöglicht, eine Tatsache, die besonders für eingebettete Systeme mit der Vielzahl der dort eingesetzten Feldbussysteme interessant ist.

Java in eingebetteten Systemen vollzieht gerade den Übergang von Technologiestudien hin zum breiten Einsatz in industriellen eingebetteten Systemen. Durch diese Arbeit kann für eine Vielzahl eingebetteter Systeme eine moderne Software-Infrastruktur samt einer nahtlos integrierten, verteilten Kommunikationsschicht bereitgestellt werden.

Literaturverzeichnis

Referenzen

[1] Acher, Georg: *JIFFY - Ein FPGA-basierter Java Just-in-Time Compiler für eingebettete Anwendungen*, Technische Universität München, Dissertation, Juni 2003. http://tumb1.biblio.tu-muenchen.de/publ/diss/in/2003/acher.pdf

[2] Agesen, Ole ; Detlefs, David: *Mixed-mode Bytecode Execution*. Mountain View, CA, USA: Sun Microsystems, Inc., 2000 (TR-2000-87). – Technischer Bericht

[3] Agesen, Ole ; Detlefs, David ; Moss, J. E.: *Garbage Collection and Local Variable Type-Precision and Liveness in Java Virtual Machines*. In: *PLDI '98: Proceedings of the ACM SIGPLAN 1998 Conference on Programming Language Design and Implementation* Bd. 33. New York, NY, USA: ACM Press, 1998 (ACM SIGPLAN Notices 5). – ISBN 0-89791-987-4, S. 269-279. DOI: http://dx.doi.org/10.1145/277650.277738

[4] aJile Systems: *aJ-100 Reference Manual*. aJile Web Server. Version: 2.1, Dezember 2001. http://www.ajile.com/downloads/aJ-100ReferenceManual.pdf, Abruf: 23. März 2006

[5] ARM Ltd.: *VMA Technology Kit for the Java Platform*. ARM Web Server. http://www.arm.com/miscPDFs/8467.pdf, Abruf: 25. April 2006

[6] Aurora VLSI: *AU-J1000: High Performance Java Processor Core*. Aurora VLSI Web Server. http://vodka.auroravlsi.com/website/product_briefs/au-j1000_brief.pdf, Abruf: 27. März 2006

[7] Aycock, John: *A Brief History Of Just-In-Time*. In: *ACM Computing Surveys* 35 (2003), Nr. 2, S. 97-113. – ISSN 0360-0300. DOI: http://dx.doi.org/10.1145/857076.857077

[8] Aßmann, Uwe: *Invasive Software Composition*. Springer Verlag, 2003. – 334 S. – ISBN 978-3-540-44385-8

[9] Babaoğlu, Özalp ; Marzullo, Keith ; Schneider, Fred B.: *A Formalization of Priority Inversion*. In: *Real-Time Systems* 5 (1993), Nr. 4, S. 285–303. – ISSN 0922-6443. DOI: http://dx.doi.org/10.1007/BF01088832

[10] Bacon, David F. ; Cheng, Perry ; Grove, David: *Garbage Collection for Embedded Systems*. In: *EMSOFT '04: Proceedings of the 4th ACM International Conference on Embedded Software*. New York, NY, USA: ACM Press, 2004. – ISBN 1-58113-860-1, S. 125–136. DOI: http://dx.doi.org/10.1145/1017753.1017776

[11] Bacon, David F. ; Cheng, Perry ; Rajan, V. T.: *Controlling Fragmentation and Space Consumption in the Metronome, a Real-time Garbage Collector for Java*. In: *LCTES '03: Proceedings of the 2003 ACM SIGPLAN Conference on Languages, Compilers, and Tools for Embedded Systems* Bd. 38. New York, NY, USA: ACM Press, Juli 2003 (ACM SIGPLAN Notices 7). – ISBN 1-58113-647-1, S. 81–92. DOI: http://dx.doi.org/10.1145/780732.780744

[12] Bacon, David F. ; Fink, Stephen J. ; Grove, David: *Space- and Time-Efficient Implementation of the Java Object Model*. In: Magnusson, Boris (Hrsg.): *ECOOP 2002 - Object-Oriented Programming, 16th European Conference, Malaga, Spain, June 10-14, 2002, Proceedings* Bd. 2374, Springer, 2002 (Lecture Notes in Computer Science). – ISBN 3-540-43759-2, S. 111–132

[13] Bacon, David F. ; Konuru, Ravi ; Murthy, Chet ; Serrano, Mauricio: *Thin Locks: Featherweight Synchronization for Java*. In: *PLDI '98: Proceedings of the ACM SIGPLAN 1998 Conference on Programming Language Design and Implementation* Bd. 33. New York, NY, USA: ACM Press, 1998 (ACM SIGPLAN Notices 5). – ISBN 0-89791-987-4, S. 258–268. DOI: http://dx.doi.org/10.1145/277650.277734

[14] Ball, Stuart R.: *Embedded Microprocessor Systems: Real World Design*. 3. Auflage. Elsevier Science, 2002. – ISBN 0-7506-7534-9

[15] Bernstein, Philip A.: *Middleware: A Model for Distributed System Services*. In: *Communications of the ACM* 39 (1996), Februar, Nr. 2, S. 86–98. – ISSN 0001-0782. DOI: http://dx.doi.org/10.1145/230798.230809

[16] Blackburn, Stephen M. ; Hosking, Antony L.: *Barriers: Friend or Foe?* In: *ISMM '04: Proceedings of the 4th International Symposium on Memory Management.* New York, NY, USA: ACM Press, 2004. – ISBN 1-58113-945-4, S. 143–151. DOI: http://dx.doi.org/10.1145/1029873.1029891

[17] Bollella, Greg ; Brosgol, Ben ; Dibble, Peter ; Furr, Steve ; Gosling, James ; Hardin, David ; Turnbull, Mark ; Belliardi, Rudy: *The Real-Time Specification for Java.* Reading, Massachusetts: Addison Wesley Professional, 2000

[18] Bosch, Klaus ; Spiess, Almuth-Ines: *Standards für die Entwicklung und Prüfung.* In: Liggesmeyer, Peter ; Rombach, Dieter (Hrsg.): *Software Engineering eingebetteter Systeme.* S. 39–54 Elsevier GmbH. München. 1. Auflage. 2005. – ISBN 3-8274-1533-0

[19] Breg, Fabian ; Diwan, Shridhar ; Villacis, Juan ; Balasubramanian, Jayashree ; Akman, Esra ; Gannon, Dennis: *Java RMI Performance and Object Model Interoperability: Experiments with Java/HPC++.* In: *Concurrency: Practice and Experience* 10 (1998), Nr. 11–13, S. 941–955

[20] Brenner, Walter ; Zarnekow, Rüdiger ; Wittig, Hartmut ; Schubert, Claudia: *Intelligente Softwareagenten. Grundlagen und Anwendungen.* Berlin: Springer, 1997. – 370 S. – ISBN 3-540-63431-2

[21] Brinch Hansen, Per: *Structured Multiprogramming.* In: *Communications of the ACM* 15 (1972), Nr. 7, S. 574–578. – ISSN 0001-0782. DOI: http://dx.doi.org/10.1145/361454.361473

[22] Buhr, Peter A. ; Fortier, Michel ; Coffin, Michael H.: *Monitor Classification.* In: *ACM Computing Surveys* 27 (1995), Nr. 1, S. 63–107. – ISSN 0360-0300. DOI: http://dx.doi.org/10.1145/214037.214100

[23] Burns, Alan ; Wellings, Andrew J.: *Real-Time Systems & Programming Languages.* 3. Auflage. Addison Wesley, 2001. – 738 S. – ISBN 0-201-72988-1

[24] *CACAO Home Page.* Version: Juni 2007. http://www.cacaojvm.org/, Abruf: 8. Dezember 2007

[25] Catsoulis, John: *Designing Embedded Hardware.* 2. Auflage. O'Reilly Media Inc., 2005. – ISBN 0-596-00755-8

[26] Collins, George E.: *A Method for Overlapping and Erasure of Lists.* In: *Communications of the ACM* 3 (1960), Dezember, Nr. 12, S. 655–657. – ISSN 0001-0782. DOI: http://dx.doi.org/10.1145/367487.367501

[27] Comfort, W. T.: *Multiword List Items*. In: *Communications of the ACM* 7 (1964), Nr. 6, S. 357–362. – ISSN 0001–0782. DOI: http://dx.doi.org/10.1145/512274.512288

[28] Davis, Brian ; Beatty, Andrew ; Casey, Kevin ; Gregg, David ; Waldron, John: *The Case for Virtual Register Machines*. In: *IVME '03: Proceedings of the 2003 Workshop on Interpreters, Virtual Machines and Emulators*. New York, NY, USA: ACM Press, 2003. – ISBN 1–58113–655–2, S. 41–49. DOI: http://dx.doi.org/10.1145/858570.858575

[29] Derivation Systems Inc.: *LavaCORE™ Configurable Java™ Processor Core*. Xilinx Inc. Web Server. http://www.xilinx.com/products/logicore/alliance/dsi/dsi_java_proc.pdf, Abruf: 29. März 2006

[30] Deutsch, L. P. ; Bobrow, Daniel G.: *An Efficient, Incremental, Automatic Garbage Collector*. In: *Communications of the ACM* 19 (1976), Nr. 9, S. 522–526. – ISSN 0001–0782. DOI: http://dx.doi.org/10.1145/360336.360345

[31] Dey, Sujit ; Taylor, Clark N. ; Panigrahi, Debashis ; Sekar, Krishna ; Chen, Li ; Sanchez, Pablo: *Using a Soft Core in a SoC Design: Experiences with picoJava*. In: *IEEE Design & Test of Computers* 17 (2000), Juli, Nr. 3, S. 60–71. – ISSN 0740–7475. DOI: http://dx.doi.org/10.1109/54.867896

[32] Dijkstra, Edsger W. ; Lamport, Leslie ; Martin, A. J. ; Scholten, C. S. ; Steffens, E. F. M.: *On-the-Fly Garbage Collection: An Exercise in Cooperation*. In: *Communications of the ACM* 21 (1978), Nr. 11, S. 966–975. – ISSN 0001–0782. DOI: http://dx.doi.org/10.1145/359642.359655

[33] *eCos Home Page*. eCos Web Server. http://ecos.sourceware.org/, Abruf: 24. November 2006

[34] Embedded Microprocessor Benchmark Corporation: *EEMBC Grinderbench*. http://www.grinderbench.com/, Abruf: 13. Juli 2006

[35] Emmerich, Wolfgang: *Engineering Distributed Objects*. Chichester: John Wiley & Sons, Ltd., 2000. – 371 S. – ISBN 0–471–98657–7

[36] Ertl, M. A. ; Gregg, David: *Retargeting JIT Compilers by Using C-Compiler Generated Executable Code*. In: *PACT '04: Proceedings of the 13th International Conference on Parallel Architectures and Compilation Techniques*. Washington, DC, USA: IEEE Computer Society, 2004. – ISBN 0–7695–2229–7, S. 41–50. DOI: http://dx.doi.org/10.1109/PACT.2004.1342540

[37] Esmertec: *Embedded Virtual Machines (VM) Compilers*. Esmertec Web Server. http://www.esmertec.com/solutions/mobile_multimedia/jbed_cldc/vm_compilers.shtml, Abruf: 5. Mai 2006

[38] Foster, Ian ; Kesselman, Carl ; Tuecke, Steven: *The Nexus Approach to Integrating Multithreading and Communication*. In: *Journal of Parallel and Distributed Computing* 37 (1996), Nr. 1, S. 70–82. – ISSN 0743-7315

[39] Franklin, Stan ; Graesser, Art: *Is it an Agent, or Just a Program?: A Taxonomy for Autonomous Agents*. In: Müller, Jörg P. ; Wooldridge, Michael J. ; Jennings, Nicholas R. (Hrsg.): *Intelligent Agents III. Agent Theories, Architectures, and Languages* Bd. 1193. Berlin, Heidelberg: Springer, 1997 (Lecture Notes in Computer Science). – ISBN 3-540-62507-0, S. 21–35. DOI: http://dx.doi.org/10.1007/BFb0013570

[40] *GNU Classpath License*. GNU Web Server. http://www.gnu.org/software/classpath/license.html, Abruf: 15. September 2007

[41] Gosling, James ; McGilton, Henry: *The Java Language Environment*. Sun Web Server. Version: Mai 1996. http://java.sun.com/docs/white/langenv/, Abruf: 18. September 2007

[42] Gregg, David ; Ertl, M. A. ; Krall, Andreas: *A Fast Java Interpreter*. In: Aßmann, Uwe (Hrsg.): *Proceedings of the JOSES Workshop at ETAPS'01*, 2001

[43] Grimm, Klaus: *Software-Technologie im Automobil*. In: Liggesmeyer, Peter ; Rombach, Dieter (Hrsg.): *Software Engineering eingebetteter Systeme*. S. 407–430 Elsevier GmbH. München. 1. Auflage. 2005. – ISBN 3-8274-1533-0

[44] Griswold, Bill ; Phillips, Paul: *Bill and Paul's Excellent UCSD Benchmarks for Java*. http://www-cse.ucsd.edu/users/wgg/JavaProf/javaprof.html, Abruf: 13. Juli 2006

[45] Halfhill, Tom R.: *ARM Strengthens Java Compilers*. In: *Microprocessor Report* (2005), 11. Januar. – ISSN 0899-9341

[46] Hardin, David S.: *Crafting a Java Virtual Machine in Silicon*. In: *IEEE Instrumentation & Measurement Magazine* 3 (2000), Juni, Nr. 2, S. 49–50. – ISSN 1094-6969. DOI: http://dx.doi.org/10.1109/5289.911178

[47] Hardin, David S.: *Real-Time Objects on the Bare Metal: An Efficient Hardware Realization of the Java Virtual Machine*. In: *Fourth IEEE International Symposium on Object-Oriented Real-Time Distributed Computing. ISORC 2001*, IEEE Computer Society, 2001. – ISBN 0–7695–1089–2, S. 53–59. DOI: http://dx.doi.org/10.1109/ISORC.2001.922817

[48] Hoare, Charles Antony R.: *Monitors: An Operating System Structuring Concept*. In: *Communication of the ACM* 17 (1974), Nr. 10, S. 549–557. – ISSN 0001–0782. DOI: http://dx.doi.org/10.1145/355620.361161

[49] Hudson, Richard L. ; Moss, J. Eliot B.: *Incremental Collection of Mature Objects*. In: Bekkers, Yves (Hrsg.): *IWMM '92: Proceedings of the International Workshop on Memory Management* Bd. 637. London, UK: Springer, 1992 (Lecture Notes in Computer Science). – ISBN 3–540–55940–X, S. 388–403. DOI: http://dx.doi.org/10.1007/BFb0017190

[50] IBM: *WebSphere Everyplace Custom Environment*. IBM Web Server. http://www-306.ibm.com/software/wireless/wece/, Abruf: 5. Mai 2006

[51] Imsys Technologies AB: *IM1101C (the Cjip) Technical Reference Manual*. Imsys Web Server. http://www.imsystech.com/documentation/manuals/tr-CjipTechref.pdf, Abruf: 28. März 2006

[52] INMOS CORPORATE, Limited: *Transputer Instruction Set: a Compiler Writer's Guide*. Upper Saddle River, NJ, USA: Prentice-Hall, Inc., 1988. – ISBN 0–13–929100–8

[53] Ishizaki, Kazuaki ; Takeuchi, Mikio ; Kawachiya, Kiyokuni ; Suganuma, Toshio ; Gohda, Osamu ; Inagaki, Tatsushi ; Koseki, Akira ; Ogata, Kazunori ; Kawahito, Motohiro ; Yasue, Toshiaki ; Ogasawara, Takeshi ; Onodera, Tamiya ; Komatsu, Hideaki ; Nakatani, Toshio: *Effectiveness of Cross-Platform Optimizations for a Java Just-In-Time Compiler*. In: *OOPSLA '03: Proceedings of the 18th annual ACM SIGPLAN Conference on Object-Oriented Programming, Systems, Languages, and Applications* Bd. 38. New York, NY, USA: ACM Press, 2003 (ACM SIGPLAN Notices 11). – ISBN 1–58113–712–5, S. 187–204. DOI: http://dx.doi.org/10.1145/949305.949322

[54] Ito, Sérgio A. ; Carro, Luigi ; Jacobi, Ricardo P.: *Making Java Work for Microcontroller Applications*. In: *IEEE Design & Test of Computers* 18 (2001), September, Nr. 5, S. 100–110. – ISSN 0740–7475. DOI: http://dx.doi.org/10.1109/54.953277

[55] Java Grande Benchmarking Project: *Java Grande Forum Benchmark Suite.* http://www.epcc.ed.ac.uk/javagrande/index_1.html, Abruf: 13. Juli 2006

[56] Jennings, Nick ; Woolridge, Michael: *Software Agents.* In: *IEE Review* 42 (1996), Januar, Nr. 1, S. 17–20. – ISSN 0953–5683

[57] Johnstone, Mark S.: *Non-Compacting Memory Allocation and Real-Time Garbage Collection*, University of Texas at Austin, Dissertation, Dezember 1997

[58] Johnstone, Mark S. ; Wilson, Paul R.: *The Memory Fragmentation Problem: Solved?* In: *ISMM '98: Proceedings of the 1st International Symposium on Memory Management* Bd. 34. New York, NY, USA: ACM Press, 1998 (ACM SIGPLAN Notices 3). – ISBN 1–58113–114–3, S. 26–36. DOI: http://dx.doi.org/10.1145/286860.286864

[59] Jones, Richard E. ; Lins, Rafael: *Garbage Collection: Algorithms for Automatic Dynamic Memory Management.* Chichester: John Wiley & Sons Ltd, 1996. – 403 S. http://www.cs.ukc.ac.uk/people/staff/rej/gcbook/gcbook.html. – ISBN 0–471–94148–4

[60] Joy, Bill ; Steele, Guy ; Gosling, James ; Bracha, Gilad: *The Java Language Specification, Third Edition*. 3. Auflage. Reading, Massachusetts: Addison Wesley Professional, 2005

[61] Juric, Matjaz B. ; Rozman, Ivan ; Nash, Simon: *Java 2 Distributed Object Middleware Performance Analysis and Optimization.* In: *ACM SIGPLAN Notices* 35 (2000), Nr. 8, S. 31–40. – ISSN 0362–1340. DOI: http://dx.doi.org/10.1145/360271.360274

[62] Kawahito, Motohiro ; Komatsu, Hideaki ; Nakatani, Toshio: *Effective Null Pointer Check Elimination Utilizing Hardware Trap.* In: *ASPLOS-IX: Proceedings of the 9th International Conference on Architectural Support for Programming Languages and Operating Systems.* New York, NY, USA: ACM Press, 2000. – ISBN 1–58113–317–0, S. 139–149. DOI: http://dx.doi.org/10.1145/378993.379234

[63] Kazi, Iffat H. ; Chen, Howard H. ; Stanley, Berdenia ; Lilja, David J.: *Techniques for Obtaining High Performance in Java Programs.* In: *ACM Computing Surveys* 32 (2000), Nr. 3, S. 213–240. – ISSN 0360–0300. DOI: http://dx.doi.org/10.1145/367701.367714

[64] Kopetz, Hermann: *Real-Time Systems: Design Principles for Distributed Embedded Applications.* Norwell, MA, USA: Kluwer Academic Publishers, 1997. – ISBN 0–7923–9894–7

[65] Kreuzinger, Jochen ; Brinkschulte, Uwe ; Pfeffer, Matthias ; Uhrig, Sascha ; Ungerer, Theo: *Real-time Event-handling and Scheduling on a Multithreaded Java Microcontroller.* In: *Microprocessors and Microsystems* 27 (2003), Februar, Nr. 1, S. 19–31. – ISSN 0141–9331

[66] Kwon, Jagun ; Wellings, Andrew J. ; King, Steve: *Ravenscar-Java: A High Integrity Profile for Real-Time Java.* In: *JGI '02: Proceedings of the 2002 Joint ACM-ISCOPE Conference on Java Grande.* New York, NY, USA: ACM Press, 2002. – ISBN 1–58113–599–8, S. 131–140. DOI: http://dx.doi.org/10.1145/583810.583825

[67] König, Wolfgang: *Interview mit Wolfgang Huhn zum Thema »Embedded Systems«.* In: *Wirtschaftsinformatik* 49 (2007), S. 129–132. – ISSN 0937–6429

[68] Lang, Bernard ; Dupont, Francis: *Incremental Incrementally Compacting Garbage Collection.* In: *SIGPLAN '87: Papers of the Symposium on Interpreters and Interpretive Techniques* Bd. 22. New York, USA: ACM Press, 1987 (ACM SIGPLAN Notices 7). – ISBN 0–89791–235–7, S. 253–263. DOI: http://dx.doi.org/10.1145/29650.29677

[69] Levy, Markus: *Java to Go: Part 1.* In: *Microprocessor Report* (2001), 12. Februar. – ISSN 0899–9341

[70] Levy, Markus: *Java to Go: Part 2.* In: *Microprocessor Report* (2001), 5. März. – ISSN 0899–9341

[71] Levy, Markus: *Java to Go: Part 3.* In: *Microprocessor Report* (2001), 26. März. – ISSN 0899–9341

[72] Levy, Markus: *Java to Go: Part 4.* In: *Microprocessor Report* (2001), 4. Juni. – ISSN 0899–9341

[73] Liggesmeyer, Peter (Hrsg.) ; Rombach, Dieter (Hrsg.): 1. Auflage. München: Elsevier GmbH, 2005. – ISBN 3–8274–1533–0

[74] Lindholm, Tim ; Yellin, Frank: *The Java Virtual Machine Specification Second Edition.* 2. Auflage. Reading, Massachusetts: Addison Wesley Professional, 1999

[75] Liu, Jane W. S.: *Real-Time Systems*. Upper Saddle River, NJ, USA: Prentice Hall PTR, 2000. – ISBN 0–13–099651–3

[76] Metter, Mark ; Bucher, Rainer: *Industrial Ethernet in der Automatisierungstechnik*. 2. Auflage. Publicis Corporate Publishing, 2007. – ISBN 3–89578–277–7

[77] Middendorf, Stefan ; Reiner, Singer ; Heid, Jörn: *Java. Programmierhandbuch und Referenz für die Java-2-Plattform*. 3. Auflage. dpunkt.verlag, 2002

[78] Nester, Christian ; Philippsen, Michael ; Haumacher, Bernhard: *Effizientes RMI für Java*. In: Cap, Clemens H. (Hrsg.): *Java-Informations-Tage*, Springer, 1999 (Informatik Aktuell). – ISBN 3–540–66464–5, S. 135–148

[79] Object Management Group: *Common Object Request Broker Architecture: Core Specification*. OMG Web Server. Version: 3.0.3, März 2004. http://www.omg.org/docs/formal/04-03-01.pdf, Abruf: 31. August 2007

[80] O'Connell, Michael: *Java: The inside story*. http://sunsite.uakom.sk/sunworldonline/swol-07-1995/swol-07-java.html, Abruf: 17. September 2007

[81] O'Connor, J. M. ; McGhan, Harlan: *PicoJava: A Direct Execution Engine for Java Bytecode*. In: *IEEE Computer* 31 (1998), Oktober, Nr. 10, S. 22–30. – ISSN 0018–9162. DOI: http://dx.doi.org/10.1109/2.722273

[82] O'Connor, J. M. ; Tremblay, Marc: *picoJava-I: The Java Virtual Machine in Hardware*. In: *IEEE Micro* 17 (1997), April, Nr. 2, S. 45–53. – ISSN 0272–1732. DOI: http://dx.doi.org/10.1109/40.592314

[83] Olson, Mike ; Ogbuji, Uche: *The Python Web services developer: Messaging technologies compared*. IBM Web Server. Version: Juli 2002. http://www-128.ibm.com/developerworks/library/ws-pyth9/, Abruf: 14. September 2007

[84] Pendragon Software Corporation: *The Embedded CaffeineMark*. http://www.benchmarkhq.ru/cm30/info.html#The%20Embedded%20CaffeineMark, Abruf: 13. Juli 2006

[85] Pirinen, Pekka P.: *Barrier Techniques for Incremental Tracing*. In: *ISMM '98: Proceedings of the 1st International Symposium on Memory Management* Bd. 34. New York, NY, USA: ACM Press, 1998 (ACM SIGPLAN Notices 3). –

175

ISBN 1-58113-114-3, S. 20-25.
DOI: http://dx.doi.org/10.1145/286860.286863

[86] Porthouse, Chris ; ARM Ltd. (Hrsg.): *High performance Java on embedded devices*. ARM Web Server. Version: 2004.
http://www.arm.com/pdfs/JazelleWhitePaper.pdf, Abruf: 5. April 2006

[87] Porthouse, Chris ; ARM Ltd. (Hrsg.): *Jazelle for Execution Environments*. ARM Web Server. Version: 2005. http://www.arm.com/pdfs/Jazelle%20RCT%20White%20Paper%20_final%201.0_.pdf, Abruf: 5. April 2006

[88] Randell, B.: *A Note on Storage Fragmentation and Program Segmentation*. In: *Communications of the ACM* 12 (1969), Nr. 7, S. 365 ff.. – ISSN 0001-0782.
DOI: http://dx.doi.org/10.1145/363156.363158

[89] Renner, Josef: *Mobile Agenten für den Fernzugriff auf eingebettete Systeme*, Technische Universität Chemnitz, Fakultät für Elektrotechnik und Informationstechnik, Dissertation, Juni 2006. http://archiv.tu-chemnitz.de/pub/2006/0109/data/Dissertation_Web.pdf

[90] Rovner, Paul: *On Adding Garbage Collection and Runtime Types to a Strongly-Typed, Statically-Checked, Concurrent Language* / PARC. 1985 (CSL-84-7). – Technischer Bericht

[91] Sachindran, Narendran ; Moss, J. Eliot B. ; Berger, Emery D.: MC^2: *High-Performance Garbage Collection for Memory-Constrained Environments*. In: *OOPSLA '04: Proceedings of the 19th annual ACM SIGPLAN Conference on Object-Oriented Programming, Systems, Languages, and Applications* Bd. 39. New York, NY, USA: ACM Press, Oktober 2004 (ACM SIGPLAN Notices 10). – ISSN 0362-1340, S. 81-98.
DOI: http://dx.doi.org/10.1145/1028976.1028984

[92] Schilling, Jonathan L.: *The Simplest Heuristics May Be the Best in Java JIT Compilers*. In: *SIGPLAN Notices* 38 (2003), Nr. 2, S. 36-46. – ISSN 0362-1340. DOI: http://dx.doi.org/10.1145/772970.772975

[93] Scholz, Peter: *Softwareentwicklung eingebetteter Systeme*. 2. Auflage. Berlin, Heidelberg: Springer Verlag, 2005. – ISBN 0-540-23405-5

[94] Schöberl, Martin: *JOP: A Java Optimized Processor for Embedded Real-Time Systems*, Technische Universität Wien, Dissertation, Januar 2005.
http://www.jopdesign.com/thesis/thesis.pdf

[95] Sha, Lui ; Rajkumar, Ragunathan ; Lehoczky, John P.: *Priority Inheritance Protocols: An Approach to Real-Time Synchronization*. In: *IEEE Transactions on Computers* 39 (1990), Nr. 9, S. 1175–1185. – ISSN 0018–9340.
DOI: http://dx.doi.org/10.1109/12.57058

[96] Sheard, Tim: *Accomplishments and Research Challenges in Meta-Programming*. In: Taha, Walid (Hrsg.): *Semantics, Applications, and Implementation of Program Generation* Bd. 2196. London, UK: Springer, 2001 (Lecture Notes in Computer Science). – ISBN 978–3–540–42558–8, S. 2–44.
DOI: http://dx.doi.org/10.1007/3-540-44806-3_2

[97] Siebert, Fridtjof: *Hard Real-Time Garbage Collection in Modern Object-Oriented Programming Languages*, Universität Karlsruhe, Dissertation, Juli 2001

[98] Sondergaard, Hans ; Thomsen, Bent ; Ravn, Anders P.: *A Ravenscar-Java Profile Implementation*. In: *JTRES '06: Proceedings of the 4th International Workshop on Java Technologies for Real-Time and Embedded Systems*. New York, NY, USA: ACM Press, 2006. – ISBN 1–59593–544–4, S. 38–47.
DOI: http://dx.doi.org/10.1145/1167999.1168008

[99] Spinnarke, Sabine: *Die Automatisierungspyramide wackelt*. In: *Produktion* (2007), März, Nr. 9, S. 1. – ISSN 0344–6166

[100] Stahl, Petra ; Rombach, Dieter ; Friedewald, Michael ; Broy, Manfred: *Analyse und Evaluation der Software-Entwicklung in Deutschland. Eine Studie für das BMBF*. http://www.isi.fhg.de/publ/downloads/isi00b69/software.pdf.
Version: Dezember 2000, Abruf: 28. September 2007

[101] Standard Performance Evaluation Corporation: *SPEC JVM98 Benchmarks*. http://www.spec.org/jvm98/, Abruf: 13. Juli 2006

[102] Stevens, W. Richard: *UNIX Network Programming*. Bd. 1. 2. Auflage. Upper Saddle River, NJ, USA: Prentice-Hall, Inc., 1998. – ISBN 0–13–490012–X

[103] Sun Microsystems: *Java Platform Debugger Architecture*. Sun Web Server. http://java.sun.com/javase/technologies/core/toolsapis/jpda/, Abruf: 27. März 2007

[104] Sun Microsystems: *Java SE for Embedded Use*. Sun Web Server. http://java.sun.com/j2se/embedded/, Abruf: 2. Mai 2006

Literaturverzeichnis

[105] Sun Microsystems: *picoJava*. Sun Web Server. http://www.sun.com/ software/communitysource/processors/download_picojava.xml, Abruf: 24. März 2006

[106] Sun Microsystems: *Code Conventions for the Java Programming Language*. Sun Web Server. Version: April 1999. http://jcp.org/aboutJava/ communityprocess/final/jsr139/index.html, Abruf: 17. Oktober 2007

[107] Sun Microsystems: *Mobile Information Device Profile*. Sun Web Server. Version: 2.0, November 2002. http://jcp.org/aboutJava/ communityprocess/final/jsr118/index.html, Abruf: 13. Februar 2006

[108] Sun Microsystems: *RMI Optional Package*. Sun Web Server. Version: 1.0, Juni 2002. http://jcp.org/aboutJava/communityprocess/final/ jsr066/index.html, Abruf: 13. Februar 2006

[109] Sun Microsystems: *Connected Limited Device Configuration*. Sun Web Server. Version: 1.1, März 2003. http://jcp.org/aboutJava/ communityprocess/final/jsr139/index.html, Abruf: 13. Februar 2006

[110] Sun Microsystems: *Information Module Profile*. Sun Web Server. Version: 1.0, Juli 2003. http://jcp.org/aboutJava/communityprocess/final/ jsr195/index.html, Abruf: 13. Februar 2006

[111] Sun Microsystems: *CLDC Hotspot Implementation Virtual Machine*. Sun Web Server. Version: Februar 2005. http://java.sun.com/j2me/docs/pdf/ CLDC-HI_whitepaper-February_2005.pdf, Abruf: 5. Mai 2006

[112] Sun Microsystems: *Connected Device Configuration*. Sun Web Server. Version: 1.1, August 2005. http://jcp.org/aboutJava/ communityprocess/final/jsr218/index.html, Abruf: 13. Februar 2006

[113] Sun Microsystems: *Foundation Profile 1.1*. Sun Web Server. Version: 1.1, August 2005. http://jcp.org/aboutJava/communityprocess/ final/jsr219/index.html, Abruf: 13. Februar 2006

[114] Sun Microsystems: *Personal Basis Profile 1.1*. Sun Web Server. Version: 1.1, August 2005. http://jcp.org/aboutJava/communityprocess/ final/jsr217/index.html, Abruf: 13. Februar 2006

[115] Sun Microsystems: *Personal Profile 1.1*. Sun Web Server. Version: 1.1, August 2005. http://jcp.org/aboutJava/communityprocess/final/jsr216/index.html, Abruf: 13. Februar 2006

[116] Sung, Minyoung ; Kim, Soyoung ; Park, Sangsoo ; Chang, Naehyuck ; Shin, Heonshik: *Comparative Performance Evaluation of Java Threads for Embedded Applications: Linux Thread vs. Green Thread*. In: *Information Processing Letters* 84 (2002), Nr. 4, S. 221–225. – ISSN 0020–0190

[117] Tanenbaum, Andrew S. ; van Steen, Maarten: *Verteilte Systeme*. München: Pearson Studium, 2003. – 875 S. – ISBN 3–8273–7057–4

[118] Tikir, Mustafa M. ; Hollingsworth, Jeffrey K. ; Lueh, Guei-Yuan: *Recompilation for Debugging Support in a JIT-Compiler*. In: Dwyer, Matthew B. (Hrsg.): *PASTE '02: Proceedings of the 2002 ACM SIGPLAN-SIGSOFT Workshop on Program Analysis for Software Tools and Engineering* Bd. 28. New York, NY, USA: ACM Press, 2002 (Software Engineering Notes 1). – ISBN 1–58113–479–7, S. 10–17. DOI: http://dx.doi.org/10.1145/586094.586100

[119] Ungar, David: *Generation Scavenging: A Non-disruptive High Performance Storage Reclamation Algorithm*. In: Henderson, Peter (Hrsg.): *SDE 1: Proceedings of the First ACM SIGSOFT/SIGPLAN Software Engineering Symposium on Practical Software Development Environments* Bd. 19. New York, NY, USA: ACM Press, 1984 (ACM SIGPLAN Notices 5). – ISBN 0–89791–131–8, S. 157–167. DOI: http://dx.doi.org/10.1145/800020.808261

[120] Venners, Bill: *Inside the Java 2 Virtual Machine*. 2. Auflage. McGraw-Hill Professional, 1999

[121] Vulcan Machines Ltd.: *Moon2 – 32 Bit Native Java Technology-Based Processor*. Vulcan Machines Web Server. http://www.vulcanasic.com/pdf/moon2.pdf, Abruf: 29. März 2006

[122] Waldron, John: *Dynamic Bytecode Usage by Object Oriented Java Programs*. In: Mitchell, Richard (Hrsg.): *Proceedings of the 1999 Conference on Technology of Object-Oriented Languages and Systems (TOOLS'99)*. Washington, DC, USA: IEEE Computer Society, 1999. – ISBN 0–7695–0275–X, S. 384. DOI: http://dx.doi.org/10.1109/TOOLS.1999.779084

[123] Wellings, Andrew J.: *Concurrent and Real-Time Programming in Java*. 1. Auflage. John Wiley & Sons, Ltd., 2004. – 448 S. – ISBN 0–470–84437–X

[124] Welsh, Matt: *NinjaRMI: A Free Java RMI.* Version: 1999. http: //www.eecs.harvard.edu/~mdw/proj/old/ninja/ninjarmi.html, Abruf: 16. April 2007

[125] Wilson, Paul R.: *Uniprocessor Garbage Collection Techniques* / University of Texas. Version: Januar 1994. ftp://ftp.cs.utexas.edu/pub/garbage/bigsurv.ps. 1994. – Technischer Bericht. – Erweiterte Version des IWMM92-Papers

[126] Wilson, Paul R. ; Johnstone, Mark S. ; Neely, Michael ; Boles, David: *Dynamic Storage Allocation: A Survey and Critical Review.* In: Baker, Henry G. (Hrsg.): *Memory Management, International Workshop IWMM 95, Kinross, UK, September 27-29, 1995, Proceedings* Bd. 986. Berlin, Heidelberg: Springer Verlag, 1995 (Lecture Notes in Computer Science). – ISBN 3–540–60368–9, S. 1–116. DOI: http://dx.doi.org/10.1007/3-540-60368-9_19

[127] Winer, Dave: *XML-RPC Specification.* Version: Juni 2003. http://www.xmlrpc.com/spec, Abruf: 11. September 2007

[128] Wollrath, Ann ; Riggs, Roger ; Waldo, Jim: *A Distributed Object Model for the Java System.* In: *Computing Systems* 9 (1996), Nr. 4, S. 265–290

[129] World Wide Web Consortium: *SOAP Specifications.* Version: April 2007. http://www.w3.org/TR/soap/, Abruf: 11. September 2007

[130] Yang, Byung-Sun ; Lee, Junpyo ; Park, Jinpyo ; Moon, Soo-Mook ; Ebcioğlu, Kemal ; Altman, Erik: *Lightweight Monitor in Java Virtual Machine.* In: *SIGARCH Computer Architecture News* 27 (1999), Nr. 1, S. 35–38. – ISSN 0163-5964. DOI: http://dx.doi.org/10.1145/309758.309773

[131] Zulauf, Robert: *Entwurf eines Java-Mikrocontrollers und prototypische Implementierung auf einem FPGA*, Universität Karlsruhe, Diplomarbeit, April 2000. http://ipr.ira.uka.de/komodo/zulauf/sources/RZDA-1s.pdf

Eigene Publikationen

[E132] Burchert, Frank ; Gatzka, Stephan ; Hochberger, Christian ; Kopp, Heiko ; Tavangarian, Djamshid: *Providing Java Based Middleware for PalmOS Devices.* In: Büker, U. ; Eikerling, H.-J. ; Müller, W. (Hrsg.): *Proceedings of*

International ITEA Workshop on Virtual Home Environments Bd. 12. Aachen: Shaker Verlag, 2002. – ISBN 3-8265-9884-9, S. 113-120

[E133] Burchert, Frank ; Gatzka, Stephan ; Hochberger, Christian ; Lee, Chan K. ; Lucke, Ulrike ; Tavangarian, Djamshid: *Ubiquitous Access to Wide-Area High-Performance Computing*. In: Schmeck, Hartmut ; Ungerer, Theo ; Wolf, Lars (Hrsg.): *Trends in Network and Pervasive Computing – ARCS 2002* Bd. 2299. Berlin: Springer Verlag, 2002. – ISBN 3-540-43409-7, S. 209-223

[E134] Gatzka, Stephan ; Hochberger, Christian: *A new General Model for Adaptive Processors*. In: Plaks, Toomas P. (Hrsg.): *Proceedings of the 2004 International Conference on Engineering of Reconfigurable Systems and Algorithms (ERSA'04)*, CSREA Press, 2004. – ISBN 1-932415-42-4, S. 52-62

[E135] Gatzka, Stephan ; Hochberger, Christian: *Hardware Based Online Profiling in AMIDAR Processors*. In: *Proceedings of the 19th IEEE International Parallel & Distributed Processing Symposium* Bd. P2312. Washington: IEEE Computer Society, 2005. – ISBN 0-7695-2312-9, S. 144.
DOI: http://dx.doi.org/10.1109/IPDPS.2005.239

[E136] Gatzka, Stephan ; Hochberger, Christian: *On the Scope of Hardware Acceleration of Reconfigurable Processors in Mobile Devices*. In: Sprague, Ralph H. (Hrsg.): *Proceedings of the 38th Annual HICSS*, IEEE Computer Society, 2005, S. 299.
DOI: http://dx.doi.org/10.1109/HICSS.2005.467

[E137] Gatzka, Stephan ; Hochberger, Christian: *The AMIDAR Class of Reconfigurable Processors*. In: *The Journal of Supercomputing* 32 (2005), Mai, Nr. 2, S. 163-181. – ISSN 0920-8542.
DOI: http://dx.doi.org/10.1007/s11227-005-0290-3

[E138] Gatzka, Stephan ; Hochberger, Christian: *The Organic Features of the AMIDAR Class of Processors*. In: Beigl, M. ; Lukowicz, P. (Hrsg.): *System Aspects in Organic and Pervasive Computing – ARCS 2005* Bd. 3432. Berlin: Springer Verlag, 2005. – ISBN 3-540-25273-8, S. 154-166.
DOI: http://dx.doi.org/10.1007/b106632

[E139] Gatzka, Stephan ; Hochberger, Christian ; Geithner, Thomas: *How to Reduce IO-Latency of Embedded Java*. In: *Rostocker Informatik-Berichte*, 2003, S. 23-34

Literaturverzeichnis

[E140] Gatzka, Stephan ; Hochberger, Christian ; Geithner, Thomas: *The Kertasarie VM*. In: Organisatoren Net.ObjectDays, c/0 tranSIT GmbH (Hrsg.): *Net.ObjectDays 2003 Tagungsband*, IGT Colordruck GmbH, 2003. - ISBN 3-9808628-2-8, S. 285–299

[E141] Gatzka, Stephan ; Hochberger, Christian ; Kopp, Heiko: *Deployment of Middleware in Resource Constrained Embedded Systems*. In: *Tagungsband der GI/OCG-Jahrestagung 'Informatik 2001'*. Wien (Österreich): Österreichische Computer Gesellschaft, September 2001, S. 223–231

[E142] Gatzka, Stephan ; Hochberger, Christian ; Kopp, Heiko: *A Datagram Based Middleware for Embedded Systems*. In: Irmscher, K. ; Fährich, K.-P. (Hrsg.): *KiVS 2003*, VDE Verlag, 2003, S. 197–202

[E143] Renner, Josef ; Protzel, Peter ; Hochberger, Christian ; Gatzka, Stephan: *Neue Perspektiven für die Teleautomation durch mobile Software-Agenten auf eingebetteten Systemen*. In: Grote, Caspar ; Ester, Renate (Hrsg.): *embedded world 2003*. Poing: WEKA Fachzeitschriften-Verlag GmbH, 2003, S. 611–622

[E144] Renner, Josef ; Protzel, Peter ; Hochberger, Christian ; Gatzka, Stephan: *Implementierung eines mobilen Java-Agenten in eingebetteten Systemen*. In: Grote, Caspar ; Ester, Renate (Hrsg.): *embedded world 2004*. Poing: WEKA Fachzeitschriften-Verlag GmbH, 2004, S. 455–466

Studentische Arbeiten

[S145] Burchardt, Gunter: *Echtzeitfähige Speicherverwaltung für die Kertasarie VM*, Universität Rostock, Fachbereich Informatik, Diplomarbeit, April 2003

[S146] Dressler, Enrico: *Optimierung der Code-Erzeugung für Java JIT-Compiler*, Universität Rostock, Fachbereich Informatik, Studienarbeit, Januar 2004

[S147] Engelbrecht, Holm: *Java Source Level Debugger*, Universität Rostock, Fachbereich Informatik, Studienarbeit, Januar 2003

[S148] Geithner, Thomas: *Portierung der lehrstuhleigenen JVM auf PDAs mit PalmOS*, Universität Rostock, Fachbereich Informatik, Diplomarbeit, November 2001

[S149] Hartwig, Volker: *Hardware-Implementierung eines minimalen Java-Servers*, Universität Rostock, Fachbereich Informatik, Diplomarbeit, April 2002

[S150] Hübner, Andreas: *Kertasarie Server Pages*, Technische Universität Dresden, Fakultät Informatik, Professur Mikrorechner, Studienarbeit, März 2007

[S151] Kopp, Heiko: *Lightweight RMI für eingebettete Systeme*, Universität Rostock, Fachbereich Informatik, Studienarbeit, September 2000

[S152] Kopp, Heiko: *Offline Resolution und Class Preloading für den Einsatz von Java in eingebetteten Systemen*, Universität Rostock, Fachbereich Informatik, Diplomarbeit, Oktober 2001

[S153] Kunzmann, Ronald: *Analyse und Extraktion von Bytecode Traces in Java-Klassen*, Technische Universität Dresden, Fakultät Informatik, Großer Beleg, Juni 2005

[S154] Meusel, Christian: *Implementierung eines generischen JIT-Compilers für die Kertasarie VM*, Technische Universität Dresden, Fakultät Informatik, Diplomarbeit, November 2005

[S155] Versick, Daniel: *Portierung von µClinux und der Kertasarie VM auf den ARM Internet Server*, Universität Rostock, Fachbereich Informatik, Studienarbeit, Februar 2003

[S156] Versick, Daniel: *Simulation einer adaptiven Hardware-Implementierung einer Java Virtual Machine*, Universität Rostock, Fachbereich Informatik, Diplomarbeit, Dezember 2003

Literaturverzeichnis

A. Statistische Untersuchung von Java-Methoden

Mit dieser Untersuchung soll festgestellt werden, wie viele Java-Methoden mit Hilfe der frei verfügbaren Register eines RISC-Prozessors durch einen JIT-Compiler übersetzt werden können. Zu diesem Zweck wurde das komplette Java-API der Kertasarie VM sowie das API des Sun JDK-1.4.2 untersucht. Die Zahl der erforderlichen Register setzt sich aus der Anzahl der für eine Java-Methode benötigten lokalen Variablen sowie der Stack-Positionen zusammen. Tabelle A.1 zeigt das Ergebnis.

Register-anzahl	absolute Häufigkeit	relative Häufigkeit	summierte relative Häufigkeit
0	11 097	0.105 92	0.105 92
1	1 688	0.016 111 8	0.122 032
2	19 020	0.181 544	0.303 576
3	8 734	0.083 365 1	0.386 941
4	16 013	0.152 842	0.539 783
5	10 168	0.097 052 5	0.636 836
6	8 653	0.082 592	0.719 428
7	6 879	0.065 659 4	0.785 087
8	5 473	0.052 239 2	0.837 326
9	3 894	0.037 167 8	0.874 494
10	2 816	0.026 878 4	0.901 373
11	2 198	0.020 979 7	0.922 352
12	1 723	0.016 445 9	0.938 798
13	1 321	0.012 608 8	0.951 407
14	1 122	0.010 709 4	0.962 116
15	764	0.007 292 3	0.969 409
16	635	0.006 061 01	0.975 47
17	450	0.004 295 2	0.979 765
18	377	0.003 598 43	0.983 363

A. Statistische Untersuchung von Java-Methoden

Register-anzahl	absolute Häufigkeit	relative Häufigkeit	summierte relative Häufigkeit
19	332	0.003 168 91	0.986 532
20	271	0.002 586 67	0.989 119
21	216	0.002 061 7	0.991 181
22	166	0.001 584 45	0.992 765
23	112	0.001 069 03	0.993 834
24	106	0.001 011 76	0.994 846
25	85	0.000 811 316	0.995 657
26	97	0.000 925 855	0.996 583
27	58	0.000 553 604	0.997 137
28	50	0.000 477 245	0.997 614
29	32	0.000 305 437	0.997 919
30	34	0.000 324 527	0.998 244
31	22	0.000 209 988	0.998 454
32	19	0.000 181 353	0.998 635
33	12	0.000 114 539	0.998 75
34	18	0.000 171 808	0.998 921
35	11	0.000 104 994	0.999 026
36	19	0.000 181 353	0.999 208
37	7	$6.68143 \cdot 10^{-5}$	0.999 275
38	12	0.000 114 539	0.999 389
39	7	$6.68143 \cdot 10^{-5}$	0.999 456
40	6	$5.72694 \cdot 10^{-5}$	0.999 513
41	3	$2.86347 \cdot 10^{-5}$	0.999 542
42	7	$6.68143 \cdot 10^{-5}$	0.999 609
43	6	$5.72694 \cdot 10^{-5}$	0.999 666
44	4	$3.81796 \cdot 10^{-5}$	0.999 704
45	1	$9.5449 \cdot 10^{-6}$	0.999 714
46	1	$9.5449 \cdot 10^{-6}$	0.999 723
47	2	$1.90898 \cdot 10^{-5}$	0.999 742
48	2	$1.90898 \cdot 10^{-5}$	0.999 761
49	1	$9.5449 \cdot 10^{-6}$	0.999 771
50	4	$3.81796 \cdot 10^{-5}$	0.999 809
51	2	$1.90898 \cdot 10^{-5}$	0.999 828

A. Statistische Untersuchung von Java-Methoden

Register-anzahl	absolute Häufigkeit	relative Häufigkeit	summierte relative Häufigkeit
53	1	$9.5449 \cdot 10^{-6}$	0.999 838
55	5	$4.77245 \cdot 10^{-5}$	0.999 885
59	1	$9.5449 \cdot 10^{-6}$	0.999 895
61	3	$2.86347 \cdot 10^{-5}$	0.999 924
63	1	$9.5449 \cdot 10^{-6}$	0.999 933
71	1	$9.5449 \cdot 10^{-6}$	0.999 943
78	1	$9.5449 \cdot 10^{-6}$	0.999 952
79	1	$9.5449 \cdot 10^{-6}$	0.999 962
81	1	$9.5449 \cdot 10^{-6}$	0.999 971
84	1	$9.5449 \cdot 10^{-6}$	0.999 981
85	1	$9.5449 \cdot 10^{-6}$	0.999 99
133	1	$9.5449 \cdot 10^{-6}$	1

Tabelle A.1.: Statistische Untersuchung von Java-Methoden

A. Statistische Untersuchung von Java-Methoden

B. Benchmark-Quellen für die JIT-Messungen

```java
public class MyBenchmark {

    private static final int ITERATIONS = 10000000;

    private int field;
    private static int staticField;
    private int[] array = new int[100];

    public void callee() {
    }

    public void invokevirtualTest() {
        for (int i = 0; i < ITERATIONS; ++i) {
            callee();
        }
    }

    public void emptyLoopTest() {
        for (int i = 0; i < ITERATIONS; ++i) {
        }
    }

    public void addTest() {
        int result = 0;

        for (int i = 0; i < ITERATIONS; ++i) {
            result += i;
        }
    }
```

B. Benchmark-Quellen für die JIT-Messungen

```java
    public void multiplyTest() {
        int result = 1;

        for (int i = 0; i < ITERATIONS; ++i) {
            result *= i;
        }
    }

    public void fieldTest() {
        for (int i = 0; i < ITERATIONS; ++i) {
            field += 1;
        }
    }

    public void staticFieldTest() {
        for (int i = 0; i < ITERATIONS; ++i) {
            staticField += 1;
        }
    }

    public void arrayTest() {
        for (int i = 0; i < ITERATIONS; ++i) {
            array[1] += 1;
        }
    }

    public static void main(String[] args) {
        MyBenchmark b = new MyBenchmark();

        System.err.println(MyBenchmark.class.getName() +
            ": " + ITERATIONS + " iterations");

        for (int i = 0; i < 15; ++i) {
            long start = System.currentTimeMillis();
            long finish = System.currentTimeMillis();
            System.out.println("PROLOGUE " + i + ": " +
                (finish - start));
        }
```

B. Benchmark-Quellen für die JIT-Messungen

```java
for (int i = 0; i < 21; ++i) {
    long start = System.currentTimeMillis();
    b.invokevirtualTest();
    long finish = System.currentTimeMillis();
    System.out.println("INVOKEVIRTUAL " + i + ": " +
        (finish - start) + "ms");
}

for (int i = 0; i < 21; ++i) {
    long start = System.currentTimeMillis();
    b.emptyLoopTest();
    long finish = System.currentTimeMillis();
    System.out.println("EMPTYLOOP " + i + ": " +
        (finish - start) + "ms");
}

for (int i = 0; i < 21; ++i) {
    long start = System.currentTimeMillis();
    b.addTest();
    long finish = System.currentTimeMillis();
    System.out.println("ADD " + i + ": " +
        (finish - start) + "ms");
}

for (int i = 0; i < 21; ++i) {
    long start = System.currentTimeMillis();
    b.multiplyTest();
    long finish = System.currentTimeMillis();
    System.out.println("MULTIPLY " + i + ": " +
        (finish - start) + "ms");
}

for (int i = 0; i < 21; ++i) {
    long start = System.currentTimeMillis();
    b.fieldTest();
    long finish = System.currentTimeMillis();
    System.out.println("FIELD " + i + ": " +
        (finish - start) + "ms");
}
```

B. Benchmark-Quellen für die JIT-Messungen

```
            for (int i = 0; i < 21; ++i) {
                long start = System.currentTimeMillis();
                b.staticFieldTest();
                long finish = System.currentTimeMillis();
                System.out.println("STATICFIELD " + i + ": " +
                    (finish - start) + "ms");
            }

            for (int i = 0; i < 21; ++i) {
                long start = System.currentTimeMillis();
                b.arrayTest();
                long finish = System.currentTimeMillis();
                System.out.println("ARRAY " + i + ": " +
                    (finish - start) + "ms");
            }
        }
    }
```

Quelltext B.1: Benchmark-Quellen für die JIT-Messungen

I want morebooks!

Buy your books fast and straightforward online - at one of world's fastest growing online book stores! Environmentally sound due to Print-on-Demand technologies.

Buy your books online at
www.morebooks.shop

Kaufen Sie Ihre Bücher schnell und unkompliziert online – auf einer der am schnellsten wachsenden Buchhandelsplattformen weltweit! Dank Print-On-Demand umwelt- und ressourcenschonend produziert.

Bücher schneller online kaufen
www.morebooks.shop

KS OmniScriptum Publishing
Brivibas gatve 197
LV-1039 Riga, Latvia
Telefax: +371 686 204 55

info@omniscriptum.com
www.omniscriptum.com

Printed by Books on Demand GmbH, Norderstedt / Germany